가짜 행복 권하는 사회

가짜 행복 권하는 사회

김태형 지음

심리학은
어떻게 행복을
왜곡하는가

갈매나무

|

진짜 행복으로 내딛는 한 걸음을 시작하며

머나먼 옛날부터 인류는 행복을 간절히 바라며 행복한 세상을 건설하기 위해 줄기차게 싸워왔다. 행복을 기준으로 말하자면 인류의 역사는 행복한 사회를 건설하기 위한 험난한 노정이었다고 말할 수 있을 것이다. 그러나 오늘날의 인류는 과거보다 더 불행해졌다. 그 사실 앞에서 인류는 망연자실한 채 비탄에 젖은 눈길로 머나먼 곳으로 달아나는 행복을 바라보고만 있다. 불행의 늪에 빠져 허우적대고 있는 인류는 그 어느 때보다 행복의 소중함을 뼈저리게 느끼고 있으며 행복을 더욱 열망하게 되었다.

한편 날이 갈수록 심각해지는 정신건강의 악화와 불행은 사람들의 노동 능력, 즉 생산성을 저하시켰다. 20세기 후반에 들어서자 이러한 생산성 저하는 자본주의의 큰 골칫거리로 등극했다. 통속적으로 말하자면 광범위하고 심각한 불행으로 인해 노동력이 손상됨으로써 자본가들이 돈을 벌기가 어려워졌다는 것이다. 그 결과 지구촌에는 20세기 후반부터 행복 열풍이 불어닥쳤다. 불행해진 사람들은 행복에 뜨거운 관심을 보일 수밖에 없었다. 자본가들 역시 사람들을 심각한 불행에서 벗어나게 해야만 자본주의가 유지될 수 있다는 것을 절감했기 때문에 더욱 행복을 바랐다.

오늘날의 자본주의 사회는 극소수의 독점자본가들이 지배하는 사회다. 사회의 지배층이자 주류 세력인 독점자본가들이 행복에 주목한 것은 행복산업을 만들어내는 원동력으로 작용했다. 행복 열풍과 행복산업은 행복을 심각하게 왜곡함으로써 사람들을 오히려 불행하게 만들고 있는데, 여기에 심리학 또한 큰 기여를 해왔다. 탄생했던 그 시점부터 독점자본가들의 이익을 충실히 대변했던 미국의 주류 심리학은 행복 연구에서도 독점자본에 충성하고 대중을 기만하는 악역을 훌륭히 수행하고 있다.

|

모두가 행복한 사회를 향한 인류의 전진

오늘날 자본주의 세계에서 가장 지배적인 행복론이자 가장 대중적인 행복론은 물질주의 행복론이다. 물질이나 돈이 곧 행복이라고 보는 물질주의 행복론은 잘못된 행복론이지만 대다수 인류는 그것을 굳게 믿고 돈을 향해 전력 질주하는 삶을 살아가고 있다. 물론 심리학은 대중에게 물질주의 행복론이 잘못된 것이라고 점잖게 훈계하기는 한다. 하지만 참다운 행복에 대해서는 논하지 않고 행복을 철저히 개인 이기주의와 주관주의의 틀에 묶어놓음으로써 사람들을 불행의 길로 이끌고 있다.

　한국 사회는 시급히 가짜 행복론에서 벗어나 미국 심리학과 행복 장사꾼들의 엉터리 행복 처방전을 거부함으로써 진짜 행복을 향해 나아가야 한다. 나는 이 책에서 기존의 행복론은 물론이고 심리학의 사이비 행복론을 비판하며 참다운 행복이 무엇이고 진정으로 행복해지려면 어떻게 해야 하는지를 밝히기 위해 노력했다. 특히 행복이 거의 전적으로 주관적 심리에 달려 있다는 심리학의 주장이 엉터리임을 폭로하고, 행복이 기본적으로 사회에 의해 규정된다는 점을 강조하고자 했다. 모쪼록 이 책이 행복에 대한 정확한 이해와 방법론을 제공함으로써 사람들이 참다운 행복으로 한걸음이라도 더 나아가게 하는 데 도움이 되길 바란다.

　나 혼자만이 아니라 모두가 행복하게 살아갈 수 있는 이상사회를 향한 우리의 도도한 전진은, 오늘날 비록 일시적인 어려움을 겪고 있지만, 그 누구도 그 무엇도 멈춰 세울 수 없을 것이다.

2021년 3월 9일
사회심리학자 김태형

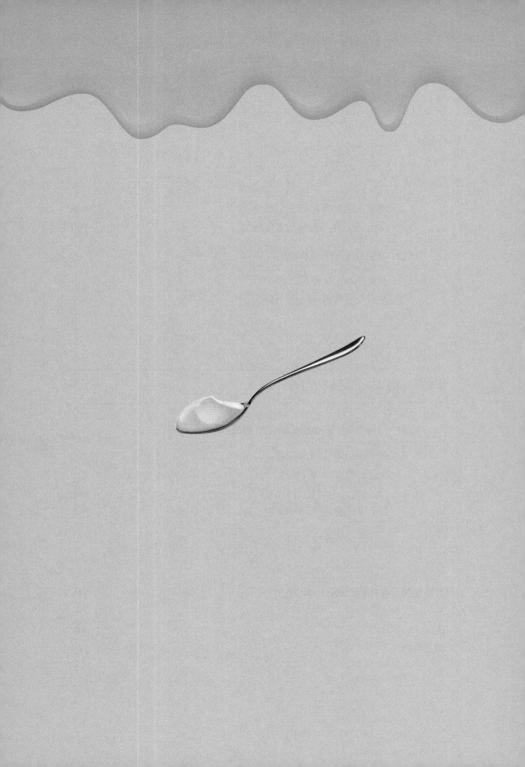

1부

가짜 행복 권하는 사회

1장 불행한 지구에 행복 열풍이 불고 있다

누구나
행복을 바란다

사람이라면 누구나 행복을 바란다. 사람들이 간절하게 바라는 것은 행복하게 오래오래 사는 것이다. 사람들은 불행을 겪지 않고 행복하게 오래 살기를 원하며 그것을 위해 인생을 바친다. 이러한 바람은 사람들이 흔히 건네는 인사말에서도 나타난다. '새해 복 많이 받으세요'라는 인사에는 상대방이 행복해지기를 바란다는 의미가 담겨 있다. '건강하세요'나 '행복하세요'와 같은 말들도 마찬가지다.

일찍이 철학자 아리스토텔레스^{Aristoteles}는 "행복은 인생의 목적이자 목표다. 즉 인간 존재의 궁극적인 목표는 행복이다"[1]라고 말한 바 있다. 철학자 파스칼^{Pascal}은 "모든 사람은 행복을 추구하며 여기에 예외는 없다. (…) 행복은 모든 행동의 동기이며, 심지어 스스로 목을 매달아 죽는 사람도 이 점은 같다"[2]라고까지 말했다. 이외에도 많은 이가 행복을 인간의 궁극적인 목적 혹은 최상의 목적이라고 강조해왔다.

사람들은 행복해지기 위해서 열심히 공부를 하고, 행복해지기 위해서 돈을 벌고, 행복해지기 위해서 여행을 떠난다. 즉 공부, 돈, 여행 등은 행복해지기 위한 수단인 것이다. 반면에 사람들은 공부를 위해서 행복을 바라고, 돈을 위해서 행복해지려 하고, 여행을 떠나기 위해서 행복을 추구하지는 않는다. 이것은 행복이 다른 목적을 실현하기 위한 수단이 될 수 없는, 그야말로 궁극적인 목적이기 때문이다.

우리가 행복해지려고 하는 이유는 무엇보다 행복이 우리에게 수많은 이익과 혜택을 주기 때문이다. 행복은 삶을 의미 있고 가치 있게 만들어주고, 기분을 좋게 해주고 즐겁게 해주며, 몸과 마음을 건강하게 해준다. 또한 행복은 사고력과 창의성 등을 높여 성공적인 인생을 살 수 있게 도와준다. 그뿐만 아니라 행복은 사람들을 더 도덕적이고 이타적으로 행동하게 만들고 공동체나 정치에 참여하도록 이끎으로써 사회와 역사의 발전에도 기여한다. 이렇게 좋은 행복을 바라지 않을 사람이 과연 있을까?

|

모두가 행복에 주목하기 시작했다

예나 지금이나 인간의 삶에서 행복은 대단히 중요하지만, 행복이 새삼스럽게 이토록 큰 주목을 받기 시작한 것은 20세기 후반부터였다. 이때부터 많은 사람이 행복에 뜨거운 관심을 보였고, 유엔을 비롯한 국제기구와 각국 정부가 행복지수를 측정했으며, 심리학을 비롯한 여러 학문이 행복에 관한 수많은 연구를 쏟아내기 시작했다. 미국, 영국, 프랑스, 호주를 비롯한 전 세계의 수많은 공식적인 통계기관이 '국가 행복' 수준에 대한 정기 보고서를 발간하기 시작했고,[3] 1960년 이후에 출판된 행복론에 관한 독창적인 저서만도 3000개가 넘으며,[4] 2002년까지 발표된 행복 관련 연구 역시 3000건이 넘는다.[5] 가히 행복 열풍이라고 해도 될 정도로 20세기 후반부터 온 세계가 행복에 뜨거운 관심을 보이게 된 까닭은 무엇일까?

행복하지 않아서
행복을 갈망하다

행복 열풍이 인류가 '고생 끝, 행복 시작'인 시대에 들어섰기 때문에 일어난 현상이라면 얼마나 좋을까? 하지만 행복 열풍은 인류가 행복해서가 아니라 행복하지 않아서 초래된 결과다. 영국의 행복학자 홀든^{Robert Holden}은 1950년대 이후에 발표된 500여 편의 심리학 연구를 검토한 뒤에 다음과 같은 결론을 내렸다.

> 우리는 과거보다 더 많은 물건과 부를 소유하게 되었다. 그러나 우리
> 는 과거 어느 때보다 더 우울하고, 더 폭력적이며, 더 자살 지향적이
> 고, 더 스트레스를 받고 있다.[6]

오늘날 사람들이 과거에 비해 더 불행해졌다는 사실은 제2차 세계대전 이후 유럽 국가들의 사례만 봐도 알 수 있다. 1960년에 비해 이들 국가의 물질적인 생활조건은 좋아졌지만 우울증 환자 수는 열 배나 증가했고, 환자의 나이도 점점 젊어지고 있다.[7]

과거보다 훨씬 더 부유해진 한국인 역시 더 불행해졌다. 여론조사기관 갤럽의 '2015년 삶의 만족도 조사'에 따르면, 한국인의 삶의 만족도는 세계 143개국 가운데 118위였다.[8] 한국인은 세대를 불문하고 대부분이 행복하지 않다. 서울대학교 행복연구센터의 연구 결과에 따르면, 20~30대 청년들이 2018년, 2019년의 행복지수 조사에서 2년 연속 꼴찌를 차지했다.[9] 삶에 대한 의욕과 혈기가 절정에 달하는 청년기는 불행과는 거리가 먼, 행복해야 마땅한 시기라고 할 수 있다. 그러나 한국에서는 청년들조차 행복하지 않다.

이른바 선진국의 경우에는 일반적으로 행복지수가 아동기에 높았다가 성인이 되면서 떨어지고, 노년기부터 다시 올라간다. 어렸을 때는 행복했다가 성인이 되어 사회생활을 하면서부터는 덜 행복해지지만, 은퇴 이후에는 다시 행복해진다는 것이다. 그러나 한국은 다른 선진국들과 달리 아이나 노인도 행복하지 못하다.

한국에서는 아무런 걱정 없이 마음껏 뛰어놀며 가장 행복해야 할 어린이들조차 행복하지 않다. 2013년 보건복지부 발표에 따르면, 한국 아동의 삶의 만족도는 100점 만점에 60.3점으로 OECD 회원국 가운데 최하위였다. 또한 2014년 한국방정환재단과 연세대학교 사회발전연구소가 전국의 초등학교 4학년부터 고등학교 3학년까지의 학생 6946명을 대상으로 실시한 '어린이·청소년 주관적 행복지수' 조사에 따르면 한국 아동·청소년의 행복지수는 74점으로, 역시 OECD 회원국 가운데 최하위였다. 한국은 이 조사를 시작한 이후 6년 연속으로 꼴찌를 차지했다.[10] 이와 더불어 한국의 아동·청소년이 경험하는 학업 스트레스 수준은 세계 1위다.

고생스럽고 힘겨운 사회생활에서 해방되어 유유자적하며 인생을 즐겨야 할 노인들도 행복하지 않은 것은 마찬가지다. 한국의 노인 자살률(다른 세대의 자살률도 마찬가지다)은 다른 선진국들에 비해 몇 배 이상(얼마 전까지만 해도 열 배까지 차이가 났다)이나 높다. 40대의 사망률이 세계 1위라는 사실을 통해 짐작할 수 있듯이,[11] 한국의 성인들 역시 행복하지 않기는 마찬가지다.

|

갈수록 불행한 한국인들

한국인은 날이 갈수록 행복해지기보다는 더 불행해지고 있다. 《UN 세계 행복보고서 2019》에서는 한국의 행복 수준이 하락 추세에 있다면서 "행복의 수준 및 순위가 이처럼 하락 및 침체의 국면에 놓여 있는 것은 우려스러운 일이 아닐 수 없다"[12]라고 했다.

한국인이 날이 갈수록 더 불행해지고 있다는 사실은 정신질환자의 비율이 계속해서 빠르게 증가하고 있는 현상을 통해서도 확인할 수 있다. 나는 정신질환에 관한 연구들이 주로 응답자의 주관적인 보고에 의존해 행복지수를 측정하는 연구들 못지않게 어떤 사회의 행복 수준을 말해줄 수 있다고 생각한다. "저는 몇 년 전부터 우울증을 앓고 있어요. 그렇지만 정말 행복해요"라는 말이 성립할 수 없듯이 정신질환과 행복은 양립하기 힘들다. 무엇보다 정신질환은 고통을 유발하기 때문이다.

한국에서는 2016년에 64만 3105명이었던 우울증 환자의 수가 2019년에는 79만 8427명으로 가파르게 증가했다.[13] 정신질환자의 지속적이고 빠른 증가 추세는 한국인이 날이 갈수록 더 불행해지고 있음을 뚜렷하게 보여준다.

지금까지 살펴봤듯이, 인류는 과거보다 물질적으로는 더 부유해졌지만 행복해지기는커녕 더 불행해졌다. 그 결과가 바로 행복 열풍이다. 경제학자 이정전은 "행복에 대한 연구가 봇물 터지듯이 쏟아져 나오고 있다는 사실은 잘사는 선진국 사회가 뭔가 근본적으로 잘못되어가고 있다는 것을 반증한다"[14]라고 주장했다. 나는 《풍요중독사회》에서 이른바 선진국들이 비록 물질적으로 풍요롭기는 하지만, 불화가 극심한 '풍요−불화 사회'이기 때문에 사람들이 과거보다 더 불행해졌음을 자세히 논증한 바 있다.

사람들은 누구나 행복해지기를 바란다. 하지만 그렇다고 해서 사람들이 항상 행복에 관심을 기울이는 것은 아니다. 사람의 몸에서 심장이 대단히 중요하다는 사실은 누구나 알고 있다. 하지만 사람들은 평소에는 심장이 잘 뛰고 있는지, 심장박동수가 어떠한지에 대해 거의 관심을 기울이지 않는다. 그러다가 심장에 뭔가 이상이 생기면 그제야 심장에 주목하게 된다. 이와 마찬가지로 사람들이 행복에 새삼 주목하게 되는 것은 행복에 빨간불이 켜졌을 때다. 이로 미루어 지구촌을 휩쓸고 있는 행복 열풍은 행복하지 않은 현실, 즉 불행에 대한 인류의 집단적·사회적 반응이라고 할 수 있다.

행복으로
돈을 버는 자들은 누구인가

오늘날의 행복 열풍은 불행에 대한 반응일 뿐만 아니라 자본가계급의 요구를 대변하는 현상이기도 하다. 오늘날의 자본주의 사회에서는 독점자본가계급이 정권과 생산수단을 비롯한 사회의 모든 영역을 장악하고 지배한다. 자본주의 사회를 지배하고 있는 독점자본가계급은 자본주의 제도를 유지하고 옹호하기 위해 지속적으로 친자본주의 이데올로기를 유포한다. 또한 이들은 새로운 역사적 시기나 상황이 조성될 때마다 이윤 추구를 비롯한 독점자본가계급의 이익을 실현하기 위해 새로운 사회적 화두를 제기하고 그것을 이용해 새로운 사업영역을 창출함으로써 한탕을 노린다. 이로 인해 21세기를 전후해 이른바 힐링산업과 행복산업이 등장하게 되었다. 독점자본가계급은 왜 행복산업이라는 새로운 산업영역을 만들어낸 것일까?

그들은 왜 행복산업을 원했나

첫째, 노동력의 고갈 현상 때문이다. 임차인이 일을 열심히 해야 임대인이 월세를 받을 수 있듯이, 노동자들이 일을 열심히 해야 자본가계급이 돈을 벌 수 있다. 초기 자본주의 사회에서 자본가들은 노동자들에게 장시간 저임금 노동을 강요함으로써 돈을 벌었다. 그 결과 노동자들은 정상적으로 일을 할 수 없을 정도로, 즉 노동력의 재생산이 불가능할 정도로 지치고 피로에 찌들게 되었다.

부의 원천인 노동력이 고갈되어가자 자본가들은 노동자들의 과로 문제를 해결하지 않으면 안 된다는 걸 깨달았다. 그 결과 19세기 자본주의 사회의 학계에서는 피로와 관련된 실험과 인체공학적인 해법들이 폭발적으로 연구되고 발표되기 시작했다. 물론 이와 동시에 저임금 장시간 노동을 강요하는 자본가계급에 저항하고 자본주의 제도를 반대하는 노동운동과 사회주의운동 또한 급격히 성장했다.

노동자들의 저항도 저항이지만 노동자들이 과로로 노동력을 상실해 이윤이 줄어드는 상황에까지 이르자 자본가계급은 노동자들에게 노동삼권을 보장해주고 사회복지 제도를 도입하는 등의 양보를 했다. 그러자 노동자들은 피로를 회복해 다시 일을 열심히 할 수 있게 되었고 자본가계급은 다시 돈을 벌 수 있게 되었다. 1940~1970년대에 자본주의가 황금기를 구가할 수 있었던 것은 이와 관련이 있다.

1980년대부터 사회주의 진영이 흔들리다가 1991년의 구소련 붕괴를 기점으로 완전히 무너지자 자본주의 국가들에서도 노동운동을 비롯한 진보운동이 쇠퇴하기 시작했다. 더 이상은 노동자들의 파업 투쟁이나 사회주의혁명을 겁내지 않아도 되는 자본가계급의 호시절이 도래한 것이다. 자본가들은 신자유주의 이데올로기와 정책을 전 세계에 적극적으로 유포하고 강요했으며, 특히 노동자들 사이의 소득 격차를 확대해 이들을 분열시키는 데 열중했다. 그 결과 단일한 계급집단으로 결속되어 있던 노동자계급 내에 다층적 위계가 만들어져 서로 분열하게 되었고, 개인 간 경쟁의 격화로 인해 노동자들은 거의 개인 단위로 파편화되기 시작했다.[15]

개개인으로 파편화된 노동자들은 고독해졌고 무력해졌다. 사회주의 진영이 무너지고 노동운동과 진보운동이 과거에 비해 크게 약해졌기에 자본가들은 떼돈을 벌 수 있으리라는 기대에 부풀었다. 이들은 실제로 돈을 무지막지하게 긁어모아 세상을 1대 99의 사회로 만들었다. 그야말로 하늘에서 돈이 펑펑 쏟아져 내리는 자본가계급의 천국이 열린 것이다.

그러나 전혀 예상하지 못했던 문제, 과거에는 볼 수 없었던 새로운 문제가 나타나 자본가들의 돈벌이를 방해하기 시작했다. 그것은 바로 노동자들의 정신건강 악화와 이로 인한 생산성 저하였다. 이제 노동자들은 파업 투쟁은 하지 않았지만, 툭하면 결근과 조퇴를 하고, 하루 종일 무력해하며, 미약하게 지속되는 정신건강 문제에 시달리게 되었다. 이런 노동자들이 제대로 일을 하지 못하는 것은 당연하다. "노동에 대한 저항은 이제 조직된 목소리나 노골적인 거부로 나타나는 대신, 무심함과 만성적인 건강 문제라는 형태로 널리 퍼져 있다"[16]라는 말처럼, 고독하고 무력해져 정신이 피폐해진 노동자들은 과거처럼 적극적인 저항은 하지 못했지만 자신도 모르게 수동적으로 저항하기 시작했다. 자본가들의 입장에서 보자면 하나로 뭉쳐서 저항하던 노동자들을 무력으로 진압해 뿔뿔이 흩어놓으니 다들 약해져서 더 이상 덤벼들지 않게 되었는데, 문제는 너무 약해진 나머지 이들이 일마저 제대로 할 수 없게 되어버린 것이다.

노동자들이 일을 제대로 할 수 없게 되면 당연히 자본가들의 돈벌이가 위태로워진다. 더욱이 20세기 후반부터 자본주의 사회에서는 육체노동의 비중은 점점 줄어드는 반면 정신노동이나 감정노동의 비중은 증가하기 시작했다. 단순한 육체노동에 비해 아이디어, 경험, 서비스 등을 판매하는 산업 분야는 노동자의 행복이나 심리적 헌신을 더 필요로 한다. 즉 노동자의 정신건강이나 행복이 자본가들의 돈벌이를 위해서 더욱 중요해졌다는 것이다. 과거에 비해 노동자들의 열정이나 활력이 더 필요해졌지만 이것이 고갈되어 있는 상황은 자본가계급을 큰 곤란에 빠뜨렸다. 이에 대해 심리학자 데이비스William Davis는 《행복산업》에서 다음과 같이 지적했다.

1990년대 초 (…) 적어도 자유로운 서구에서는 열정과 활력의 결핍이 곧 자본주의 최대의 위협이라면 어떻게 해야 할까? (…) 최근 몇 년간 경영자와 정책 입안자들은 위와 같은 공포에 사로잡혔는데, 괜한 망상만은 아니다.[17]

노동자들이 툭하면 결근과 조퇴를 하고, 멍해져서 일에 집중을 못 하거나 실수를 반복하며, 창의성을 전혀 발휘하지 못한다면 어떻게 해야 할까? 이런 문제는 공권력이나 폭력으로는 해결할 수 없다. 일에 집중하지 못하는 노동자에게 강제로 압박을 가하면 순간적으로는 일에 집중할 수 있겠지만, 정신건강이 더 나빠져서 결국에는 노동력을 완전히 상실하게 될 것이다. 이윤 창출을 위해 어떻게든 이 문제를 해결해야만 했던 자본가들은 어쩔 수 없이 직장 내에 심리상담사를 고용하는 등 직원들의 행복 문제를 다루기 시작했다. 최근에는 날이 갈수록 더 많은 기업이 '최고 행복 경영자chief happiness officer'를 채용하고 있다. 예를 들면 구글은 회사 내에 마음챙김과 공감을 확산시키기 위해 '참 좋은 친구jolly good fellow'라는 직함을 두고 있다.

오늘날 자본주의 국가들은 정신질환으로 인해 GDP의 3~4퍼센트에 달하는 막대한 비용을 소모하고 있다. 이것은 범죄로 인한 경제적 비용을 훨씬 넘어서는 수치이며, 이 수치는 향후 20년간 실질적으로 두 배로 늘어날 것이라 예상된다. 정신질환과 불행, 이로 인한 생산성 저하가 자본주의 사회의 최대 골칫거리로 등극하자 세계경제포럼에서도 사람들의 정신건강과 행복에 지대한 관심을 표명했다.

　사실 자본주의 국가들의 지배층이나 여러 국제기구가 행복, 웰빙, 삶의 질 등에 대해 목청 높여 떠드는 것은 이들이 평범한 사람들의 행복에 관심이 있어서가 아니다(물론 털끝만큼도 관심이 없다는 말은 아니다). 그것이 자본가계급의 돈벌이와 큰 상관이 있기 때문이다. 정신건강이 악화되고 불행해져 정상적으로 일을 할 수 없게 된 노동자들로 인해 자본가계급과 이들이 장악하고 있는 정부가 막대한 손해를 입게 되자 자본주의 국가들에서는 힐링산업이나 행복산업이 활짝 꽃펴나게 되었다.

　자본가계급이 행복산업을 만들어낸 두 번째 이유는 자본가계급도 불행하기는 마찬가지기 때문이다. 자본가들 사이의 격렬한 난투극 속에서 살아남고 승리했다고 해서 자본가계급 혹은 엘리트층의 정신이 건강해지고 행복해지는 것은 아니다. 극심한 경쟁에 시달리는 기업인에게는 이른바 '번아웃 증후군burnout syndrome'이 흔하고, 이로 인해 심근경색, 뇌졸중, 신경쇠약의 발병률이 높다. 앞으로의 논의를 통해 알게 되겠지만 자본가계급은 그 계급적 본성으로 인해 참다운 행복을 향해 나아갈 수 없다. 비록 사회의 꼭대기층에 살고 있지만, 행복하지 않기는 마찬가지이므로 자본가계급역시 행복에 관심을 가질 수밖에 없는 것이다.

행복 경쟁 사회

오늘날 행복은 자본가들에게 포획되어 새로운 이윤 창출 수단으로 전락했고, 개인 간 경쟁의 수단으로 이용되고 있다. '존중 불안', 즉 한마디로 '무시당할지도 모른다는 두려움'이 극도로 심한 21세기형 불화 사회[18]에서 살아가는 사람들은 내가 타인보다 더 잘났거나 더 잘산다는 것을 수시로 확인하지 못하면 불안해진다. 남보다 앞서지 못한다는 것은 곧 뒤떨어진다는 것을 의미하고, 그렇게 되면 타인에게 존중받지 못하거나 무시당할 가능성이 높아지기 때문이다. 이런 조건에서 내가 타인보다 더 행복하다는 사실은 내가 그들보다 더 잘났고 더 잘 산다는 것을 과시하는 하나의 징표로 간주된다. 내가 남들보다 더 행복하다는 것은 내가 남들과의 경쟁에서 이기고 있다는 증거이므로 단지 안도감만이 아니라 우월감에서 오는 쾌감까지 느낄 수 있게 한다.

행복 경쟁은 모두가 행복해지는 것이 아니라 내가 남들보다 더 행복해지는 것을 목적으로 하는 새로운 유형의 개인 이기주의적 경쟁이다. 행복 경쟁에서는 남이 행복해지는 것이 바람직하지 않을 뿐만 아니라 위험하기까지 하다. 오직 나만이 행복해야 하고 다른 사람들은 다 불행하거나 최소한 내가 남들보다는 더 행복해야만 한다. 행복 경쟁이 일반화된 사회에 사는 사람들은 행복해야만 한다는 강박에 시달린다. "행복하지 않다고? 너 루저구나!" 이런 말을 들을까 두렵기 때문이다.

행복 경쟁은 행복을 강권함으로써 그것을 만인의 지상 과제처럼 만들 뿐만 아니라 자신의 행복을 굳이 타인에게 과시하도록 만든다. 개인주의적 행복 경쟁은 사람들로 하여금 '내가 행복하면 뭐해? 남들이 그걸 모르면 아무 소용이 없잖아'라고 생각하게 만들기 때문이다. 멋진 곳에 여행을 가거나 맛난 음식을 먹을 때 이것을 즐기기보다는 굳이 사진을 찍어서 SNS에 올리는 데 더 열중하는 행동에는 '나 이렇게 행복하게 살고 있어! 부럽지?'라는 행복을 과시하고 싶은 마음이 깔려 있다.

행복 경쟁이 심해지면 실제로는 별로 행복하지 않음에도 마치 행복한 것처럼 연기하게 되기도 한다. 실제로는 행복하지 않으면서 타인들 앞에서는 마치 아무 문제 없고 마냥 행복한 것처럼 가면을 쓰고 행동하게 되는 가면 우울증masked depression처럼 말이다. 오늘날 많은 이가 '나만 빼고 다들 행복하게 잘 살고 있는 것 같다'고 호소하는 것은 다들 실제로 행복하게 잘 살고 있기 때문이 아니다. 다들 남들 앞에서만 행복한 척하고 있기 때문이다. 모두가 남들 앞에서 행복한 척하는 사회에서 '나'는 행복할 수 없다, 불행하다는 말을 꺼내기조차 부담스러워진다.

풍요-불화 사회의 어두운 그림자

오늘날 사람들은 행복하지 않다. 그렇지만 행복 경쟁으로 인해 사회로부터 행복해져야만 하고 불행한 티를 내지 말아야 한다는 압박을 받는다. 행복하지 않은 노동자는 일을 제대로 할 수 없기 때문에 자본가계급의 돈벌이에 지장을 초래한다. 치열한 경쟁에 지친 자본가들도 행복에 관심을 가진다. 이러한 모든 것이 복합적으로 작용한 결과가 바로 행복 열풍이고 행복 경쟁이며 행복산업이다.

행복산업이 황금알을 낳기 시작하자 행복 컨설턴트들이 우후죽순 등장해 사람들에게 행복의 비법을 팔기 시작했다. 이들은 자본가에게는 마음을 다스리는 방법을 알려주고, 직원들의 사기를 북돋는 방법을 조언해주며 막대한 돈을 챙긴다. 노동자에게는 일에 대한 열정을 되찾는 법을, 실업자에게는 감정을 다른 쪽으로 돌리거나 상황을 긍정적으로 해석하는 방법을 조언해주고 돈을 받는다. 물론 행복 열풍과 행복산업에는 어느 정도 긍정적인 면이 있다. 그러나 행복 열풍과 행복산업이 사람들을 오히려 더 불행하게 만드는 풍요-불화 사회의 어두운 그림자라는 사실은 변하지 않는다.

2장 돈을 좇을수록 더 불행해지는 한국 사회

각자도생의 사회일수록
돈을 더 믿는다

비록 행복 연구자나 심리학자들이 주장하지는 않지만, 한국인을 비롯한 상당수의 인류가 굳게 믿고 있는 행복론이 있다. 바로 물질주의 행복론이다. 물질주의 행복론이란 통속적으로 말해 행복에 가장 큰 영향을 미치는 것이 돈이라는 믿음, 나아가 돈이 곧 행복이라는 믿음을 말한다.

행복에 관한 수많은 연구는 돈이 행복에 어느 정도 영향을 미치기는 하지만, 그다지 큰 영향을 미치지는 않는다고 말한다. 즉 돈이 곧 행복이라는 믿음은 과학적 근거가 없는 잘못된 믿음이라는 것이다. 행복에 관한 책들도 '돈을 많이 번다고 해서 행복해지는 것은 아니다', '돈을 좇으면 더 불행해질 수 있다'고 줄기차게 독자들을 설득한다. 그러나 이런 설득에도 불구하고 대다수의 한국인은 '저런 말은 세상 물정 모르고 책상머리에 앉아서 글이나 끄적거리는 고리타분한 학자들의 헛소리일 뿐이야'라고 생각하며 물질주의 행복론에 대한 믿음을 포기하지 않는다. 이런 현상을 미국의 코미

디언 대니얼 토시^{Daniel Tosh}는 다음과 같이 풍자했다.

> "돈으로 행복을 살 수 없다." 음, 미국에 살고 계십니까?[19]

'내 인생의 가장 중요한 목표는 물질적 풍요다'라는 설문에 '그렇다'라고 대답한 응답자 비율이 전 세계에서 가장 높은 나라 중 하나가 한국이다. 한국인은 굶주림에 시달리면서 가난하게 살아가는 다른 나라 사람들보다도 더 돈을 중시한다.[20] 2006년에 한국의 직장인을 대상으로 실시한 한 조사에서는 행복한 삶을 위해서 가장 필요한 것이 무엇이냐는 질문에 응답자들은 경제적 여유(45.4퍼센트), 건강(40.4퍼센트), 화목한 가정생활(30.9퍼센트), 만족스러운 직장생활(26.4퍼센트)의 순으로 대답했다.[21] 이 조사 역시 상당수의 한국인이 돈은 행복에 가장 큰 영향을 미친다는 믿음을 지니고 있음을 보여준다.

돈이 곧 행복이라는 믿음

다수의 한국인이 돈은 곧 행복이라는 믿음을 가지고 있고, 이로 인해 돈을 열렬히 욕망하는 병적인 삶에서 벗어나지 못하고 있다. 하지만 한국인들이 아주 어릴 때부터 물질주의 행복론을 믿는 것은 아니다. 초등학교 4학년부터 고등학교 3학년 사이의 아동·청소년을 대상으로 실시한 2010년 '대한민국 청소년 행복도' 조사에 따르면, 행복을 위해 인생에서 가장 필요한 것은 무엇이냐는 질문에 초등학교 4학년에서는 '가족'이라고 답한 비율이 가장 높았지만, 고등학교 3학년에서는 '돈'이라고 답한 비율이 가장 높았다.[22] 한국인은 어렸을 때는 물질주의 행복론을 믿지 않지만 사회의 현실에 눈을 뜨면 물질주의 행복론으로 기울어진다. 이러한 현상은 한국 사회가 사람들로 하여금 물질주의 행복론을 믿게끔 만든다는 추론을 가능하게 한다. 만일 이런 추론이 옳다면 한국과는 상당히 다른 사회제도에서 살아가는 사람들은 대부분 물질주의 행복론을 믿지 않을 것이다. 정말로 그럴까?

《행복한 나라에서 살면 나도 행복할까?》에 따르면, 한국의 명동 거리에서 사람들에게 '돈이나 좋은 자동차 같은 물질적인 요소가 당신에게 의미하는 건 무엇인가요?'라는 질문을 던지자 이런 대답들이 나왔다고 한다.

"솔직히 돈은 많으면 많을수록 좋다고 생각해요. 할 수 있는 것이 많아지고, 눈치 보지 않아도 되잖아요. 돈이요? 완전 많이 벌고 싶어요."
"우리나라에서는 돈이 없으면 고생만 하고 재미없게 살아야 하잖아요. (…) 제 사업 해서 돈 많이 벌고 싶어요."
"좋은 집이나 좋은 차요? 완전 갖고 싶은데요? (웃음) 나중에 결혼해서 제 가정을 꾸렸을 때 좋은 집에서 좋은 차 타면서 살고 싶어요. 그럼 행복할 것 같아요."[23]

명동 거리를 오가던 사람들은 대부분 돈이나 물질적 풍요를 중요하게 생각했고 그것이 행복에 큰 영향을 미친다고 믿고 있었다. 그러나 한국과는 사회제도가 상당히 다른 나라들, 특히 행복 순위가 높은 나라들에서 같은 질문을 던지자 사람들은 다음과 같이 대답했다.

> "물질적인 건 별로 의미 없어. (…) 돈은 그저 사람들을 타락시킬 뿐이야." (아이슬란드)
>
> "(…) 풍족하지는 않아도 지금도 이 집에 사는 가족들이 함께 먹고 지내기에 충분하기 때문에 내게 돈은 그리 큰 의미는 아니에요." (바누아투)
>
> "물론 돈은 참 중요하지. 돈이 있어야 원하는 걸 할 수 있으니까. 그런데 그보다 나한테 더 중요한 건 사회적인 관계야." (덴마크)[24]

돈이 곧 행복이라는 물질주의 행복론은 개개인이 자신의 생존을 책임져야만 하는 각자도생의 원리가 지배하는 사회, 공동체가 해체되어 치열한 경쟁에서 살아남기 위해 홀로 분투해야만 하는 사회에서 지배적인 믿음이 된다. 《풍요중독사회》에서 자세히 논했듯이, 돈을 벌지 못하면 생존이 불가능한 사회, 돈을 기준으로 사람의 가치를 평가하고 차별하고 무시하는 사회에서 살아가는 사람들은 '생존 불안'과 '존중 불안'에 시달린다. 그 결과 사람들은 돈이 없으면 끔찍한 고통에서 벗어날 수 없으며 돈을 많이 벌어야만 존중받으면서 사람답게 살 수 있다고 믿게 된다. 이런 사회에서 살아가는 사람들에게 돈은 행복과 별 관련이 없다고 말하면 "한국에 살고 계세요?"라고 면박을 당하기 십상이다. 반면에 물질주의 행복론은 국가나 공동체가 개인의 생존을 책임지는 집단주의적인 원리가 지배하는 사회, 공동체가 건재해서 경쟁하기보다는 협력하면서 더불어 살아가는 사회에서는 지배적인 믿음이 되기 힘들다. 12년째 덴마크에 살고 있는 한 미국인은 다음과 같이 말했다.

"미국인은 대체로 물질주의적입니다. 성공은 곧 돈이고, 행복을 돈으로 살 수 있다고 믿는 경향이 있어요. 그래서 성공하면 큰 차와 큰 집을 사죠. 그런데 덴마크 사람들은 그렇지 않더군요. 물질주의와 반대죠. 내가 루이뷔통 가방을 가지고 있어도 이곳 사람들은 아무도 부러워하지 않았어요. 덴마크인 남편과 살면서도 나는 여전히 돈으로 행복을 찾으려고 했으니 헛일이었죠."[25]

덴마크와 같은 북유럽식 사회제도를 선택한 사회는 돈을 많이 벌지 못해도 국가가 개인의 생존을 상당 부분 책임진다. 직업에 따른 소득 격차도 크지 않아서 돈에 따라 사람의 가치를 평가하고 차별하며 무시하는 풍조가 거의 없다. 한마디로 생존 불안과 존중 불안이 심하지 않다. 아이슬란드와 덴마크 같은 북유럽식 사회제도를 채택하고 있는 나라, 바누아투[26]처럼 공동체가 건재한 나라에서 살아가는 사람들이 물질주의 행복론을 믿지 않는 것은 이 때문이다.

물질주의 행복론은 기본적으로 옳지 않은 엉터리 행복론이다. 하지만 돈이 행복에 미치는 영향력에 대한 믿음은 사회제도에 따라 달라진다. 한국과 미국 같은 신자유주의적 사회제도를 채택한 나라에서는 돈이 행복에 상당한 영향—뒤에서 설명하겠지만 엄밀히 말하면 돈 자체가 행복에 영향을 미치는 것은 아니다—을 미치기 때문에 물질주의 행복론이 활개를 친다. 반면에 북유럽식 사회제도를 채택하거나 사람들이 공동체 속에서 화목하게 살아가는 사회에서는 돈이 행복에 거의 영향을 미치지 않기 때문에 물질주의 행복론은 지배적인 행복론이 될 수 없다.

|

행복론도 유행을 탄다

물질주의 행복론을 믿는 정도가 사회제도에 따라 달라진다는 것은 그것이 과거에는 거의 회자되지 않던 비주류 행복론이었지만 오늘날에는 대중적으로 널리 통용되는 주류 행복론이 되었다는 사실을 통해서도 확인할 수 있다. 사상이나 이론은 특정한 시대, 특정한 사회를 배경으로 형성·발전된다. 초시간적이거나 초사회적인 사상 혹은 이론은 존재할 수 없다.

예를 들면 종교가 인간을 짓누르던 서구의 중세 시대에는 종교적 세계관에 부합하는 이론들이 득세했고, 종교개혁 시기에는 인간 중심적 세계관에 부합하는 이론들이 득세했다. 이런 식으로 모든 주의·주장은 유행을 탄다.

행복론도 마찬가지다. 종교가 세상을 쥐락펴락했던 중세에는 당연히 종교적 행복론이 유행했다. 종교적 행복론의 핵심은 금욕주의다. 종교는 사람들에게 욕망을 버리라고 설득함으로써 궁극적으로는 현세에서 누릴 행복을 포기하라고 강요했다. "근본적으로 중세에 구원과 일치하는 충만한 행복은 삶을 넘어선 곳에만 존재했다"[27]라는 프랑스 철학자 포쉐Michel Faucheux의 말처럼 지상에서는, 즉 살아서는 행복을 누릴 생각을 하지 말라고 설교한 것이다. 중세시대의 인류, 특히 서양인들은 당대에 유행했던 종교적 행복론을 받아들여 대체로 금욕주의적인 삶을 살았고, 내세에서 행복을 누리기 위해 기꺼이 현세에서 처한 불행을 받아들였다.

종교의 압제로부터 인간을 해방하려 했던 계몽주의 시대에는 행복은 신이 내려주는 것이 아니라 인간이 노력하면 얻을 수 있는 것이라는 인식이 퍼져나갔다. 계몽주의자들은 인간이 불행하다면 무언가 잘못되었기 때문이라고 주장했다. 즉 불행을 순순히 받아들이지 않으려 했던 것이다. 계몽주의에 의해 인간은 자신에게서 불행의 원인을 찾고, 노력을 통해 지상에서 행복을 추구하게 되었다. 즉 현세에서 행복을 능히 달성할 수 있다고 믿고 긍정하며 그것을 추구했다. 그러나 계몽주의 시기의 행복론은 개인주의적 행복론에 머물렀다는 한계가 있었다.

이상사회를 향한 인류의 열망

인류 역사에 자본주의 사회가 등장하자 계급적 억압과 착취를 반대하는 노동계급의 투쟁이 고조되었다. 이 과정에서 먼 과거부터 인류가 꿈꿔왔던 이상사회를 현실에서 실현하려는 집단주의적 행복론이 유행하게 되었다. 즉 개개인이 각자의 노력을 통해 행복해지려는 개인주의적 행복론이 아니라 모두가 힘을 합쳐 이상사회를 건설함으로써 행복해지는 것을 추구하는 집단주의적 행복론이 퍼져나간 것이다. 1800년대부터 수많은 사상가가 '모두가 행복하지 않으면 그 누구도 행복할 수 없다'는 집단주의 원리에 기초해 모든 사람이 행복해지는 이상사회를 건설하려는 열망에 사로잡혔다. 이런 집단주의적 행복론은 프랑스 대혁명 이후에 만들어진 인권선언문 제1항 "사회의 목적은 공동의 행복을 구현하는 데 있다"[28]라는 문장으로 표현되었고, 마르크스Karl Marx와 엥겔스Friedrich Engels의 사회주의 이론으로 정점을 찍었다.

인류는 먼 옛날부터 모두가 행복해질 수 있는 이상사회를 꿈꿔왔다. 오스트리아 철학자 쉴트함머Georg Schildhammer는 "완벽한 행복을 제공해주는 곳을 상상하는 것은 인간의 본성이다"[29]라고 말하면서 인류가 이상사회에 대한 꿈을 포기하는 것은 불가능하다고 주장했다. 같은 맥락에서 포쉐는 다음과 같이 말했다.

프랑스 혁명에서부터 오늘날에 이르기까지 똑같은 욕망이 프랑스 사람들을 사로잡는다. 그것은 정치를 통해 시민이 행복할 수 있는 사회적 조건을 보장하고 평등을 엄격하게 적용하는 원리를 바탕으로 미래를 향상시킬 수 있는 공동체적 기구를 만들어내고자 하는 욕망이다.[30]

프랑스인과 마찬가지로 한국인도 모두가 평등하고 화목하게 살아가는 이상사회인 '대동세상大同世上'을 꿈꿔왔고 그것을 실현하기 위해 줄기차게 싸워왔다. 인류가 이상사회를 본성적으로 원하고 그 꿈을 포기할 수 없는 이유는 이상사회가 곧 행복이기 때문이다. 사람들이 행복을 포기하지 않는 한 이상사회에 대한 꿈 역시 절대로 사라질 수 없다. 따라서 여전히 인류는 이상사회에 대한 열망을 마음속에 간직하고 있으며, 언젠가는 반드시 되살아날 것이다.

집단주의적 행복론은 20세기 말부터는 한물간 행복론으로 전락했다. 구소련과 동구권에서 사회주의 실험이 실패하자 인류의 대다수는 현실에서 이상사회를 건설하는 것이 불가능하다는 패배주의에 사로잡혔다. 포쉐는 동구 사회주의 진영이 붕괴하고 초강대국 미국이 전 세계를 지배하는 신자유주의 시대가 개막한 것이 인류의 마음에 남긴 트라우마를 다음과 같이 묘사했다.

20세기를 사는 우리는 세상에 존재하는 모든 정치적 희망을 포기할 정도로 시체들이 널린 들판에 우리 자리를 양보하면서, 관용적인 정치적 유토피아가 붕괴되는 현실을 직접 목격한 당사자들이다.[31]

이상사회 건설을 통해 모두의 행복을 추구하려는 집단주의적 행복론은 사회주의 진영이 붕괴하고 그 여파로 자본주의 국가들에서 노동운동과 진보운동이 쇠퇴하자 유행에 뒤떨어진 낡은 행복론으로 전락했고, 경멸의 대상이 되었다.

유일무이한 초강대국으로 부상한 미국이 전 세계에 신자유주의 이데올로기를 강요했던 1980년대 이후부터는 정치운동을 통해서 이상사회를 건설하려는 열망이 자취를 감추게 되었다. 그리고 동시에 공동체나 정치에 대한 관심이 줄어들고 이에 비례해 개인주의적 행복에 대한 관심이 증가하는 현상이 나타났다. 캘리포니아대학교 로스엔젤레스캠퍼스의 신입생을 대상으로 실시한 연구에 따르면, 1966년에는 신입생 가운데 60퍼센트가 정치에 관심을 가지는 것이 필수적이거나 매우 중요한 일이라고 평가했다. 그러나 1995년에는 30퍼센트 미만의 신입생만이 정치에 관심을 가지는 일이 중요하다고 평가했고, 약 20퍼센트의 학생들만이 공동체 활동에 참여하는 것이 중요하다고 대답했다. 반면에 경제적으로 잘사는 것이 필수적이라거나 아주 중요하다고 느끼는 학생의 비율은 1966년에는 44퍼센트였지만 1998년에는 75퍼센트로 급상승했다.[32]

|

나의 행복만이 중요한 시대

원래 자유주의는 개인을 종교나 신분상의 제약으로부터 해방시키려고 했던 진보적인 정치이념이었다. 즉 자유주의는 시민적·정치적 권리를 쟁취하기 위한 이념이었을 뿐 집단주의적 행복을 반대하는 이념이 아니었다. 더 정확히 말하자면 자유주의는 집단주의적 행복을 실현하기 위해서 종교나 봉건적 권력으로부터의 자유를 주장했던 이념이었다고 할 수 있다. 그런데 신자유주의는 전통적인 자유주의를 괴상하게 변질시켰다. 신자유주의 시대의 독점자본들은 국가의 간섭과 규제를 반대하면서 무제한적인 이윤을 추구하기 위한 자유를 주장했다. 즉 독점자본가들이 마음껏 이윤을 추구하는 데 걸림돌이 될 수 있는 국가나 사회의 각종 제한과 규제를 모조리 철폐할 것을 요구한 것이다. 예를 들면 CEO가 벌어들이는 수입의 상한선을 정해놓은 법을 철폐하라거나 국영이었던 공공부문의 민영화를 가능하게 해달라고 목청을 높였다.

독점자본가들만의 자유, 즉 소수의 자유만을 대변하는 신자유주의는 국가나 공동체를 개인의 자유를 간섭하는 것으로 간주해 적대시하도록 만들었다. 만일 국가나 공동체 같은 집단이 개인을 간섭하고 괴롭히는 악이라면, 개인은 집단의 간섭에서 벗어나 철저한 개인주의를 추구해야만 자유롭고 행복해질 수 있다. 20세기 후반부터 집단주의를 적대시하는 신자유주의가 지배적인 이념이 되어 전 세계를 뒤덮자 개인주의적 행복론이 대대적으로 유행하게 되었다. 즉 모두가 행복해져야 나도 행복해질 수 있으므로 이상사회를 추구하는 집단주의적 행복론 대신 '내 행복은 내가 알아서 해. 그러니 공동체나 정치 따위는 필요 없어. 제발 방해만 하지 마'

라는 식의 태도인 개인주의적 행복론이 대세가 된 것이다. 신자유주의가 유포시킨 개인주의적 행복론을 쉴트함머는 "자유주의자들의 신조에 따르면, 행복은 개인이 자기주도하에 스스로 실현할 문제다. 이것은 외부의 제약이 최소화되는 곳에서 가장 잘 이루어진다"[33]라고 요약했다.

포쉐는 "개인주의적 행복에 대한 찬양과 신봉은 근본적으로 실망의 장소로 인식된 사회에 반대하는 과정에서 생겼다"[34]며 "오늘날 유일하게 행복을 보증하는 것은 사회적 협약에서 벗어나 자아의 탐험을 대신해주는, 물질적 쾌락이라 해도 좋을 개인의 이기적 만족"이라고 말했다.[35] 그의 지적처럼 오늘날 유행하는 행복론은 쾌락주의에 기초한 개인주의적 행복론이다. 이것이 쾌락이든 돈이든 간에 개인주의적 행복론은 모두의 행복이 아닌 '나의 행복', '나만의 행복', '나 먼저의 행복', '내가 남들보다 더 행복해지는 것'을 추구한다. 포쉐는 '어쩌면 우리는 이데올로기가 붕괴된 시대를 맞아 체념의 도덕률을 전개하고 있는 것은 아닐까?'라고 물으며 사소한 것들에서 느끼는 행복을 찬양하는 현상에 대해 다음과 같이 말했다.

> 따라서 행복을 느끼려면 온갖 종류의 원대한 희망을 과감히 포기할 줄 알아야 하며, 진정으로 우리에게 의존하고 우리의 가시권에 포착돼 있으며, 우리의 내부에서 비롯된 것들을 원할 줄 알아야 한다. 친밀한 것들과 하찮은 것들을 천천히 음미하는 방법을 배워야 한다.[36]

돈이 곧 행복이라는 세속적인 물질주의 행복론은 집단주의적 행복론과는 완전히 상극이다. 반면에 쾌락주의 행복론과는 형제지 간이다. 두 가지 모두 개인주의적 행복론이기 때문이다. 오늘날 유행하는 행복론이 심리학 분야에서는 쾌락주의 행복론이고, 대중적으로는 물질주의 행복론인 이유가 바로 이것이다. 심리학의 주류인 쾌락주의 행복론과 개인주의적 행복론에 대해서는 2부에서 자세히 다룰 것이다.

풍요의 역설과
물질주의 행복론

물질주의 행복론이 옳지 않은 엉터리 행복론인 이유, 즉 돈이 곧 행복은 아니라는 주장은 '풍요의 역설'에 의해 뒷받침된다. 풍요의 역설이란 사회는 물질적으로 더 풍요로워지는 데 반해 사람들은 행복해지기는커녕 더 불행해지는 현상을 말한다. 쉽게 말해 돈을 더 많이 벌었는데도 더 행복해지지 않거나 오히려 불행해지는 것이 바로 풍요의 역설이다.

지난 수십 년간 미국의 GDP는 꾸준히 상승했고, 물질적 풍요 수준 역시 지속적으로 높아졌다. 그러나 미국인은 더 행복해지기는커녕 정신건강이 더 나빠졌고 더 불행해졌다. 시카고대학교의 전국여론조사본부의 조사에 따르면, 미국에서는 자기 자신을 '매우 행복하다'고 표현하는 사람의 비율이 줄곧 감소해왔다. 1945년부터 1991년까지 45년 동안 미국인의 실질소득은 약 2.5배 증가했지만 같은 기간에 미국인의 평균 행복지수는 오히려 하락했다.[37] 구체적으로 이 기간에 결혼생활이 매우 행복하다고 응답한 사람의 비율, 직장생활이 매우 만족스럽다고 응답한 사람의 비율, 주거환경에 매우 만족한다고 응답한 사람의 비율 등이 전반적으로 하락했다.[38]

행복과 관련된 제반 사회지표의 하락 추세는 경제가 호황이었던 1990년대에도 달라지지 않았다. 1996년에 실시한 한 여론조사에서는 미국인의 절반 이상이 자신의 부모가 자라던 시절보다 세상이 더 나빠졌다고 응답했다. 앞에서도 언급했듯이 서구의 주요 선진국들은 제2차 세계대전 이후에 경제가 계속 성장했지만, 우울증 환자의 비율이 열 배나 증가했다.[39] 이것 역시 풍요의 역설을 보여주는 하나의 증거다. 이런 현상을 두고 2007년에 노벨 평화상을 받은 미국의 앨 고어Al Gore 전 부통령은 "물질적 풍요가 역사상 최고에 이르렀지만, 인생의 허무함을 느끼는 사람의 수 역시 최고에 이르렀다"[40]고 개탄하기도 했다.

돈이 곧 행복이 아니라는 사실은 국가 간 비교를 통해서도 확인할 수 있다. 만일 돈이 행복에 절대적인 영향을 미친다면 당연히 가난한 나라의 행복도가 부유한 나라에 비해 훨씬 낮아야 할 것이다. 그러나 1인당 GDP가 1만 달러도 되지 않는 가난한 나라인 멕시코, 인도네시아, 콜롬비아의 행복지수는 영국이나 프랑스보다 더 높다. 쿠바 역시 행복지수가 미국과 비슷하다.

이처럼 GDP의 증가나 경제의 성장은 행복에 비례하지 않는다. 이것은 행복에 미치는 돈 혹은 물질적 풍요의 영향력이 별로 크지 않다는 것을 보여준다.

월 430만 원, 행복의 변곡점

풍요의 역설은 국가가 아닌 개인에게도 적용되는 것일까? 다시 말해 개개의 사람들도 부유해지면 행복해지기보다는 오히려 더 불행해질까? 돈은 행복에 큰 영향을 미치지는 않지만, 적어도 한국과 같은 자본주의 사회에서는 그 영향력을 무시할 수 없다.

소득 수준과 건강 간의 관계에 대한 연구 결과들에 따르면, 가난한 후진국에서는 소득 수준의 향상이 평균수명을 늘리는 데 탁월한 효과가 있는 반면에 선진국에서는 건강이 비경제적 요인의 영향을 많이 받는다.[41] 이런 연구들은 소득 수준, 즉 돈이 후진국 사람들의 행복 수준에는 큰 영향을 미치지만, 선진국 사람들의 행복 수준에는 별다른 영향을 미치지 못한다는 점을 시사한다. 그리고 이를 한 국가 내에 적용할 경우 가난한 이들의 행복에는 돈이 큰 영향을 미치지만, 부자들의 행복에는 돈이 거의 영향을 미치지 못함을 추정할 수 있다. 정말 그럴까? 결론부터 말하자면 가난한 사람들은 소득 수준이 올라감에 따라 행복지수가 높아지지만, 부자들은 그렇지 않다.

약 1만~1만 5000달러의 개인소득을 기준으로 할 때, 그것보다 낮은 수준에서는 소득이 늘어남에 따라 개인의 행복지수가 큰 폭으로 높아진다. 그러나 그 기준점을 넘어서면 소득이 늘어나더라도 개인의 행복지수는 별로 높아지지 않는다. 경제학자 잉글하트^{Ronald Inglehart}는 이런 현상을 경제성장 효용체감의 법칙으로 설명하면서, 소득이 증가해도 더 이상 행복지수가 높아지지 않는 기준점을 '결별점^{decoupling point}'이라고 불렀다. 이 결별점을 경제학자 레이어드^{Richard Layard}는 만족점^{satiation point}이라고 부르는데, 그는 돈의 만족점이 1년간 1만 5000~2만 달러라고 주장했다. 즉 돈이 1만 5000달러에서 2만 달러까지 증가할 때는 사람들이 더 행복해지지만, 그 이후부터는 돈이 증가해도 사람들은 더 이상 행복해지지 않거나 아주 약간만 더 행복해진다는 것이다.

이런 연구들을 물가상승률을 고려해 한국에 적용하면 소득의 결별점 혹은 만족점은 연봉 약 2500~4500만 원이 된다.[42] 그런데 한 가지 특이한 점은 다른 나라들의 경우에는 결별점을 넘어서더라도 돈이 증가하면 행복 수준 역시 조금씩이나마 올라가지만, 한국의 경우에는 결별점을 넘어서면 오히려 행복 수준이 떨어진다는 것이다.

KBS에서 방영한 한 다큐멘터리 프로그램에서 수입에 따른 행복도의 변화를 조사한 결과에 따르면, 한국인의 경우 월 430만 원정도가 소득의 결별점이었다. 그런데 결별점인 월 430만 원을 넘어서면 소득이 증가할수록 오히려 행복 수준이 떨어졌다.[43] 한국에서는 부자들도 그다지 행복하지 않다는 사실은 《매경이코노미》에서 진행한 '행복의 조건'에 관한 설문 조사 결과에서도 나타난다. 이 조사에서 응답자들은 자신이 행복한 정도를 10점 만점에 평균 5.99점으로 평가했다. 그런데 월평균 가구소득이 100만 원 미만인

사람들의 만족도는 2.23점, 700만 원 이상인 사람들은 2.22점으로 거의 차이가 없었다.[44]

한국에서 소득이 월 430만 원 이상을 넘어서면 행복도가 오히려 떨어지는 현상이 나타나는 이유는 무엇보다 월 430만 원 이상을 벌기가 녹록지 않아서일 것이다. 고액 연봉자들은 월 430만 원 이상의 돈을 벌기 위해서 수면, 여가, 가족, 우정, 사랑, 건강, 운동 등을 희생하는 경우가 많다. 또는 윗사람한테 아부하고 눈치를 보며, 사내 정치에 에너지를 소모하고, 때로는 굴욕과 수모를 감내하기도 한다. 게다가 연봉이 높아질수록 경쟁이 더 치열해지고 시기와 질투 등이 더 심해지며 위계 추락에 대한 공포도 커지는 경향이 있다. 이 정도만 놓고 보더라도 월 소득이 430만 원을 넘어서면 오히려 행복도가 떨어지는 이유를 이해할 수 있을 것이다. 한국인들은 행복해지고 싶으면 월 430만 원 이상은 벌지 않는 것이 좋다.

|

빈곤은 명백히 행복을 감소시킨다

한국의 경우 월 430만 원을 벌지 못하는 사람들은 소득이 높아짐에 따라 행복도가 큰 폭으로 상승한다. 하지만 이로 미루어 가난한 사람의 경우에는 돈이 행복에 큰 영향을 미친다고 섣부르게 결론 내려서는 안 된다. 왜냐하면 "돈이 사람을 행복하게 만들지는 않지만, 돈이 부족하면 비참함, 불안, 스트레스를 가져온다"[45]는 행복 연구자 비킹Meik Wiking의 말처럼, 돈이 많아지는 것은 행복의 증가가 아니라 주로 고통의 감소와 관련이 있기 때문이다.

한국 사회에서는 돈이 없으면 고통을 피할 길이 없다. 그리고 고통에 시달리는 사람이 행복할 수는 없다. 돈이 부족하면 무엇보다 생존 불안에 시달린다. 돈이 없으면 먹을거리를 살 수 없고, 입을 옷을 살 수가 없으며, 안정적인 거주지를 마련할 수 없다. 부조금을 낼 수도 없고, 친구들을 만나기도 두려워져 사회활동이 위축된다. 이 때문에 한국인은 돈이 없거나 부족하면 끊임없이 근심과 걱정에 시달리게 된다. 돈이 부족하면 만성적인 근심과 걱정에 빠져 고통받고 부정적인 감정을 경험하게 되므로 행복에 치명적이다.

갤럽 조사에 따르면, 돈을 걱정할 필요가 없는 생활은 소득이 행복에 미치는 영향보다 두 배 이상의 영향력을 지닌다.[46] 즉 행복에는 돈이 많은지 적은지보다 돈으로 인한 근심, 걱정이 있는지 없는지가 더 중요하다는 것이다. 돈과 관련된 근심, 걱정은 기본적으로 생존 불안과 관련이 있다. 공과금을 못 내거나 대출금을 상환하지 못해 빚 독촉을 당해서 드는 근심, 걱정을 예로 들 수 있다. 반면에 국산 차를 타고 다니는 사람이 외제 차를 살 돈이 없어서 괴로워하는 것은 생존 불안이 아니라 욕망의 좌절이나 존중 불안과 관련이 있다. 즉 돈을 걱정할 필요가 없는 생활이란 월 430만 원 정도는 벌어서 생존 불안에서 해방된 생활이라고도 할 수 있는데, 이것이 행복에 큰 영향을 미친다는 것이다.

돈이 부족하면 또한 존중 불안에 시달린다. 돈을 많이 벌지 못하는 직업을 가지고 있으면 사람들한테 무시당할 가능성이 그만큼 커진다. 돈에 따라 사람의 가치를 평가하고 차별하며 무시하는 풍조가 심한 사회, 즉 불평등한 불화 사회에서 살아가는 사람들은 돈이 많아져도 존중 불안에서 해방되기 힘들다. 자기보다 돈이 더 많은 사람은 항상 존재하기 때문이다.

부유한 국가들의 경우에는 소득 불평등의 감소가 경제성장보다 행복에 더 큰 영향을 준다는 연구 결과가 있다. 즉 경제가 고속 성장하더라도 그것이 불평등을 만들어내면 행복지수가 오히려 떨어진다는 것이다.[47] 또 다른 한 연구에 따르면, 상대적으로 가난한 사람이 부자 동네에 거주하면 행복지수가 떨어지며 부자들조차 부자들 사이에서 살아가는 사람이 그렇지 않은 사람보다 덜 행복하다.[48] 이처럼 존중 불안을 기준으로 볼 때 소득, 즉 돈을 통해 느끼는 행복은 돈의 절대적인 액수가 아닌 상대적인 액수에 따라 결정된다고 할 수 있다. 즉 행복은 주변 사람들이 자신보다 돈이 더 많은가 적은가에 따라 좌우된다는 것이다. 이런 연구들은 소득 증가가 행복지수를 높여주는 것이 존중 불안이라는 고통의 감소와도 관련이 있음을 보여준다.

돈이 없거나 부족하면 생존 불안과 존중 불안 등의 심각한 고통에 시달린다. 돈의 증가는 무엇보다 이런 고통을 줄여준다. 구체적으로 말하자면 가난한 한국인들의 경우 월 430만 원까지는 소득이 많아지는 데 비례해 불안과 고통이 줄어든다. 이러한 고통의 감소, 즉 부정적인 감정 경험의 감소는 쾌−불쾌의 감정 경험을 행복의 핵심으로 보고 그것을 열심히 측정하는 심리학 연구들에 반영되기 마련이다. 3장에서 자세히 살펴보겠지만, 행복에 관한 심리학 연구들은 쾌락주의 행복론에 기초하고 있어서 긍정적인 감정 경험을 중시한다. 불안이나 고통의 감소는 부정적인 감정 경험의 감소와 긍정적인 감정 경험의 증가로 이어지므로 행복지수가 높아질 수밖에 없다. 따라서 정확히 말하자면 가난한 사람도 돈이 많아진다고 해서 더 행복해지는 것은 아니다. 단지 덜 고통스러워지는 것일 뿐이다.

한국에서 월 소득이 430만 원을 넘어서면 생존 불안은 큰 폭으로 줄어든다. 하지만 존중 불안은 거의 해결이 되지 않으며 또 다른 고통까지 추가된다. 그렇기 때문에 행복도가 오히려 떨어지는 것이다.

한국은 다층적 위계 사회다. 월 소득 430만 원은 100층짜리 위계 피라미드에서 60층쯤에 위치하게 해준다고 할 수 있다. 그러나 60층에 살더라도 자기보다 더 위층에 살고 있는 사람들이 존재한다. 그러므로 이들한테서 존중받지 못할 것을 두려워하는 존중 불안은 사라지지 않는다. 다층적 위계 사회에서 존중 불안은 자신이 몇 층에서 살고 있는지와 상관없이 절대로 사라지지 않는다. 이 때문에 한국인들은 월 소득 430만 원에 만족하지 못하고 위계 상승을 위해서 더 많은 돈을 욕망하는 것이다. 그러나 더 높은 위계를 향한 욕망, 더 많은 돈에 대한 욕망은 끝이 없기 때문에 삶은 피폐해지고 행복에서 점점 더 멀어진다.

한국 사회에는 월 430만 원을 벌지 못하는 사람들이 대단히 많다. 이들에게 돈의 증가는 고통의 감소와 직결되는데, 이때 이들은 당연히 자신이 더 행복해졌다고 느낀다. 만성적인 근심, 걱정이나 고통에서 벗어나는 것은 즐겁고 좋은 일이기 때문이다. 이런 점에서 월 430만 원 이하의 돈을 벌고 있는 한국인 절대다수의 믿음, 즉 돈이 없으면 최소한 행복할 수 없다는 믿음은 분명한 근거가 있는 타당한 믿음이라고 할 수 있다.

심리학자 앨런^{James B. Allen}은 "빈곤은 명백히 행복을 감소시킨다"[49]라고 강조했다. 빈곤은 사람을 고통스럽게 만든다. 따라서 절대다수의 한국인이 행복해지려면 일단 빈곤에서 탈출할 수 있어야 한다. 다시 말해 최소한 생존 불안에서는 해방돼야 한다. 그러나 행복 연구자와 심리학자들은 생존 불안에 시달리고 있는 한국인들에게 돈이 행복을 가져다주지 않는다면서 돈에 대한 욕심을 버리라고 말한다.

갤럽의 조사 보고서에서는 돈이 많은 것보다는 가계를 잘 관리하고 돈을 현명하게 사용하는 것이 더 중요하다면서 물건이 아닌 경험을 구매하라거나 자신이 아닌 남을 위해 돈을 쓰라는 등 행복을 위한 돈 사용법까지 제안한다.[50] 인기 있는 행복 상인들은 행복이 물질이나 돈에 있지 않다는 주장으로 떼돈을 벌어 호화로운 집과 비싼 차를 구입하기도 한다. 그러나 행복은 돈과 거의 관련이 없다거나 돈을 잘 쓰는 것이 중요하다는 등의 충고에 귀 기울일 필요가 있는 이들은 월 430만 원 이상을 버는 사람들뿐이다. 나머지 사람들에게는 이런 충고들이 전혀 도움이 되지 않는다. 한국과 같은 자본주의 사회에서 살아가는 한 생존 불안에서 해방될 정도의 돈 없이는 행복은 고사하고 고통에서 벗어나기조차 대단히 어렵기 때문이다.

그렇다고 해서 가난한 사람들이 각자 더 많은 돈을 벌기 위해서, 즉 돈을 목적으로 삼고 살아가서는 안 될 것이다. 가난한 사람들은 돈이 없어서 겪어야만 하는 고통을 각자도생으로 해결할 것이 아니라 한국 사회를 개인의 생존을 국가가 책임지는 사회, 구체적으로 말하자면 최소한 북유럽 수준을 넘어서는 사회로 개혁함으로써 해결해야 한다. 가난한 사람들이 각자도생과 무한 경쟁을 통해 월 430만 원을 벌게 되는 방식으로는 모두가 고통에서 탈출하는 것은 가능하지 않으며, 그렇게 사는 것이 결코 바람직하지도 않기 때문이다.

더 잘난 사람들에게서
존중받지 못하는 경험

소득의 결별점을 넘어서면서부터는 소득이 많아져도 오히려 행복 수준이 떨어지는 한국과 달리 자본주의 국가 대부분에서는 결별점 이후에도 소득 수준과 행복감 사이에는 정적正的인 상관관계가 나타난다. 다시 말해 결별점 이전까지는 소득이 증가하는 만큼 행복지수도 올라간다. 그런데 결별점 이상으로 소득이 늘어나도 행복지수는 아주 조금씩이지만 올라간다는 것이다. 그렇기 때문에 많은 이가 '돈은 행복에 영향을 미치기는 하지만 그 영향력은 그다지 크지 않다'고 결론을 내린다.

우리는 앞에서 결별점 이전까지 소득이 늘어나는 것은 사실상 사람들을 행복하게 해주는 것이 아니라 단지 고통을 감소시키는 것이고, 그것이 행복지수 측정에 반영될 뿐이라는 점에 대해 살펴봤다. 그렇다면 결별점 이후부터는 비록 미미하더라도 돈 자체가 행복 수준을 높여주는 것일까? 결론부터 말하자면 그렇지 않다. 돈 자체는 행복에 아무런 영향도 미칠 수 없다. 행복에 영향을 미치는 것은 돈이 아니라 자본주의 사회에서 작용하는 '돈의 힘'이다.

돈이 사람 위에 군림하는 사회에서는 돈이 행복에 영향을 미치는 것처럼 보인다. 그 사회에서는 돈으로 무엇이든 가질 수 있고 무엇이든지 할 수 있기 때문이다. 자본주의 사회에서는 돈과 자유가 정비례한다. 자본주의 사회에서는 부자와 자본가들이 정권과 생산수단을 비롯해 전 사회를 장악하고 지배한다. 부자들이 아무것도 가지지 못한 절대다수의 사람에 비해 훨씬 더 자유롭다는 것은 두말할 필요가 없다.

생존 불안과 존중 불안이 극심한 한국 사회에서 살아가는 가난한 다수의 사람은 일단 직업 선택의 자유조차 마음껏 누리지 못한다. 한국인은 자신의 적성이나 재능에 맞는 직업 혹은 사회적으로 가치 있거나 의미 있는 직업을 선택하기보다는 돈을 많이 벌 수 있는 직업을 선택한다. 사실 상당히 많은 한국인이 돈을 많이 벌 수 있는 직업은 고사하고 직업을 가질 수 있기만 해도 다행이라고 생각한다. 직업 선택의 자유가 없는 한국인들은 자기가 좋아하는 일을 하지 못하기 때문에 일을 하면서 즐거움이나 보람을 느끼기가 힘들다. 그래서 더 불행해지는 것이다.

반면에 생존 불안이나 존중 불안이 상대적으로 낮은 사회에서 살아가는 사람들에게는 직업 선택의 자유가 있다. 덴마크의 한 택시 기사는 "스스로 좋아하는 일을 해야죠. 그게 돈보다 더 중요합니다. (…) 자기가 하는 일이 즐겁지 않다면 돈이 무슨 소용입니까?"[51]라고 말했다. 덴마크 사람들은 택시를 모는 일을 좋아하는 사람들이 택시 기사가 되고, 의술로 사회에 봉사하고 싶은 사람들이 의사가 된다. 이들이 진정한 의미에서의 직업 선택의 자유를 누릴 수 있는 것은 어떤 직업을 선택하더라도 생존 불안을 느끼지 않을 정도의 소득을 얻을 수 있기 때문이다. 또한 직업 간 소득 격차가 크지 않아서 어떤 직업을 선택하더라도 남한테 무시당할지 모른다는 존중 불안을 느끼지 않기 때문이다.

뒤에서 다시 자세히 살펴보겠지만, 사람에게 가장 중요한 것은 '자유'라고 할 수 있다. 하지만 주류 심리학은 자유라는 주제를 직접 다루지 않는다. 자유의 일부분을 반영하는 개인의 통제감 혹은 통제력 정도를 다룰 뿐이다. 비록 제한적이기는 하지만 통제감과 관련한 심리학 연구들은 자유와 행복 사이에 아주 밀접한 관련이 있음을 보여준다.

|

중요한 것은 돈이 아니라 자유

심리학자 네틀Daniel Nettle은 《행복의 심리학》에서 '개인적 통제' 점수가 행복을 예측하는 데 소득보다 훨씬 더 좋은 지표라고 말한다. 가난하지만 개인적 통제 점수가 높은 사람들은 삶의 만족도에서 10점 만점에 7.85점을 기록한 반면, 부자이지만 개인적 통제 점수가 낮은 사람들은 5.82점을 기록했다.[52] 설사 가난하더라도 자유롭게 살아가는 사람들—단지 주관적으로 그렇게 느끼는 것일지라도—이 부유하더라도 자유롭지 못한 사람들보다 더 행복하다는 사실은 행복에 영향을 미치는 것이 돈이 아닌 자유(통제감)임을 시사한다.

일반적으로 자본주의 사회에서는 자유와 돈이 비례하므로, 다른 변수가 없다면 돈이 많을수록 행복해질 가능성은 높아진다. 한 연구에 따르면 사람들에게 '삶을 통제하고 있는가?'라는 질문을 하고 그 대답에 기초해 개인적 통제 점수를 측정한 결과, 가장 높은 점수를 얻은 집단은 1계층(부자)이었고 가장 낮은 점수를 얻은 집단은 5계층(가난한 사람)이었다.[53]

다층적 위계 사회에서는 위계가 높을수록 행복해질 가능성이 높아지는데, 이것 역시 자유와 관련이 있다. 사회계층과 행복 사이의 관계에 관한 한 연구에 따르면 사회계층이 높을수록 행복지수가 높지만, 소득과 행복지수 간에는 거의 아무런 관계도 없다.[54] 이런 연구는 행복지수를 높여주는 것은 소득이 아니라 높은 위계에 속해 누리게 되는 것들, 특히 자유와 관련이 있음을 시사해준다.

갤럽의 조사 보고서에서는 '재정적 안정감'이 행복에 미치는 영향력은 소득이라는 단일한 요인이 전반적인 행복에 미치는 영향력보다 세 배나 높다고 강조한다.[55] 재정적 안정감이란 '자신이 하고 싶은 일들을 언제라도 할 수 있을 만큼 충분한 액수 이상의 돈을 가지고 있다는 인식'을 의미한다. 이것은 돈 자체가 아니라 자본주의 사회에서 돈이 가능하게 해주는 자유가 행복에 영향을 미친다는 것을 의미한다. 자본주의 사회에서 살아가는 사람들은 돈이 많아지고 위계가 높아질수록 더 자유로워지거나 적어도 더 자유로워졌다고 느낀다. 주류 심리학의 용어로 말하자면 통제력이 높아지거나 더 큰 통제감을 느낀다는 것이다.

비록 자본주의 사회에서는 돈이 자유와 비례관계에 있기는 하지만 돈이 많아진다고 해서 사람들이 진정한 자유를 누릴 수 있게 되는 것은 아니다(이 주제에 대해서는 뒤에서 살펴볼 것이다). 더욱이 돈의 증가는 숱한 부작용을 초래한다. 그렇기 때문에 결별점을 지나면 소득이 큰 폭으로 늘어나도 행복 수준이 아주 조금씩 올라가는 것이다. 결론적으로 자본주의 국가들에서 결별점 이상으로 소득이 늘어나도 그에 따라 행복지수가 조금씩이지만 높아지는 경향에는 돈 자체가 아니라 자유가 영향을 미치기 때문이라고 말할 수 있다.

자유가 행복에 대단히 중요함에도 오늘날 자본주의 사회에서 살아가는 사람들의 자유는 과거에 비해 더 축소되고 있다. 대부분의 자본주의 국가는 과거에 비해 불평등이 크게 심화되었고 이에 따라 사람들이 점점 더 자유를 상실해가고 있다. 미국의 여론조사 기관 해리스에서 진행한 한 설문 조사에서는 '내 주위의 움직임에서 내가 제외된 느낌이 든다'는 항목에 '그렇다'고 대답한 비율이 1966년에는 9퍼센트에 불과했지만 1986년에는 37퍼센트로 증가했다. 또한 '내 생각은 더 이상 중요하지 않다'라는 질문에 '그렇다'고 대답한 비율 역시 1966년에는 36퍼센트였지만 1986년에는 60퍼센트로 치솟았다.[56]

불평등은 자유 중에서도 가장 중요한 것이라 할 수 있는 인간관계에서의 자유를 침해한다. 계급적 억압이나 착취를 논외로 하더라도 타인에게 예속되거나 구속되지 않을 자유, 타인에게 의존하지 않을 자유, 타인에게서 차별이나 무시를 당하지 않을 자유, 타인에게서 갑질이나 성희롱을 당하지 않을 자유 들과 같은 인간관계에서 누리는 자유는 관계가 평등할 때 실현될 수 있다. 다층적 위계에 기초하는 불평등은 모든 사람을 갑질, 을질, 병질, 정질로 이어지는 불평등한 위계와 학대의 관계로 몰아넣음으로써 인간관계에서의 자유를 빼앗는다. 자본주의 사회에서 살아가는 사람들이 과거에 비해 더 불행해진 이유는 자유, 특히 인간관계에서 누리는 자유를 빼앗겼기 때문이다. 결론적으로 자본주의 사회에서 살아가는 사람들의 자유는 과거에 비해 더 축소되었고 이에 따라 더 불행해졌지만, 그나마 돈이 많은 사람들이 상대적으로 나은 처지에 있다고 할 수 있다.

결별점을 초과한 돈의 증가가 행복지수를 조금이나마 높여주는 것은 삶의 만족이나 자기 평가와도 관련이 있다. "소득은 일상적인 경험이나 기분보다 인생에 대한 평가와 더 큰 관련이 있다"[57]는 말에서 알 수 있듯이, 자본주의 사회에서 돈은 삶에 대한 만족감이나 자신의 가치에 대한 평가를 높여줌으로써 행복에 영향을 미친다. 사람들은 살아가면서 끊임없이 자신의 삶에 대해 평가하고 그 결과로부터 영향을 받는다. 즉 사람들은 끊임없이 스스로 '나 지금 잘 살고 있는 거지?', '나 지금까지 잘 살아왔지?'라고 묻고는 '그렇다'는 대답을 할 수 있으면 만족한다는 것이다.

자신의 삶에 대한 평가는 의식적일 수도 있고 무의식적일 수도 있지만, 이러한 평가를 전혀 하지 않으면서 살아가는 사람은 거의 없다. 자신의 삶을 평가하는 것은 더 잘 살기 위해서 반드시 필요하며, 사람들을 더 나은 삶으로 이끌어주는 유익한 행위다. 그런데 문제는 모든 것의 가치를 돈을 기준으로 평가하는 자본주의 사회에서는 삶에 대한 평가도 돈에 의해 좌우된다는 데 있다. 즉 자신이 돈을 잘 벌고 있으면 잘 살고 있는 것이고 돈을 못 벌고 있으면 제대로 못 살고 있는 것이며, 자신이 부자가 되면 잘 살아온 것이고 가난해지면 잘못 살아왔다는 식으로 삶을 평가한다는 것이다.

　　자신의 가치에 대한 평가도 마찬가지다. 자신이 돈을 많이 벌고 있거나 많이 벌었으면 스스로 가치 있는 사람이라고 평가하지만, 그 반대라면 가치 없는 사람으로 평가한다. 만물의 가치를 돈이라는 유일무이한 기준으로 평가하는 천박한 자본주의 사회에서는 돈이 삶에 대한 평가나 사람의 가치에 대한 평가에 영향을 미친다. 그리고 그것이 자신의 삶에 대한 주관적 평가를 측정하는 행복 연구들에 반영된다. 그러나 만물의 가치를 돈으로 평가하지 않는 사회에서 돈은 삶이나 사람의 가치에 대한 평가에 영향을 미치지 않고, 그 결과 행복에도 영향을 미치지 않는다.

　　결론적으로 서구 자본주의 사회에서 결별점 이상으로 소득이 증가해도 행복 수준이 조금씩이나마 오르는 것은 돈의 증가가 자유, 삶에 대한 평가, 자신의 가치에 대한 평가를 높여주는 힘으로 작용해서일 뿐이다. 즉 돈 그 자체는 행복과 아무런 관련이 없다.

생존 불안과 존중 불안이 없는 사회

한국처럼 개인의 생존을 개인이 책임져야 하는 사회에서는 생존 불안을 방어할 정도의 돈 없이는 행복해지기 어렵다. 그렇다면 월 430만 원 이하를 버는 사람들은 돈을 목적으로 삼고 살아가면 행복해질까? 그렇지 않다. 돈이 없어서 자신이 불행하다는 믿음은 돈이 곧 행복이라는 믿음과 통한다. 이런 믿음을 가지게 된 사람은 돈을 많이 벌면 행복에 가까워질 거라고 생각하게 되고, 그 결과 돈을 삶의 목적으로 삼고 살아가게 된다. 그런데 여러 연구에 따르면 돈을 목적으로 삼고 살아가는 사람은 그렇지 않은 사람보다 더 불행하다.

심리학에서는 돈을 행복의 원천이라 믿고, 돈을 기준으로 사람의 가치를 평가하며, 돈을 벌기 위한 활동에만 치중하고, 돈으로 평가되는 성공 여부에서 삶의 만족을 얻는 사람을 물질주의자라고 정의한다. 일반적으로 물질주의 성향을 측정하는 설문에는 다음과 같은 문항들이 포함된다.

"나는 돈이 매우 중요하다고 생각한다."

"돈은 성공의 상징이다."

"나를 위해 물건을 살 수 있는 돈이 더 있다면 나는 더 행복할 것이다."[58]

물질주의자란 한마디로 물질주의 행복론, 즉 돈이 곧 행복이라는 믿음을 가지고, 사람을 포함한 세상 만물의 가치를 돈으로 평가하며, 돈을 삶의 목적으로 삼고 살아가는 사람이라고 할 수 있다. 아마 대다수의 한국인, 나아가 자본주의 사회에서 살아가는 대부분이 이에 해당할 것이다. 그런데 여러 연구는 물질주의가 행복이 아닌 불행과 관련이 있음을 보여준다.

예를 들면 물질주의 성향은 충동구매, 알코올 소비와 흡연, 부정적인 자기 이미지, 우울증과 불안, 낮은 수준의 삶의 만족, 부정적인 정서, 신체의 건강 문제와 상관관계가 있다.[59] 쉽게 말해 물질주의자들은 그렇지 않은 사람들보다 마음과 몸의 건강이 더 나쁘고 자존감이 더 낮으며 더 불행하다는 것이다.

그렇다면 어떤 것들이 물질주의 성향을 강화할까? 한 연구에 따르면 경제적 위협이 강한 물질주의 성향과 관련이 있다.[60] 즉 생존 불안이 심할수록 물질주의 성향이 강해진다는 것이다. 한국의 드라마나 영화에는 돈이 없어서 고통을 겪는 가난한 사람들이 자주 등장한다. 돈이 없어서 자식의 뒷바라지나 병 치료를 하지 못해 발을 동동 구르는 부모, 돈이 없어서 부자들에게 굴종하며 갑질을 감내하는 사람은 돈에 한이 맺힌다. 돈만 있으면 끔찍한 고통에서 벗어날 수 있는데, 그러지 못한 사람들이 물질주의자가 되지 않기란 어려울 것이다.

한 연구에 따르면 죽을 운명임을 상기하도록 자극받은 실험 참가자들이 그렇지 않은 실험 참가자들보다 더 강한 외적(물질주의적)

목표들을 추구했다.[61] 이 실험 결과는 생존 불안만이 아니라 존중 불안 또한 물질주의 성향을 강화한다는 사실을 보여준다. 동료들에게 거부당했던 경험을 떠올리도록 자극받은 실험 참가자들이 그러지 않은 참가자들보다 더 물질주의적인 성향을 보였다는 실험 또한 이를 뒷받침한다.

타인에게 거부당한 경험, 즉 존중받지 못한 경험으로 인한 존중 불안이 물질주의 성향을 강화하는 이유는 자본주의 사회에서는 존중받지 못하는 주된 이유가 돈과 관련이 있기 때문이다. 돈으로 사람의 가치를 평가하는 사회에서 살아가는 사람들은 자기보다 더 돈이 많은, 즉 더 잘난 사람들에게서 존중받지 못하는 경험을 반복해 겪는다. 그러면서 돈이 있어야만 타인에게 무시당하지 않고 존중받을 수 있다는 믿음을 갖게 되는 것이다.

물질주의 성향은 어린 시절 받은 양육의 질과도 관련이 있다. 예를 들면 비양육적인 어머니를 둔 사람이 그렇지 않은 사람보다 더 물질주의 성향이 강하다.[62] 어린 시절에 가정에서 사랑과 존중을 받지 못하면 어른이 되었을 때 존중 불안에 더 취약해진다. 사랑과 존중을 주지 않는 부모 밑에서 자라난 사람일수록 돈을 많이 벌지 못하면 타인과 사회가 자신을 존중해주지 않을 거라고 믿을 가능성이 더 크기 때문이다. 따라서 어린 시절에 받는 양육은 물질주의에 대한 취약성을 좌우한다고 말할 수 있다.

한국과 같은 사회에서는 돈이 없으면 행복은 고사하고 참혹한 고통에서 벗어나기조차 어렵다. 그런데 돈이 곧 행복이라 믿고 돈을 좇으면서 살면 더 불행해진다. 그럼 도대체 어떻게 해야 할까? 생존을 위해 돈을 벌기는 해야겠지만 돈이 곧 행복이라고 믿어서는 안 된다. 그리고 돈을 삶의 목적으로 삼아서도 안 될 것이다. 생존을 위해서 그리고 고통을 줄이기 위해서 어느 정도의 돈은 벌어야 한다는 것과 돈이 곧 행복이라 믿고 돈을 목적으로 삼고 살아간다는 것은 별개의 문제임을 명심할 필요가 있다.

물질주의 행복론은 행복이 아니라 불행을 초래하므로 돈을 목적으로 삼는 것이 아니라 한국 사회를 생존 불안이나 존중 불안이 없는 사회로 변혁하는 것을 목적으로 삼고 살아가야 한다. 물론 생존이나 사회활동에 필요한 최소한의 돈은 벌면서 사회변혁을 추진해야 할 것이다.

한국은, 운이 좋은 극히 일부를 제외하고는, 돈을 원한다고 해서 누구나 다 월 430만 원을 벌 수 있도록 허용하는 건전하고 합리적인 사회가 아니다. 현재의 한국 사회에서는 각자도생으로 모두가 돈을 더 벌어 고통에서 벗어나고 행복해지는 것이 불가능하다는 말이다. 더욱이 반복해 강조하지만 모두가 월 430만 원을 벌게 된다고 해서 행복해질 수 있는 것도 아니다. 단지 심각한 고통에서 벗어날 수 있을 뿐이다.

한국인이 진정으로 행복해지려면 물질주의 행복론이 일절 발을 붙이지 못하는 건전한 사회를 건설해야 한다. 그것이 우리가 행복해질 수 있는 유일한 길이다.

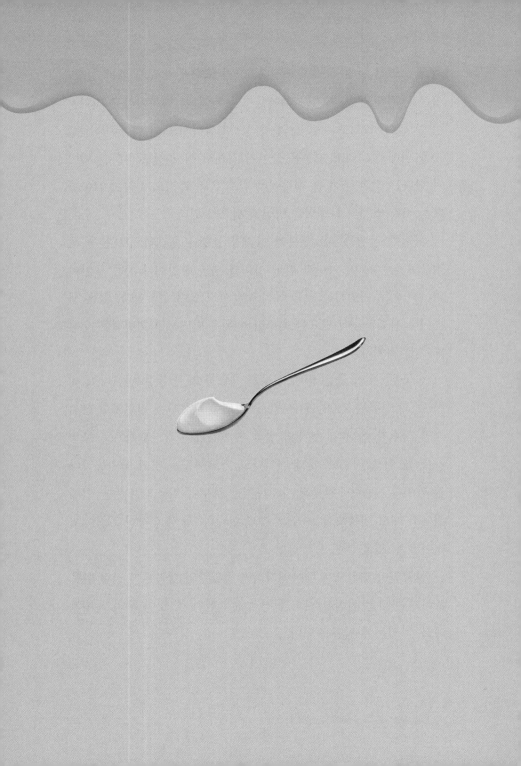

2부

심리학은 어떻게
행복을 왜곡하는가

3장 쾌락주의 행복론은 왜 엉터리 행복론인가

우리가 행복이라
여겼던 것들

오늘날 비록 행복 열풍과 행복산업으로 인해 행복이 심각하게 오염되고 왜곡되어 있기는 하지만 그렇다고 해서 우리가 행복을 포기할 이유는 없다. 아니, 포기해서는 안 된다. 행복을 포기하는 것은 무엇보다 불행을 긍정하는 것으로 귀결될 수 있기 때문이다.

그렇다면 행복해지기 위해서는 어떻게 해야 할까? 일단 행복이 무엇인지부터 정확히 알아야 한다. 심리학자 프롬Erich Fromm은 "사람들은 '어떻게 하면 행복하게 살 수 있는가'라는 방법을 알지 못하고 그저 행복하게 살기를 원한다"[1]라고 말했다. 상담심리학자 정동섭 역시 "대부분의 사람은 막연하게 행복하기를 바랄 뿐, 행복이 무엇이며, 어떻게 살면 행복해질 수 있는가를 알지 못한 채 행복이라는 신기루를 찾아 헤매다가 마침내 행복을 얻지 못한 채 생을 마감하고 만다"[2]라고 말했다.

행복이 무엇인지 정확히 알지 못하면 행복해지기 어렵거나 오히려 행복에서 더 멀어질 수 있다. 그러므로 행복해지려면 행복이 무엇인지부터 정확히 알아야 한다. 이를 위해서 지난 시대의 행복에 관한 논의들부터 살펴보자.

┃ 아무것도 기대하지 않는 자는 복이 있나니 - 금욕주의 행복론

먼 과거부터 논의되어온 대표적인 행복론은 금욕주의와 쾌락주의다. 오늘날 금욕주의 행복론은 크게 쇠퇴해 거의 주목받지 못하지만 쾌락주의 행복론은 여전히 번창하고 있다. 따라서 쾌락주의 행복론을 다루기 전에 금욕주의 행복론에 대해서 간단히 살펴보고 넘어가자.

쾌락주의 행복론과 대척점에 있는 금욕주의 행복론은 엄밀히 말하면 행복론이라기보다는 '고통 탈출론'이라고 해야 할 것이다. 금욕주의는 사실상 행복을 거부하기 때문이다.

먼 옛날부터 금욕주의를 열심히 설파해온 곳은 종교다. 불교는 사람들이 고통에서 벗어나기 위해서는 모든 욕망, 심지어 생에 대한 지향을 완전히 억제하는 상태에 도달해야 한다고 주장한다. 간단히 말해 불교는 인간의 모든 고통이 욕망에서 비롯되므로 욕망을 버리라고 설교한다. 욕망을 버려야 비로소 행복해질 수 있다는 것이다. 그러나 불교의 가르침은 무엇보다 실현 불가능하다. 인류 역사에 불교가 등장해 사람들에게 욕망을 버리라고 가르친 지가 벌써 수천 년은 되었을 것이다. 그렇지만 지금까지 욕망을 버리는 데 성공한 몇몇 개인은 존재했을지 모르나 그것에 성공한 사회는 존재한 적이 없다. 이는 욕망을 포기하라는 요구가 대단히 비현실적인 것임을 의미한다. 더욱이 욕망 중에는 절대로 포기하거나 버려서는 안 되는 건전한 욕망도 있다. 만일 사람들이 고통을 초래한다고 해서 생에 대한 욕망까지 버리게 되면 다들 자살을 하게 될 것이다.

불교의 금욕주의는 사실 행복이 아니라 고통에서 해방되는 방법을 말할 뿐이다. 고통이 행복과 양립하기 힘든 것은 사실이지만 고통의 부재를 곧 행복이라고 할 수는 없다. 만일 고통의 부재가 행복이라면 고통을 전혀 느낄 수 없는 무생물이 가장 행복한 존재라는 황당한 결론에 도달할 것이다.

행복에 관한 최근 연구들에 따르면 긍정적인 감정 경험을 하는 것이 부정적인 감정 경험을 하지 않는 것보다 훨씬 더 중요하다.[3] 즉 사람들은 우울감, 짜증, 분노와 같은 부정적인 감정 경험을 하지 않아야 행복해지는 것이 아니라 성취감, 기쁨, 만족, 보람과 같은 긍정적인 감정 경험을 많이 해야만 행복해진다는 것이다. 욕망을 버리는 것은 부정적인 감정 경험을 줄여주기는 하겠지만 이와 동시에 긍정적인 감정 경험도 할 수 없게 만든다. 즉 욕망을 포기하는 것은 고통을 줄여줄 뿐 우리를 행복으로 안내하지 못한다는 것이다. 철학자 반 덴 보슈Philippe Van den Bosche는 불교의 금욕주의를 다음과 같이 비판했다.

불교가 요가의 수련을 통해서 추구하는 것은 자기의 무화, 일종의 정신적인 자살이다. (⋯) 헤겔이 말했듯이, 불교의 특징은 무에 대한 예찬이다. 불교의 가르침은 인간을 고통에서 벗어나게 하는 대가로 존재와 행위와 진정한 기쁨을 거부하는 것이다.[4]

기독교는 행복이 오직 내세에만 있고 지상에는 없다고 믿는다. 그리고 사람들이 내세에 가서 행복을 누리려면 지상에서 겪는 온갖 불행을 묵묵히 참고 견디며 신을 믿어야 한다고 설교한다. 즉 기독교의 금욕주의는 지상의 생활, 현세에서 누리는 인간의 행복을 거부한다. 《성경》에는 "아무것도 기대하지 않는 자는 복이 있나니, 저희가 실망치 않을 것임이요"라는 말이 나온다. 기대가 없으면 실망도 없다는 말은 욕망이 고통을 초래한다는 불교의 주장과 본질적으로 같다. 기독교의 금욕주의는 현세에서 욕망을 버려야 내세에서 행복하게 살 수 있다고 말하면서 현세에서 누릴 행복을 포기하라고 가르친다.

불교든 기독교든 간에 종교적 금욕주의는 현재의 사회질서에 순종하고 저항하지 말라고 설교하는 것으로 귀결된다. 낡고 부패한 사회, 불평등하고 불의한 사회를 변혁하려는 건전한 욕망을 장려하기는커녕 그것을 버리거나 포기하라는 것이다. 지상에서 누리는 행복을 포기하라는 것은 곧 현실이 아무리 엉망진창이어도 묵묵히 참고 견디면서 살라는 말이다.

금욕주의는 자본주의 사회에서는 인기를 끌지 못하고 널리 퍼지지도 못한다. 무엇보다 그것이 자본가계급에게 이익이 되지 않기 때문이다. "금욕철학은 자본주의와 전혀 궁합이 맞지 않는다. (…) 만일 세상 사람들이 모두 금욕철학을 철저하게 실천하면서 행복을 추구한다면 자본주의는 절대 번성할 수 없다"[5]라는 말에서 알 수 있듯이, 금욕주의는 자본주의와 상극이다. 만일 모든 사람이 욕망을 버리면 소비를 거의 하지 않을 것이므로 자본주의는 유지될 수 없다. 이 때문에 오늘날 금욕주의는 주류 행복론이 되지 못하고 힐링 차원에서나 조금씩 유통되고 있다. 예를 들면 소비주의에 반대하고 자연주의적인 삶을 찬양하는 현상 등에서 이를 일부 발견할 수 있다. 최대한 욕심을 버리고 삶을 간소화하자거나 평온한 시골이나 산속에 가서 전원생활을 하자는 주장 등을 현대판 금욕주의라고 할 수 있을 것이다.

행복을 여세요! – 쾌락주의 행복론

금욕주의가 자본주의와 상극이라면 쾌락주의는 자본주의와 궁합이 정말 잘 맞는다. 이 때문에 아주 먼 옛날에 등장했던 쾌락주의는 한동안 소외당했지만 자본주의 사회에서 다시 주류 행복론으로 등극했다. 쾌락주의는 인간을 쾌락을 추구하고 불쾌를 피하는 존재로 본다. 그리고 인생의 가장 큰 목적이 쾌락이라고 주장한다. 쾌락주의에서 행복이란 쾌락의 증가와 고통의 회피를 의미한다.

쾌락주의가 그나마 금욕주의보다 나은 점은 아예 행복을 포기하라고 했던 금욕주의와는 달리 행복의 추구를 긍정한다는 데 있다.

심리학에서는 쾌락의 본질을 쾌의 감정으로 본다. 따라서 철학에서 말하는 쾌락주의 행복론과 심리학에서 말하는 쾌감 중심의 행복론은 동일한 것이라고 할 수 있다. 사람의 감정은 매우 다종다양하지만 그 기본적인 질을 기준으로 구분하면 쾌-불쾌, 만족-불만족으로 구분할 수 있다. 다시 말해 인간의 모든 감정은 쾌-불쾌와 만족-불만족 가운데 한쪽에 속한다는 것이다.

만족-불만족에 대해서는 뒤에서 다루기로 하고, 먼저 쾌-불쾌에 대해서만 살펴보자. 사람의 감정은 기본적인 질을 기준으로 쾌와 불쾌로 구분할 수 있다. 짜릿함, 상쾌함, 시원함 등은 쾌에 속하고 역겨움, 답답함, 느끼함 등은 불쾌에 속한다. 일반적으로 사람은 자신의 욕망이 충족될 때 쾌감을 체험한다. 배가 고파지면 밥을 먹고자 하는 욕망이 생겨나는데, 이것이 충족되면 쾌감을 체험하는 식이다.

고대 그리스의 철학자 에피쿠로스Epikouros는 삶의 목적이 행복이라고 보고, 욕망을 충족해 쾌락을 느끼는 것이 행복에 도달하는 방법이라고 주장했다. 즉 최상의 행복이 쾌락에 있다고 주장한 것이다. 그렇지만 에피쿠로스는 행복해지려면 무분별하게 쾌락을 추구하는 게 아니라 불필요한 욕망을 버려야 한다고 강조했다. 일종의 금욕주의적 방법론을 제안한 셈이다.

쾌락주의 행복론은 공리주의 철학자들에 의해 다시 한번 크게 유행했다. 공리주의 철학자 벤담$^{Jeremy\ Bentham}$은 모든 행복의 객관적인 기초가 육체적 쾌락에 있다고 주장했다. 즉 육체에서 일어나는 쾌감을 곧 행복으로 간주한 것이다. 이런 입장에 기초해 공리주의는 최대 다수의 최대 행복을 추구하려 했다.

쾌락주의 행복론은 일군의 심리학자에 의해 계승되었고 오늘날에 와서는 심리학의 주류 행복론으로 등극했다. 쾌락주의 행복론을 제창했던 대표적인 심리학자는 프로이트$^{Sigmund\ Freud}$다. 그는 인간은 한편으로는 고통과 불쾌감을 없애고자 하며, 또 다른 한편으로는 강렬한 쾌락을 경험하고자 한다고 주장했다. 한마디로 인간은 불쾌를 피하고 쾌락을 추구하는 존재이며, 쾌락이 곧 행복이라는 것이다. 심리학자 서은국은 "인간은 지능이 높을 뿐 타조나 숭어와 본질적으로 다르지 않은, 100퍼센트 동물임을 확신"[6]한다면서 쾌락 혹은 쾌감을 자주 느끼는 것이 곧 행복이라고 주장했다.

> 문화, 나이, 성별에 관계없이 모든 인간의 감정은 쾌 혹은 불쾌의 두 바구니 중 하나에 반드시 담긴다. (…) 행복의 핵심은 부정적 정서에 비해 긍정적 정서 경험을 일상에서 더 자주 느끼는 것이다. 이 쾌락의 빈도가 행복을 결정적으로 좌우한다.[7]

한마디로 긍정적인 감정 경험의 빈도와 부정적인 감정 경험의 빈도를 저울에 달았을 때 긍정적인 감정 경험 쪽으로 더 많이 기울면 행복이라는 것이다.

행복이란 곧 쾌감이기 때문에 행복해지려면 최대한 불쾌를 피하고 쾌를 추구해야 한다는 쾌락주의 행복론은 먼 고대에 등장해 오늘날까지도 끈질긴 생명력을 발휘하고 있다. 쾌락주의 행복론이 오늘날의 심리학계에서 주류 행복론으로 대접받는 것은 무엇보다 그것이 자본주의 사회와 너무 궁합이 잘 맞기 때문이다. 쾌감을 반복적으로 계속 느끼려면 시시각각 발생하는 욕망을 즉각적으로 충족시켜야 한다. 즉 마음이 내킬 때마다 충동적으로 상품이나 서비스를 구매해야만 하는데, 그러기 위해서는 돈을 벌어야 한다. 모든 사람이 이렇게 행동한다면 자본주의는 번창할 수밖에 없다. 상품이 아주 잘 팔릴 것이기 때문이다.

쾌락주의 행복론이 설파하는 행복해지는 방법은 한때 코카콜라 회사가 전개했던 '행복을 여세요open happiness' 캠페인에서 명쾌하게 드러난다. 코카콜라 회사는 그들의 웹사이트에서 코카콜라를 선택함으로써 행복을 성취하는 요령을 다음과 같이 알려주고 있다.

"진정한 행복의 탐구는 실제로는 탐구라고 할 것도 없다. 그것은 결정이요 선택이다. 그러니 한순간도 더 기다릴 것이 없다. 얼음처럼 차가운 코카콜라의 뚜껑을 따고서 행복을 선택하라!"[8]

콜라를 마시거나 게임을 해서 쾌감을 느끼는 식으로 주야장천 쾌감을 추구하면 사람들은 행복해질 수 있을까? 물론 쾌락주의 행복론이 항상 말초적인 쾌감만 강조하는 것은 아니다. 정신적인 욕망을 충족해 느끼는 쾌감이나 인간관계와 관련된 욕망을 충족해 느끼는 쾌감을 강조하기도 한다. 예를 들면 서은국은 사람이 '무리 생활을 하는 동물'이라서 행복을 한 장의 사진에 담는다면 그것은 코카콜라를 마시는 장면이라기보다는 '좋아하는 사람과 함께 음식을 먹는 장면'이라고 말한다.[9] 그러나 어떤 쾌감을 강조하든 간에 '행복이 곧 쾌감이므로 인간은 불쾌를 피하고 쾌를 추구할 때 행복해질 수 있다'는 쾌락주의 행복론의 핵심은 달라지지 않는다. 즉 콜라를 마시거나 좋아하는 사람과 함께 음식을 먹으면서 쾌감을 느끼는 등 모든 수단과 방법을 총동원해 악착같이 쾌감을 추구하면 행복해질 수 있다는 것이 쾌락주의 행복론의 주장인 것이다. 오늘날 심리학자들은 이처럼 노골적으로 쾌락주의 행복론을 주장하지는 않지만, 기본적으로 쾌락주의 행복론으로 기울어 있다.

마지막으로 행복이라는 개념을 쾌감을 중심으로 정의하는 것의 문제점을 지적하고 싶다. 만일 행복을 서은국의 표현처럼 '쾌감 덩어리'로 정의할 수 있다면 행복이라는 개념은 애초에 존재할 필요가 없을 것이다. 나아가 사랑, 성취, 승리 같은 수많은 개념도 필요 없을 것이다. 왜냐하면 만일 행복을 쾌감 덩어리라고 정의할 수 있다면 사랑, 성취, 승리 등을 쾌감 덩어리라고 정의하지 못할 이유가 없기 때문이다. 행복을 쾌감으로 정의하는 것은 사랑을 쾌감으로 정의하는 것과 동일한, 매우 몰상식한 개념 정의다. 만일 쾌감으로 행복, 사랑, 성취, 승리 등을 능히 정의하고 설명할 수 있다면 왜 인류가 구태여 쾌감이라는 개념이 있는데도 그런 개념들을 만

들었겠는가. 더 높은 차원에서 정의되어야 할 행복이라는 개념을
감정의 차원으로 환원하는 것은 숱하게 비판받아온 심리 환원주의
의 변종일 뿐이다.

행복은 왜
쾌감이 아닌가

쾌락주의 행복론이 옳다면 행복해지는 방법은 아주 간단하다. 만일 자신이 초콜릿을 먹을 때 큰 쾌감을 느낀다면 집에다 초콜릿을 쌓아놓고 계속 먹어대면 된다. 초콜릿을 자꾸 먹으면 질린다고? 그러면 도넛도 사다 놓고 함께 먹으면 된다. 그것도 물린다고? 그러면 이따금씩 좋아하는 사람과 같이 먹으면 된다. 이런 주장이 터무니없다는 사실은 누구라도 금방 알 수 있을 것이다. 다른 문제는 제쳐두더라도 행복해지기 위해서 초콜릿과 도넛을 계속 먹다 보면 살이 찌고 각종 성인병에 시달리게 될 것이다.

행복은 쾌감이 아니다. 따라서 불쾌를 피하고 쾌를 추구하는 행동으로는 절대로 행복해질 수 없다.

행복은 순간적인 쾌감이 아닌 지속적인 무엇이다

만일 쾌감이 곧 행복이라면 행불행의 문제는 아예 논의할 필요조차 없다. 1년 365일 오직 쾌감만 느끼거나 불쾌감만 느끼는 사람은 존재하지 않기 때문이다. 사람들은 일상생활에서 계속 쾌의 감정과 불쾌의 감정 사이를 오가면서 두 가지를 모두 체험한다. 점심시간 무렵에 배가 고플 때는 불쾌의 감정을 체험하지만, 점심밥을 먹으면 쾌의 감정을 체험한다. 점심을 먹고 회사에 다시 들어갈 때는 불쾌의 감정을 체험하지만, 하던 일이 잘 풀리면 다시 쾌의 감정을 체험한다. 이런 식으로 사람들은 하루에도 계속 쾌와 불쾌 사이를 오가면서 두 가지를 모두 체험한다. 따라서 만일 쾌감이 곧 행복이라면 사람들은 하루에도 수십 수백 번씩 행복해졌다가 불행해지고 다시 행복해졌다가 불행해지는 과정을 반복하면서 살아간다고 말해야 할 것이다.

쾌감이 곧 행복이라고 보는 견해에 따르면, 직장에서 강제로 해고당해 생계의 위협을 받는 사람들도 일시적으로는 쾌감을 느낄 것이므로 그가 불행해졌다고 말해서는 안 된다. 직장을 잃었더라도 최소한 콜라를 마시는 순간이나 좋아하는 사람과 밥을 먹는 순간에는 행복할 것이기 때문이다. 어떤 이들은 설마 심리학자들이 이런 관점에서 쾌락주의 행복론을 주장할까 하는 의문을 품기도 할 것이다. 하지만 이들은 실제로 그렇게 쾌락주의 행복론을 주장한다.

예를 들어보겠다. 총 160개국의 응답자를 대상으로 실시한 갤럽 조사에 따르면, 82퍼센트에 해당하는 100만 명의 사람이 설문에 응답한 날을 기준으로 하루 전에 대부분 긍정적인 감정을 느꼈다고 답변했다. 이를 근거로 긍정심리학자들은 '대부분의 사람이 대부분의 시간 동안 어느 정도는 행복하다'는 결론을 내린다. 긍정적인 감정 체험, 즉 쾌감이 곧 행복이라고 보면 무모하게도 이런 하나 마나 한 결론을 내릴 수 있다.

쾌감은 일시적으로 지나가는 것이다. 콜라를 마실 때의 쾌감은 그때뿐이다. 아침에 콜라를 마셨다고 해서 저녁까지 내내 쾌감을 느낄 수 있는 것은 아니다. 그렇지만 사람들은 행복한 시절이나 행복한 인생, 심지어는 행복한 사람이라는 말을 한다. 이때 사람들이 말하는 행복한 시절이 콜라를 마셨던 순간 혹은 좋아하는 사람과 식사를 했던 순간을 의미하지 않는다는 것쯤은 누구라도 알 것이다.

행복은 일시적인 쾌감이 아니라 지속적인 무엇이다. 루소[Jean Jacques Rousseau]는 "내 영혼이 갈망하는 행복은 스쳐 지나가는 덧없는 순간들이 아니라, 유일하고 지속되는 상태에 의해 만들어지는 것이다"[10]라고 말했다. 철학자 반 덴 보슈는 "쾌락이란, 일회적으로 지나가는 것이고, 사라지는 것"[11]이라면서 "행복이란 인간이 만족하고 기뻐하는 상태다. (…) 순간적인 기쁨 이상의 것이다"[12]라고 강조했다. 그의 언급이 시사하듯, 행복을 군이 감정을 중심으로 논하자면, 행복은 쾌의 감정보다는 만족의 감정과 더 큰 관련이 있다. 무엇보다 쾌의 감정은 지속 시간이 짧은 데 비해 만족의 감정은 지속 시간이 상대적으로 더 길기 때문이다. 심리학자 마이어스 David Myers는 행복은 변화무쌍한 쾌-불쾌의 감정이 아니라면서 다음과 같이 말했다.

> 행복은 시시각각 변화하는 기분을 말하는 것이 아니다. 오히려 삶 전체를 놓고 볼 때 현시점에서 삶 전체가 얼마나 충만하고 의미 있는 것이냐, 얼마나 즐겁고 만족스럽냐 하는 것을 말하는 것이다.[13]

쾌감은 곧 사라지는 순간적인 감정일 뿐이므로 쾌감을 행복으로 보는 쾌락주의 행복론은 엉터리 행복론이다. 쾌락의 추구를 통해서는 행복해질 수 없다.

쾌감의 효과는 반복될수록 떨어진다

초콜릿이 쾌감을 준다고 해서 계속 초콜릿을 먹다 보면 쾌감은 커녕 불쾌감을 느낄 수 있다. 처음 초콜릿을 먹었을 때 100만큼의 쾌감을 체험한다고 가정하면, 두 번째에는 60, 세 번째에는 30으로 쾌감이 떨어지다가 나중에는 초콜릿만 봐도 불쾌감을 느낄 수 있다. 이런 식으로 쾌감의 효과는 반복됨에 따라 떨어진다. 집, 자동차, 가구, 가전제품 등을 소비하는 것도 마찬가지다. 최신형 스마트폰을 구입했을 때의 쾌감은 그리 오래가지 않는다. 이와 관련해 철학자 김선욱은 "굶주린 자에게 흰 쌀밥과 국을 주면 너무나 맛나게 먹을 것이다. 하지만 평생을 같은 쌀밥과 같은 국만 먹고 살라고 하면 그것은 저주가 된다. (…) 동일한 것이 반복되면 고통이 되는 것이다"[14]라고 말하기도 했다.

쾌감의 효과가 반복됨에 따라 떨어지는 것은 무엇보다 사람들이 쾌감에 적응하기 때문이다. 사람들이 쾌락에 적응하는 현상을 심리학자 류보머스키 Sonja Lyubomirsky는 '쾌락 적응'이라고 불렀다. 심리학자 아이젠크 Hans Eysenck는 쾌락 적응으로 인해 행복 수준이 계속 제자리걸음을 하는 현상을 '쾌락의 쳇바퀴 이론 hedonic treadmill theory'이라 명명했다.

쾌락 적응은 단지 한 대상에만 머무르지 않고 일반화되는 경향이 있다. 순댓국을 먹을 때의 쾌감에 적응되어 쾌감 수준이 떨어지면 단지 순댓국만이 아니라 설렁탕을 먹을 때, 나아가 다른 음식들을 먹을 때의 쾌감까지 전반적으로 떨어질 수 있다. 산해진미를 만끽하더라도 종국에는 먹는 행위로는 거의 쾌감을 느끼지 못하게 될 수 있다는 것이다. 명품 옷을 소비할 때의 쾌감이 떨어져서 명품 구두를 사는 등 소비의 대상을 바꾸더라도 마찬가지다. 결국에는 모든 소비에서 더 이상 쾌락을 느끼지 못하게 된다. 온갖 쾌락을 추구하던 재벌가의 후손들이 더 이상 삶의 낙이 없다면서 권태에 빠지거나 자살을 하기도 하는 현상은 이 때문이다. 쾌락 적응은 하나의 대상을 넘어 널리 일반화되는 경향이 있어서 대상을 자꾸 바꾼다고 해서 그것이 해결되지는 않는다.

자주 반복될수록 쾌감의 수준이 떨어지면 사람들은 어쩔 수 없이 자극의 강도를 올리게 된다. 마약을 반복해서 복용해 쾌감 수준이 떨어지면 점차 마약의 투약량을 늘릴 수밖에 없다. 그래야만 처음에 느꼈던 쾌감에 근접하는 쾌감을 겨우 체험할 수 있기 때문이다. "쾌락은 곧 적응이 되며 내성으로 인해 그 강도를 높여야 하는 중독적인 삶으로 이어지게 마련이다"[15]라는 말이 시사해주듯이, 이 과정에서 사람들은 쾌감에 중독되어간다. 마약을 복용할수록 쾌감의 수준이 줄어들고 그것을 만회하기 위해 더 많은 마약을 복용하다가 마약에 중독되는 것이다. 이 과정은 쾌감을 추구하는 경우에도 적용된다.

또한 쾌감을 삶의 가장 큰 목적으로 삼고 살아가는 사람들일수록 불쾌를 견디지 못한다. 사람들이 마약 중독에 빠지는 데에는 마약의 효과가 떨어졌을 때 극심한 고통을 겪는다는 것이 큰 영향을 미친다. 마찬가지로 쾌감이 삶의 유일한 목적인 사람들은 쾌감이 없을 때의 고통을 잘 견디지 못하기 때문에 더욱 맹렬히 쾌감을 쫓게 되어 쾌감 중독자로 전락한다. 쾌감 외에 더 높은 가치를 알지 못하면 쾌감 중독은 피할 수 없다. 정신의학자 할로웰Edward Hallowell 은 "수백만 명의 성인이 마약, 알코올, 담배, 도박, 포르노, 게임 등 쾌락을 발견하는 위험한 방법에 몰두하는 이유는 일상생활에서 기쁨을 발견하는 더 좋은 방법을 배우지 못했기 때문"[16]이라고 말했다.

　사람은 쾌감 그 자체를 위해 살아서는 안 된다. 사람들이 행복한 생활을 하다 보면 자연히 만족감이나 쾌감을 자주 경험하게 된다. 따라서 행복해지려면 우선 행복해질 수 있는 생활을 하려고 해야지 쾌감 자체를 추구해서는 안 되는 것이다. 쾌감 추구는 필연적으로 행복이 아닌 쾌감 중독으로 귀결된다. 쾌락주의 행복론의 권고대로 쾌감을 좇는 쾌락주의적인 인생을 살면 행복해지는 것이 아니라 쾌감 중독자로 전락할 것이다.

쾌감 추구는 성장에 도움이 되지 않는다

　사람은 태어나서부터 죽을 때까지 성장하는 존재다. 그리고 사람이라면 누구나 성장을 바란다. 기어 다니는 아이는 자신의 발로 서기를 바라고 부모에게 의존하던 청소년은 부모에게서 독립하기를 바란다. 사람들은 책을 읽을 때 재미, 즉 쾌감을 느끼는 것도 좋아하지만 책을 읽음으로써 자신이 정신적으로 성장하는 걸 훨씬 더 좋아한다. 심리학자 프롬은 성장에 기여하기 마련인, 생산적인 삶에서 체험하는 수준 높은 감정을 단순한 쾌감과 구분하기 위해 '기쁨'이라고 명명하면서 다음과 같이 말했다.

　기쁨은 생산적 능동성에는 으레 붙어 다니는 것이다. 그것은 갑자기

최절정에 이르렀다가 끝나버리는 '절정의 경험'이 아니라, 오히려 고원이고, 인간의 본질적인 능력이 생산적으로 발휘될 때 동반되는 감정이다. (…) 쾌락과 가슴 설레이는 짜릿함은 이른바 절정 뒤의 슬픔을 가져온다. 왜냐하면 순간의 환락이 그릇을 크게 하지는 못하기 때문이다. (…) 승리의 순간까지는 성공한 것처럼 느끼지만 승리에 이어 깊은 슬픔이 엄습한다. 그의 내부에는 아무런 변화도 일어나지 않았기 때문이다.[17]

초콜릿을 먹을 때 느끼는 쾌감은 사람의 그릇을 크게 만들지도, 정신적인 변화를 초래하지도 않는다. 단지 살을 찌게 만들 뿐이다. 쾌감의 추구는 행복에서 더 멀어지는 길이다. 쾌감은 사람의 성장에는 아무런 영향을 미치지 못할 뿐만 아니라 오히려 성장을 방해할 위험이 크기 때문이다. 쾌감만을 좇은 결과, 성장이 불가능해진 사람이 과연 행복할 수 있을까?

나는 쾌락주의자라고 불러도 손색이 없는 몇몇 사람을 꽤 장기간에 걸쳐 관찰해본 적이 있다. 그들은 정말 열심히 쾌락을 추구하며 살았지만, 세월이 아무리 흘러도 그들은 정신적으로 성장하지 않았다. 단지 육체적으로 늙어가기만 했을 뿐이다. 더욱이 그들은 어느 정도 나이가 들자 자신의 삶을 긍정하거나 높게 평가하지 못해 허무주의와 자기혐오에 사로잡히기 시작했다. '나는 한평생 맛있는 음식을 실컷 맛보고 예쁜 여자들과 신나게 놀았다. 그러니 내 인생은 참으로 보람차고 행복한 인생이었다.' 이렇게 말할 수 있는 사람이 과연 얼마나 있을까? 그들은 세상을 바꾸기 위해서 열심히 살아온 친구들을 만나게 될 때는 고개를 숙였고 눈조차 잘 마주치지 못했다. 아마도 자신이라는 존재와 자신이 살아온 삶이 부끄러웠기 때문이었을 것이다.

쾌락주의자는 나이를 먹어갈수록 불행해진다. 어느 시점이 되면 그들은 그 어떤 것에서도 쾌감을 느끼지 못하게 된다. 그래서 오늘 죽으면 어떻고 내일 죽으면 어떠냐는 식으로 허무주의에 찌든 인생을 살아간다. 이런 사례들은 쾌감 추구가 사람의 성장을 방해하고 행복에서 멀어지게 만든다는 것을 잘 보여준다.

연쇄살인마를 행복한 사람이라고 할 수 있을까?

쾌감의 내용이나 가치는 욕망이 무엇이냐에 따라 결정된다. 건전한 욕망이 충족됐을 때 체험하는 쾌감은 건전한 쾌감이지만, 악하고 병적인 욕망이 충족됐을 때 체험하는 쾌감은 악마적 쾌감이자 병적 쾌감이다. 욕망의 견지에서 보면, 선한 사람이란 선한 욕망을 가지고 있는 사람이고, 악한 사람이란 악한 욕망을 가지고 있는 사람이다. 타인을 지배하고 착취하려는 욕망이나 힘을 과시하기 위해 타인을 학대하려는 욕망은 악한 욕망이고 병적인 욕망이다. 인정받고자 하는 욕망은 지극히 정상적인 욕망이지만 그런 욕망이 너무 과도해지면 악하거나 병적인 욕망이 될 수 있다.

사람들은 악한 욕망이 충족됐을 때에도 쾌감을 체험한다. 예를 들면 연쇄살인범은 사람을 죽일 때 강렬한 쾌감을 느끼며, 나르시시스트는 타인에게 갑질을 할 때 쾌감을 느낀다. 악한 쾌감일지라도 그것 역시 쾌감이므로 악인을 기분 좋게 한다. 그 결과 악인은 악하고 병적인 욕망을 더욱더 열심히 추구하게 되고, 그 과정에서 쾌감을 계속해 체험하려는 쾌감 중독자가 된다. 쾌락주의 행복론의 입장에서는 악인들 역시 행복을 추구하는 삶을 열심히 살아가는 셈이다.

쾌감 그 자체는 선이나 악과 아무 관련이 없다. 하지만 쾌감의 원인인 욕망은 선이나 악과 관련이 있으며 감정 체험의 바탕인 생활 역시 선이나 악과 관련이 있다. 악한 욕망이나 악한 생활은 분명히 존재한다. 그렇다면 악한 삶을 살아가며 악한 욕망을 충족시킴으로써 쾌감을 체험하는 것을 행복이라고 할 수 있을까? 연쇄살인범은 사람을 많이 죽이면 죽일수록 더 행복해질까? 맹렬히 쾌감을 좇는 연쇄살인범을 행복한 사람이라고 말할 수 있을까? 쾌락주의 행복론에 따르면 연쇄살인범조차 행복해질 수 있다. 긍정적인 감정 경험의 빈도를 높은 수준으로 유지할 수 있을 정도로 사람을 많이 죽이기만 하면 된다.

쾌락주의 행복론은 주관적 행복론이다. 쾌락주의 행복론은 동일한 자극이나 행동일지라도 그것이 어떤 사람에게는 쾌일 수 있지만 다른 사람에게는 불쾌일 수 있다고 주장한다. 예를 들면 장맛비가 어떤 사람에게는 쾌의 감정을 유발하지만 다른 사람에게는 불쾌의 감정을 유발할 수 있다. 즉 장맛비가 어떤 사람은 행복하게 해주지만 다른 사람은 불행하게 만들 수 있다는 것이다. 쾌락주의 행복론은 쾌감의 체험이 사람에 따라 각각 다르기 때문에 행복은 전적으로 주관적인 것이라는 주관적 행복론으로 귀결된다. 하지만 절대다수의 사람은 연쇄살인마나 대량학살범이 쾌감을 체험한다고 말할 수 있을지는 몰라도 행복하다고는 말할 수 없다는 의견에 동의할 것이다. 쾌는 행복이 아니다. 쾌를 곧 행복으로 간주하는 쾌락주의 행복론은 엉터리 행복론이다.

돼지가 가장 행복하다?

철학자 임정환은 《행복으로 보는 서양철학》에서 "만약 쾌락이 곧 행복이라면 육체적 쾌락을 추구하는 동물이 가장 행복한 존재라는 불합리한 결론"[18]에 도달한다면서 쾌락주의 행복론을 비판했다. 다시 말해 만일 쾌락주의 행복론이 옳다면 동물적인 삶을 사는 사람이 가장 행복한 사람이라는 황당한 결론에 도달한다는 것이다.

쾌락주의 행복론은 줄곧 '돼지의 철학'이라는 비판을 받아왔다. 이 때문에 공리주의 철학자 밀John Stuart Mill은 쾌감을 질적으로 구분하려고 했고, 그 연장선에서 심리학자 셀리그만Martin Seligman은 쾌감을 육체적 쾌감bodily pleasure과 고차적 쾌감higher pleasure으로 구분했다. 그러나 정신적 욕망의 충족에서 체험하는 쾌감을 고차적 쾌감으로 정의한다고 해서 행복을 곧 쾌감으로 보고 쾌락 추구를 통해 행복에 도달하려 하는 쾌락주의 행복론의 본질은 달라지지 않는다.

물론 행복을 위해 쾌감이 필요하다는 사실은 부인할 수 없다. 앞에서도 언급했듯이, 행복에 관한 심리학 연구들은 긍정적인 감정의 빈도를 중시한다. 행복한 사람들과 불행한 사람들을 비교한 연구에 따르면 양자는 부정적인 감정 체험에서는 별 차이가 없었다. 다시 말해 행복한 사람들도 그렇지 않은 사람들만큼 부정적인 감정을 체험하면서 살아간다는 것이다. 그렇다면 행복한 사람들은 불행한 사람들과 어디에서 차이가 있었을까? 부정적인 감정이 아닌 긍정적인 감정 체험의 빈도에서 차이가 있었다. 행복한 사람들은 부정적인 감정은 불행한 사람들과 비슷한 정도로 체험했지만 긍정적인 감정은 이들보다 더 많이 체험했다는 것이다. 이런 연구들을 근거로 상당수의 심리학자는 '봐라! 결국 쾌감이 행복이지 않느냐'거나 '쾌락주의 행복론이 옳다'고 목청을 높이기도 한다. 그러나 이들이 간과하고 있는 것이 있다.

첫째, 긍정적인 감정이 곧 쾌감은 아니라는 점이다. 감정의 기본적인 질은 쾌-불쾌만이 아니라 만족-불만족의 차원도 있다. 그중에서 행복과 더 밀접한 관련이 있는 감정은 쾌가 아니라 만족이다. 따라서 긍정적인 감정의 비중이 중요하다는 사실이 쾌감은 곧 행복이라는 결론으로 이어지는 것은 아니다.

둘째, 일반적으로 긍정적인 감정은 행복한 생활의 결과이지 그 원인이 아니다. 사람은 진공상태에서 마구잡이로 감정을 체험하지 않는다. 감정 체험의 바탕은 현실의 생활이다. 즉 감정은 아무 때나 마구잡이로 생겨나는 것이 아니라 생활에 바탕을 두고 발생하며 생활 속에서만 체험된다. 군대 생활이 행복하면 긍정적인 감정 경험의 빈도가 높아지고 군대 생활이 불행하면 부정적인 감정 경험의 빈도가 높아지는 것이지 그 반대가 아니다. 따라서 긍정적인 감정 경험의 빈도를 높이기 위해 일과 후에 피엑스에 가서 계속 군 것질을 한다고 해서 군대 생활이 행복해지는 것은 아니다.

군대 생활이 불행한 한, 쾌감을 좇음으로써 긍정적인 감정 경험의 빈도를 높이는 데에는 명확한 한계가 있을 수밖에 없다. 사람들은 어떤 생활을 하느냐에 따라 서로 다른 감정을 체험한다. 건전한 생활을 하면 긍정적인 감정을 주로 체험하고, 병적인 생활을 하면 주로 부정적인 감정을 체험한다. 예를 들면 자유롭게 자신이 하고 싶은 일을 하면서 살아가면 주로 긍정적인 감정을 체험하지만, 갑질을 당하면서 살아가면 주로 부정적인 감정을 체험한다.

이렇게 긍정적인 감정 경험의 빈도는 기본적으로 사람들의 생활이 어떠하냐에 따라 좌우된다. 따라서 행복은 무엇보다 사람들이 긍정적인 감정을 경험하기에 유리한 생활을 해야만 가능해지는 것이다. 쾌락주의 행복론자들이 말하는 것처럼 긍정적인 감정 경험의 빈도를 높이기 위해 쾌감을 사냥하는 하이에나처럼 살아간다고 해서 행복해지는 것이 아니다. 다시 말해 긍정적인 감정 경험의 빈도는 그 자체를 목적으로 삼고 살아갈 때 높아지는 것이 아니라 행복한 생활에 자연히 따라오는 부수적인 결과다.

결론적으로 행복과 감정 경험 간의 상관관계에 관한 연구들을 근거로 행복한 생활의 부수적인 결과인 긍정적인 감정을 쾌감으로만 축소해석하고 생활과 감정 사이의 전후 관계를 뒤집으면서 쾌감이 곧 행복이라고 우기는 것은 지나친 확대해석을 넘어서 진실을 왜곡하는 행위라고 할 수 있다.

아리스토텔레스의 행복론과
오늘날의 심리학

금욕주의자를 제외한다면, 쾌락주의 행복론을 비판하는 사람들은 대체로 아리스토텔레스의 후계자들이라고 할 수 있다. 철학자 아리스토텔레스는 돼지의 철학이 아닌 사람의 철학을 추구했고 그 연장선에서 행복에 대해 논의했다. 물론 그의 행복론이 완벽하다고 할 수는 없지만, 행복에 대한 아리스토텔레스의 견해에는 중요한 시사점이 있고, 오늘날까지도 큰 영향을 미치고 있다.

최선의 삶을 살아야만 행복해질 수 있다

선구적인 행복 연구자라고 할 수 있는 철학자 아리스토텔레스는 '최선의 삶'을 살아야만 행복해질 수 있다고 주장했다. 최선의 삶이란 일시적인 욕망의 충족이 아닌 도덕적 완성이나 인격적 덕성을 구현하는 삶이다. 한마디로 돼지처럼 쾌락을 추구하는 것이 아니라 인간답게 살아야만 행복해질 수 있다고 본 것이다.

아리스토텔레스의 행복론은 정신적 쾌락을 중시했다는 점에서 쾌락주의 행복론으로 분류되기도 한다. 욕망에는 정신적·이성적 욕망도 있고 육체적·감성적 욕망도 있다. 세계관을 필요로 하거나 궁금증을 해소하려는 욕망이 전자에 속한다면, 맛있는 것을 먹고 싶거나 따뜻한 햇볕을 쬐고 싶은 욕망이 후자에 속한다. 이 때문에 쾌락주의는 정신적·이성적 욕망의 충족을 중시하는 쾌락주의와 육체적·감성적 욕망의 충족을 중시하는 쾌락주의로 구분된다. 아리스토텔레스는 행복을 정신적·이성적 욕망의 충족에서 맛보는 만족과 기쁨으로 봤는데, 이런 점에서 그의 행복론은 정신적 쾌락주의라고 할 수 있다.

아리스토텔레스의 행복론은 또한 인간의 본성이나 잠재력의 실현을 중시했다는 점에서 자기실현적 행복론으로 분류되기도 한다. 아리스토텔레스는 이성·지성·덕성 등을 부단히 계발하고 완성해야만 행복해질 수 있다고 말했는데, 이런 견해를 이어받은 철학자 스피노자^{Baruch de Spinoza}는 최고의 행복은 '지성이나 이성을 완성시키는 일'에 있다고 주장했다.

아리스토텔레스의 행복론은 또한 선하게 사는 것, 즉 도덕적인 삶을 중시했다는 점에서 윤리적 행복론으로 분류되기도 한다. 칸트^{Immanuel Kant}가 제창했던 윤리적 행복론의 원조가 아리스토텔레스라고 할 수 있다. 칸트는 최고선이 행복과 도덕성의 일치에 있다고 주장하면서 윤리적인 삶의 중요성을 강조했다.

아리스토텔레스의 행복론은 정신적 요구나 욕망의 충족에서 느끼는 만족과 기쁨을 중시한다는 점에서 정신적 쾌락주의 행복론이라고 할 수 있고, 사람에게 잠재된 이성과 덕성을 개발하는 것의 중요성을 강조했다는 점에서 자기실현적 행복론이라고도 할 수 있다. 또한 도덕적인 삶을 강조한다는 점에서 윤리적 행복론이라고도 할 수 있다. 이처럼 그의 행복론은 전형적인 쾌락주의 행복론과는 반대되는 것으로 여겨졌고, 오늘날에도 큰 영향을 미치고 있다.

심리학의 도구가 된 아리스토텔레스의 행복론

오늘날의 심리학은 쾌락주의 행복론으로 기울어 있지만, 돼지의 철학이라는 비판을 의식해서인지 아리스토텔레스의 견해를 약간 절충하는 경향이 있다. 개인주의적인 주류 심리학은 아리스토텔레스의 견해 가운데 개개인이 가진 잠재성의 실현과 발휘에 초점을 맞추면서 그의 행복론을 '자기실현적 행복론'으로 정의한다.

> 인간은 만족스럽고 즐거운 삶, 그 이상을 추구하는 존재다. 아리스토텔레스는 진정으로 행복한 삶이란 쾌를 넘어 선과 덕이 있는 삶, 즉 의미와 목적이 있는 삶이라고 이야기했다. 자기성장, 삶의 의미와 목적을 행복의 중요 요소로 보는 심리적 안녕감psychological well-being과 같은 접근을 자기실현적 행복관이라고 한다.[19]

나는 아리스토텔레스 행복론의 핵심이 정신적인 요구나 욕망의 충족을 행복으로 보는 것에 있으므로 그의 행복론을 자기실현적 행복론으로 부르는 것이 타당하지 않다고 생각한다. 하지만 여기에서는 서구 심리학자들의 연구들을 살펴보는 것이 주요 목적이므로 그의 행복론을 자기실현적 행복론으로 지칭하기로 한다. 여러 심리학 연구는 쾌락주의적 행복보다 자기실현적 행복이 더 중요하다는 것을 보여준다.

미클롱Paule Miquelon과 밸러랜드Robert Vallerand는 쾌락주의적 행복은 자기실현적 행복을 통제한 후에는 '자기보고식 건강'을 예측하지 않는다는 것을 발견했다.[20] 쉽게 말해 사람들은 쾌락주의적 행복만으로는 주관적으로 건강하다고 느낄 수 없고, 자기실현적 행복이 포함되어야만 그렇게 느낄 수 있다는 것이다. 이들의 연구에 따르면 자기실현적 행복이 건강에 더 큰 영향을 미치는 이유는 그것이 스트레스를 줄여주는 좀 더 효과적인 대처를 촉진하기 때문이다.[21] 쾌락주의자에 비해 자기실현적 행복을 추구하는 사람들이 사건이나 상황에 더 건강하게 대처한다. 예를 들면 훌륭한 예술가가 되기 위해서 살아가는 사람들이 쇼핑을 목적으로 살아가는 쾌락주의자보다는 가난과 같은 시련이나 고난을 더 잘 견뎌내고 극복할 것이다.

슈바르츠Seth J Schwartz와 동료들은 자기실현적 행복 수준이 높은 미국 대학생들이 그 수준이 낮은 대학생들보다 불법적인 약물의 사용, 안전하지 않은 성행위, 위험한 운전 등을 덜 한다는 것을 발견했다.[22] 이런 연구 결과에 근거해 이들은 자기실현적 행복이 위험한 행동을 하고 싶은 유혹을 막아준다고 강조했다.

결론적으로 이런 연구들은 쾌락주의적 행복은 자기실현적 행복이 전제될 때 비로소 의미가 있으며, 사람들이 쾌락주의적 행복만 추구하면 건강이 악화되고 스트레스를 많이 받으며 건전하지 않거나 안전하지 않은 생활을 하게 될 위험이 커진다는 것을 보여준다. 또한 이런 연구들은 쾌감이 독자적으로 행복에 영향을 미치는 것이 아니라 사람답게 사는 삶을 통해서만 행복에 영향을 미칠 수 있다는 것을 시사한다. 즉 쾌감이 사람답게 사는 삶의 부수적인 결과일 때에만 행복에 기여할 수 있다는 것이다.

아리스토텔레스의 행복론과 그의 견해를 일부 받아들인 심리학의 자기실현적 행복론은 인간본성을 과학적으로 밝히지 못했기 때문에 한계와 문제점이 있다. 심리학자 프롬은 "인간성이라는 것이 있는 이상 철저한 쾌락주의는 행복을 가져다주지 못한다"[23]고 쾌락주의 행복론을 비판하면서 다음과 같이 말했다.

> 동물은 생리적 욕구, 즉 기아·갈증·성적 욕구 등이 충족되면 만족한다. (…) 그러나 인간이 인간인 한, 이들 본능적 욕구의 충족만으로는 인간을 행복하게 하기에는 불충분하다. 이들 욕구는 그를 건전하게 하기에도 불충분하다. (…) 인간정신의 이해는 인간의 생존조건에서 파생되는 인간 욕망의 분석에 기초를 두어야만 한다.[24]

여기에서 프롬이 말하는 인간의 생존조건에서 파생되는 인간의 욕망이란 인간본성에서 비롯되는 욕망이다.[25] 심리학자 프롬은 행복의 본질이 인간본성의 실현에 있다고 주장했다. 즉 사람은 인간본성을 실현하는 삶을 살아야만 행복할 수 있다는 것이다. 그리고 이를 위해서는 인간본성이 무엇인지부터 정확히 해명되어야 한다. 인간본성을 과학적으로 해명해야만 행복이 무엇이고 행복해지려면 어떻게 해야 하는지에 대한 올바른 해답을 구할 수 있다는 것이다.

아리스토텔레스는 인간본성을 과학적으로 해명할 수 없었기에 행복해지기 위해서는 이성과 덕성을 계발해야 한다는 등의 모호한 주장을 했다. 쾌락주의 행복론을 비판하는 여러 행복론은 그 일련의 긍정할 만한 점이 있음에도 불구하고 인간본성에 대한 올바른 이해에 기초하고 있지 않다는 한계를 가지고 있다. 행복과 인간본성의 관계에 대해서는 7장에서 자세히 살펴볼 것이다.

오늘날의 심리학은 쾌락주의 행복론에다 발을 깊이 담그고는 아리스토텔레스의 행복론을 극히 일부분 받아들여 양자를 절충하고 있다. 심리학자들은 행복을 연구할 때 일반적으로 긍정적인 감정과 더불어 자신의 삶에 대한 주관적 평가를 측정한다. 긍정적인 감정을 측정하는 것은 당연히 쾌락주의적 행복과 큰 관련이 있고, 삶에 대한 주관적 평가는 아리스토텔레스의 행복론과 일부 관련이 있다. 이렇게 아리스토텔레스의 행복론은 심리학에 의해 자기실현적 행복론으로 축소되어 쾌락주의 행복론의 결함을 보충하기 위한 도구로 이용되고 있다. 그러나 긍정적인 감정은 물론이고 삶에 대한 주관적 평가는 행복의 일부분을 반영할 뿐 참다운 행복을 대변하지 않는다. 이것은 행복을 연구하는 심리학이 행복이 아니라 행복의 단편만을 다루고 있음을 의미한다.

4장 심리학이 건네는 행복에 관한 거짓말

행복의 개인차만
연구하는 심리학

과거에 행복이라는 주제는 주로 철학이나 윤리학에서 다뤘다. 그러나 20세기 후반부터 행복에 대한 관심이 폭증하면서 행복은 심리학을 비롯한 여러 학문에서 활발하게 논의되었다. 심지어는 행복을 전문적으로 연구하는 행복학이라는 분과학문까지 탄생했다.

심리학이 행복 연구에 뛰어든 것은 어떤 결과를 초래했을까? 안타깝지만 심리학은 긍정적인 기여보다는 부정적인 역할을 더 많이 했다. 심리학은 일련의 긍정적인 기여에도 불구하고 행복의 개념을 왜곡하고, 행복에 관한 잘못된 이해를 확산시켰으며, 그 결과 사람들을 행복에서 더 멀어지게 만들었다.

주류 심리학은 지독할 정도로 개인에게만 초점을 맞춘다. 주류 심리학은 사회, 역사 등에는 거의 관심이 없거나 그것을 의도적으로 배제한 채 오직 개인만을 들여다본다. 이러한 오류와 편향은 행복 연구라고 해서 예외가 아니다.

심리학은 기본적으로 행복의 집단 간 차이가 아니라 개인 간의 차이에 초점을 맞춘다. 비킹은《그들은 왜 더 행복할까》에서 다음과 같이 말했다.

'왜 어떤 사람들은 남들보다 더 행복한가?' 바로 이 질문이 오늘날 행복연구의 핵심 과제이다.[26]

그의 말처럼 심리학은 동일한 사회 안에서 살아가는 사람들 가운데 왜 어떤 이는 상대적으로 더 행복하고 왜 다른 이는 상대적으로 더 불행한가에 관심을 집중한다. 한마디로 심리학은 행복의 개인차를 연구한다는 것이다.

북유럽식 사회제도를 채택한 국가들은 행복지수가 높은 반면, 미국식 사회제도를 채택한 국가들은 행복지수가 낮다는 사실은 잘 알려져 있다. '왜 이런 차이가 발생하는가'를 탐구하는 것이 행복의 집단 간 차이에 관한 연구다. 이것은 다수의 사람 혹은 인간 일반을 행복하게 해주는 것이 무엇인가에 관한 연구다. 즉 사회적 행복, 집단적 행복에 관한 연구인 것이다.

반면에 한국인 가운데 왜 누군가가 다른 사람보다 더 행복한가를 다루면 행복의 개인차에 관한 연구다. 즉 이것은 사람들을 행복하게 해주는 것이 아니라 어떤 사람을 다른 사람보다 상대적으로 더 행복하게 해주는 것이 무엇인지를 연구하는 것이다. 행복의 개인차를 연구하면 사회적 행복, 집단적 행복은 배제되기 마련이다.

행복의 집단 간 차이를 다루다 보면 필연적으로 어떤 사회제도가 사람을 행복하게 만들어주는가, 어떤 사회에서 살아갈 때 사람은 행복해질 수 있는가 등을 논하게 된다. 그리고 그 자연스러운 귀결로 사람을 불행하게 만드는 사회에 대해서는 비판의 칼날을 들이대게 된다. 심리학자 프롬은 사람을 불행하게 만드는 주범으로 자본주의 제도를 지목해 신랄하게 비판했다. 이 때문에 그는 주류 심리학계에서 철저하게 왕따를 당했다. 사회비판, 특히 자본주의 제도에 대한 비판을 철저히 회피하거나 금기시하는 주류 심리학이 행복의 집단 간 차이에 관심을 가지기란 콩밭에서 마늘이 자라기를 기대하는 것만큼이나 어려운 일이다.

행복은 정말 유전일까?

행복의 개인차에 집중하면 '사회'라는 뜨거운 감자를 만질 필요가 없기에 주류 심리학은 행복의 개인차에만 집중한다. 물론 행복의 개인차에 관한 연구들도 부분적으로는 의미 있는 자료를 제공해줄 수 있다. 그런데 문제는 주류 심리학이 행복의 개인차만 연구하고 그 결과를 악용해 그것이 마치 행복의 일부분이 아니라 모든 것인 양 교묘하게 사기를 친다는 것이다.

이런 교묘한 사기 행위의 대표적인 사례가 바로 유전이 행복을 좌우한다는 주장이다. 심리학자 류보머스키와 동료들은 행복의 개인차가 50퍼센트는 유전적 요인, 10퍼센트는 상황(환경), 40퍼센트는 개인의 인지와 행동을 반영하는 의도적 활동의 결과에 기인한다고 주장했다.[27] 이것이 그 유명한 행복의 50(유전자):10(환경):40(주관) 이론이다.

유전이 행복에 결정적인 영향을 미친다는 주장은 쌍둥이를 대상으로 한 연구들에 의해 뒷받침되고 있다. 일란성 쌍둥이로 태어났지만 아주 어릴 때 헤어져 각기 다른 환경에서 자라난 쌍둥이들을 연구해보면 행복지수가 비슷하다. 이를 두고 심리학자들은 행복의 개인차를 만드는 요인 가운데 50퍼센트가 유전적 요인이라고 주장한다. 그러나 정확히 말하자면 유전적 요인은 단지 행복의 개인차에 영향을 미칠 수 있는 가능성을 제공할 뿐이다. 치체티[Dante Cicchetti]와 동료들의 연구에 따르면 성적 학대 경험이 있는 젊은이들에게는 모두 우울과 불안 증상이 있었는데, 이는 그들이 가진 유전자의 종류와는 무관했다. 짧은 대립형질(우울과 불안의 표지)은 오직 성적 학대를 당했던 젊은이들에게서만 높은 증상 수준과 관련이 있었다.[28] 쉽게 말해 우울과 불안에 취약한 유전자를 가지고 있는 사람일지라도 성적 학대 경험이 없으면 우울과 불안 증상이 나타나지 않았다는 것이다.

유전은 불안과 우울에 대한 취약성을 결정한다. 그러나 단지 유전만으로 불안과 우울이 발생하지는 않는다. 불안과 우울에 취약한 유전자를 가진 사람일지라도 그가 성적 학대와 같은 불건전한 환경에 노출될 때에만 불안과 우울이 유발된다. 이는 정신질환의 발병에 중요한 것이 유전자가 아니라 오히려 환경임을 의미한다.

호흡기 질환에 대한 취약성을 결정하는 유전자가 있다고 가정해보자. 공해가 심해지면 이 유전자를 가지고 있는 사람들이 제일 먼저 호흡기 질환을 앓게 될 것이다. 그렇다면 호흡기 질환의 주요한 원인은 공해일까, 아니면 유전자일까? 주류 심리학은 공해가 심한 사회와 공해가 없는 사회 간의 차이에는 당연히 관심이 없다. 주류 심리학은 공해가 심한 사회에서 호흡기 질환을 앓고 있는 사람들과 그렇지 않은 사람들 간의 개인차를 연구하고는 '호흡기 질환의 개인차를 결정하는 것은 유전자'라고 결론을 내린다. 이와 똑같은 짓을 행복 연구에서도 반복하고 있는 것이다.

백번 양보해서 유전이 행복의 개인차를 50퍼센트 정도 결정한다는 주장을 인정한다고 하더라도 더 큰 문제가 남아 있다. 주류 심리학은 행복의 개인차에 관한 연구 결과를 단지 행복의 개인차가 아닌 행복의 집단 간 차이나 행복 일반에까지 적용하려 든다. 많은 심리학자가 행복의 50:10:40 이론을 근거로 환경(10퍼센트)은 행복에 거의 영향을 미치지 않으며 유전자(50퍼센트)가 제일 큰 영향을 미친다고 주장한다. 그러나 이것은 사실을 날조하는 것이다. 50:10:40은 행복이 아닌 행복의 개인차에 관한 연구에서 나온 결론이므로 유전자가 행복을 좌우한다고 말해서는 안 된다. 누군가가 다른 사람보다 상대적으로 더 행복한 것을 결정하는 요인 가운데 50퍼센트가 유전자라고 말해야 한다. 심리학자 서은국은 한 인터뷰에서 다음과 같이 말했다.

행복의 개인차는 유전입니다. (…) 행복하려면 사람을 많이 만나야 합니다. 선천적으로 행복도가 높은 사람들은 선천적으로 사람 만나는 것을 좋아하게 태어난 사람들입니다. 그래서 행복에 있어서는 외향성이 열쇠이며, 행복의 개인차를 측정할 때의 열쇠도 외향성입니다.[29]

그는 《행복의 기원》이라는 저서에서도 "학계의 통상적인 견해는 행복 개인차의 약 50퍼센트가 유전과 관련이 있다고 본다"[30]면서 동일한 주장을 되풀이했다. 행복의 개인차를 크게 좌우하는 것이 외향성이라는 견해에 대해서도 여러 논쟁할 지점이 있지만, 일단 논외로 하자. 어쨌든 그는 유전이 행복이 아니라 '행복의 개인차'를 결정한다고 분명하게 말하고 있다. 그런데 위의 인용문은 행복의 개인차와 행복이라는 단어를 혼용해 사용함으로써 유전자가 행복의 개인차가 아닌 행복 그 자체를 좌우하는 것처럼 서술되어 있다. 아마 그의 말을 독자들은 당연히 유전자가 행복을 좌우한다는 뜻으로 받아들일 것이다.

서은국은 지금까지의 행복에 관한 연구들을 통해 내릴 수 있는 결론이 두 가지라고 말한다.

첫째, 행복은 객관적인 삶의 조건들에 의해 크게 좌우되지 않는다. 둘째, 행복의 개인차를 결정적으로 좌우하는 것은 그가 물려받은 유전적 특징, 조금 더 구체적으로는 외향성이라는 성격 특질이다.[31]

그는 이상하게도 유전을 말할 때는 '행복의 개인차'라고 정확히 서술했지만, 객관적인 삶의 조건을 말할 때는 행복의 개인차가 아닌 '행복'이라는 표현을 사용하고 있다. 다시 말해 유독 객관적인 삶의 조건—사회를 포함하는 환경—이 '행복의 개인차'가 아니라 행복을 크게 좌우하지 않는다고 말하고 있다. 그의 책을 읽는 독자들은 분명 '환경이나 사회는 행복과 별 상관이 없구나'라는 잘못된 인식을 갖게 될 것이다. 이런 식으로 심리학자들이 '행복'과 '행복의 개인차'를 혼용하는 것을 단순한 실수라고 할 수 있을까? 환경이 행복의 개인차에 별로 영향을 미치지 않는다는 말과 환경이 행복(혹은 행복의 집단 간 차이)에 별로 영향을 미치지 않는다는 말에는 하늘과 땅만큼이나 큰 차이가 있다. 그럼에도 많은 심리학자가 빈번하게 행복의 개인차와 관련된 요인들을 '행복'과 관련된 것처럼 서술하고 있다. 가장 대표적인 예가 환경은 행복에 별 영향을 미치지 않으니까 환경을 바꾸려고 애쓰지 말라고 권고하는 것이다.

평범한 일반인이 아닌 심리학자가 유전이 행복의 개인차를 좌우하는 가장 중요한 요인이라고 말했다가 은근슬쩍 유전이 행복을 좌우한다고 말하거나 그런 암시를 주는 것은, 그것이 의도적이든 학문적 능력이 부족해서든 간에 단순한 실수로 치부될 수 없는, 독자와 대중을 기만하는 행위다. 심리학자들이 이런 짓을 하고 있기 때문에 행복 연구자와 행복 상인들은 신이 나서 "행복에 사회는 별로 중요하지 않아! 행복은 기본적으로 유전자에 의해 결정된다고. 그러니까 행복해지려면 마음챙김에 집중할 수밖에 없어"라고 외쳐댄다.

상담심리학자 정동섭은 《행복의 심리학》에서 행복의 50:10:40 이론을 해설하며, "긍정심리학자들은 행복은 유전에 의해서 50퍼센트가 결정되고, 환경에 의해 10퍼센트가, 그리고 사람들의 의도적 활동에 의해서 40퍼센트가 결정된다는 데 대체로 동의하고 있다"[32]고 말했다. 놀랍게도 그는 '행복의 개인차'가 아니라 아예 '행복'이라고 말하고 있다. 그러면서 "행복한 사람과 불행한 사람의 객관적 생활조건은 의외로 큰 차이가 없다. (…) 낙관적이고 명랑한 기질은 행복의 가장 강력한 요소다"[33]라고 주장한다. 즉 사회(환경)는 행복에 10퍼센트밖에 영향을 미치지 않는 반면, 기질(유전과 관련이 있다)은 행복을 결정한다는 것이다.

주류 심리학이 행복의 개인차에 관한 연구만 하는 것은 참고 넘어갈 수도 있다. 그러나 행복의 개인차에 관한 연구 결과를 은근슬쩍 행복(혹은 행복의 집단 간 차이)을 설명하는 데 끌어들여 진실을 왜곡하고 황당한 처방전을 남발하는 것은 가히 지적인 범죄 행위라고 해야 마땅할 것이다.

북유럽에 사는 사람이 한국에 사는 사람보다 더 행복한 것이 과연 유전 때문일까? 유전은 북유럽에 사는 사람이 다른 자본주의 국가에 사는 사람보다 더 행복한 이유를 전혀 설명하지 못한다. 유전이 행복의 개인차에 50퍼센트 정도 영향을 미친다는 주장을 인정하더라도, 유전은 단지 한국인 가운데 왜 누군가가 다른 사람들보다 더 행복한지를 50퍼센트 정도 설명할 수 있을 뿐이다.

북유럽에 사는 사람이 한국에 사는 사람보다 더 행복한 이유는 유전이 아니라 사회, 즉 환경 때문이다. 사회를 포함하는 환경은 행복의 개인차에는 단지 10퍼센트만 영향을 미칠지 몰라도 행복의 집단 간 차이, 즉 행복에는 커다란 영향을 미친다. 환경이 행복의 개인차에 그다지 큰 영향을 미치지 않는 것은 미국식 자본주의 사회에서 살아가는 사람들이 경험하는 환경이 엇비슷하기 때문이다. 한국에서 살아가는 한 그 누구도 개인의 생존을 국가가 책임져주는 북유럽과 같은 사회환경을 경험할 수 없다. 그러니 행복의 개인차를 연구하면 당연히 환경은 그다지 큰 영향을 미치지 못한다는 결론이 나올 수밖에 없는 것이다.

만일 유전이 행복의 개인차가 아니라 행복 자체를 좌우한다면 북유럽인은 미국에서 살아도 행복할 것이고 미국인은 북유럽에 살아도 별로 행복하지 않을 것이다. 그러나 《UN 세계 행복보고서 2019》에 따르면 기본적으로 본토인과 이민자 집단의 행복 순위에는 거의 차이가 없다.[34] 쉽게 말해 미국인의 행복 수준과 미국으로 이민을 온 북유럽인의 행복 수준이 엇비슷하다는 말이다. 행복 수준이 높은 나라에서 살던 북유럽인도 미국에서 살게 되면 행복 수준이 떨어져 미국인과 비슷해진다. 반대로 행복 수준이 낮은 나라에서 살던 사람도 행복 수준이 높은 나라로 이민을 가면 행복 수준이 높아진다. 심지어는 "이민 출발국의 행복 수준이 이민 목적국의 절반에도 미치지 못하는 이민자들"[35]도 그러하다. 미국에서 살다가 덴마크로 이민을 가서 십여 년 넘게 거주하고 있는 한 미국인은 다음과 같이 말했다.

물론 빈부격차가 없을 수 없지만, 가난한 덴마크인도 부자 덴마크인만큼 행복합니다. 이것이 미국과 다른 점이죠. 미국에서는 가난하면 엄청나게 불행해지잖아요.[36]

행복의 개인차를 연구하면 행복 수준을 결정짓는 데 유전의 영향력이 상당하다는 결론이 나올 수도 있다. 하지만 행복의 집단 간 차이를 연구하면 유전의 영향력은 거의 없다고 말해도 무방하다.

A라는 사회에서 살아가는 사람들의 행복지수는 90인데, B라는 사회에서 살아가는 사람들의 행복지수가 50인 이유를 연구해서 나온 결론은 행복의 집단 간 차이, 나아가 행복 일반에 적용할 수 있다. 그러나 B라는 사회에서 살아가는 사람들 가운데 행복지수가 60인 사람과 30인 사람을 비교해서 연구한 결론은 오직 행복의 개인차를 설명하는 데에만 적용할 수 있다. 유전자는 행복지수가 60인 사람과 30인 사람의 차이, 즉 누군가가 상대적으로 더 행복한 이유만을 설명할 수 있다는 것이다. 그럼에도 심리학은 공해가 없는 나라와의 비교 연구는 하지 않고 공해가 심한 나라에서 살아가는 사람들만 연구해 호흡기 질병을 좌우하는 유전자가 행복을 결정한다고 말하고 있다. 다시 강조하지만 행복의 개인차에 관한 연구 결과를 마치 행복에 관한 연구 결과인 것처럼 해석하는 것은 일종의 학문적 사기 행위다. 특히 사회(환경)는 행복에 거의 영향을 미치지 않으니 사회를 개혁하려고 애쓰지 말라는 심리학의 권고는 학문적 사기를 넘어서는 반민중적이고 반사회적인 만행이다.

각자에게 주어진
행복의 범위가 있다?

유전의 중요성을 강조하는 학자들은 행복이 기본적으로 유전에 의해 좌우되기 때문에 사람들의 행복 수준이 일정하게 유지된다고 주장한다. 각각의 사람에게는 이미 설정된 행복의 범위, 즉 어김없이 되돌아가야만 하는 유전적인 행복 수준이 있다는 견해를 행복의 설정점set point 이론이라고 한다. 이 이론에 따르면 사람들의 행복 수준은 생활에서 일어나는 사건들 때문에 일시적으로 오르락내리락하지만, 그 후에는 곧 타고난 행복의 기저 수준으로 되돌아간다.[37]

성격과 행복의 개인차 사이의 관계를 연구하는 상당수의 심리학자도 행복의 설정점 이론을 지지한다. 성격은 단지 유전만이 아니라 인생 경험이나 환경 등에 따라서 형성되고 변화한다. 그러나 성격은 공고한 편이어서 일단 형성되고 나면 환경의 변화에도 불구하고 그대로 유지되는 경향이 있다. 즉 성격은 사건이나 환경에 따라 쉽게 변하지 않는다는 것이다. 성격은 잘 변하지 않으므로 만일 성격이 행복 수준에 큰 영향을 미친다면 행복 수준은 일정하게 유지되는 경향이 있을 것이다. 이런 논리적 흐름 속에서 성격이 행복의 개인차에 상당한 영향을 미친다는 연구에 기초해 일부 심리학자들은 행복의 설정점 이론을 지지한다.

행복의 설정점 이론을 지지하는 심리학자 가운데 상당수는 행복 수준이 원래의 정해진 수준으로 되돌아가는 것이 '적응' 때문이라고 말한다. 예를 들어 작은 집에서 큰 집으로 이사를 하면 일시적으로는 행복 수준이 높아지겠지만 곧 큰 집에 적응하게 되어 더이상은 행복감을 느끼지 못하게 되고 결국 원래의 행복 수준으로 되돌아간다는 것이다. 그러나 적응에 관한 여러 연구에 따르면 이런 주장에는 오류가 있다. 사람들은 어떤 종류의 사건이나 환경에는 비교적 잘 적응하지만, 또 다른 종류의 사건이나 환경에는 거의 적응하지 못한다.

사람들이 비교적 잘 적응하는 생활사건으로는 결혼, 아이 출산 등을 들 수 있다. 이런 사건들에 사람들은 상당히 빠르고 완벽하게 적응한다. 로또에 당첨되면 잠깐은 행복 수준이 높아지지만, 곧 제자리로 돌아가는 것은 이 때문이다.

반면에 사람들은 실직이나 장애, 사별 등에는 거의 적응하지 못한다. 실직으로 인한 행복 수준의 하락은 상당한 시간이 흐른 뒤에도 실직 이전의 수준으로 돌아가지 않는다.[38] 실직한 남성은 직장에 다니는 남성보다 자살률이 51퍼센트나 높고, 실직자(34퍼센트)는 취업자(16퍼센트)에 비해 두 배 이상의 심리적 고통을 느끼며, 실직자의 전체 사망률은 취업자에 비해 62퍼센트나 높다.[39] 만약 사람들이 실직한 상황에 잘 적응할 수 있다면 이러한 차이는 나타나지 않았을 것이다.

실직으로 인한 불행은 사회와 지역에 따라 다를 수 있다. 개인의 생존을 개인이 책임지는 사회, 성공에 대한 개인적 책임을 강조하는 사회에서 실직은 행복에 더 해롭다.[40] 반면에 개인의 생존을 국가가 책임지는 사회, 성공과 실패를 개인의 책임으로 돌리지 않는 사회에서는 훨씬 덜 해롭다. 실직은 또한 실업률이 높은 지역의 사람들보다는 실업률이 낮은 지역의 사람들에게 더 나쁜 영향을 미친다. 쉽게 말해 자기 주변에 실업자들이 많으면 실직해도 그다지 괴롭지 않지만 자기 주변에 실업자들이 별로 없으면 매우 괴롭다는 것이다.

사람들은 이혼이나 배우자의 사별에도 잘 적응하지 못한다. 경제학자 이스털린Richard Easterlin이 1972년부터 2000년까지 28년에 걸쳐 약 3000명을 대상으로 추적 조사한 결과에 따르면, 대부분의 사람이 이혼 또는 배우자나 자녀와의 사별로 인한 충격에 완전히 적응하지 못했다.[41] 이 외에도 사람들은 만성 감기 등의 건강 문제, 음식 부족, 자율성 부족과 같은 심신의 안전과 관련된 문제 그리고 소음과 교통혼잡 같은 나쁜 환경에는 거의 적응하지 못한다. 사람들은 이런 상황이나 환경에 대해서는 시간이 지나도 잘 적응하지 못할 뿐만 아니라 오히려 더 민감해지기도 한다.

심리학자 앨런은 《행복심리학》에서 행복의 설정점 이론에 대한 여러 논의를 소개하면서 "설정점 이론은 최소한 현재로서는 타당하지 않다"[42]는 결론을 내리고 있다. 사실 행복의 설정점 이론이 옳다고 하더라도 그것은 단지 유전이나 성격이 행복의 개인차에 상당한 영향을 미친다는 것을 의미할 뿐이다. 따라서 행복의 설정점 이론이 타당하지 않다는 사실은 유전이나 성격이 행복의 개인차를 좌우한다는 주장조차 논란의 여지가 있음을 시사한다.

개인주의적 행복론은 무엇을 놓쳤는가

심리학의 행복론은 기본적으로 쾌락주의 행복론이다. 쾌감이 곧 행복이라는 쾌락주의 행복론은 필연적으로 주관적 행복론과 개인주의적 행복론으로 이어진다. 주관적 행복론이란 쾌감은 사람에 따라 각기 다른 주관적인 감정이므로 객관적인 행복이란 존재할 수 없고 오직 주관적인 행복만이 존재한다는 것이다. 주관적 행복론에 따르면 행복은 집단이나 사회와 관련된 문제가 아닌 철저한 개인의 문제다. 극단적으로 말하자면 감염병으로 인해 다른 사람들이 모두 불행하더라도 감염병을 긍정적으로 해석해서 쾌감을 느끼는 한 나는 행복할 수 있다고 보는 것이다. 쾌락주의 행복론과 주관적 행복론은 철저한 개인주의적 행복론이다. 따라서 심리학의 행복론은 개인주의적 행복론이라고 할 수 있다.

행복을 개인주의적으로 바라보는 심리학의 관점은 행복이라는 개념에 대한 정의를 통해서도 드러난다. 서울대학교 행복연구센터는 행복을 "본인의 삶에 대한 만족과 많은 긍정정서 경험 및 상대적으로 적은 부정정서 경험"으로 정의하고 있다.[43] 즉 개개인이 주관적으로 느끼는 자신의 삶에 대한 만족감과 주관적으로 체험하는 긍정정서가 곧 행복이라는 것이다. 심리학자 서은국은 이런 개념 정의에서 한 걸음 더 나아가 행복은 "일종의 허상"이며 "사람마다 문화마다 다르게 조합된 쾌감 덩어리"가 행복이라고 주장한다.[44] 이렇게 행복이 사람에 따라 각기 다르다고 본다는 점에서 심리학의 행복 개념에 대한 정의는 철저히 개인주의적이다.

행복의 개념을 개인주의적인 관점에서 정의하는 것이 잘못되었다는 비판은 심리학자들 사이에서도 제기되어왔다. 심리학자 앨런은 심리학의 행복 연구에서 '주도적인 모델'은 쾌락주의 전통이지만, "자기실현적 접근은 더 널리 퍼지고 있는 중이며 심도 있게 검토할 가치가 있다"고 주장했다. 그는 자기실현적 관점—앞에서 살펴봤듯 아리스토텔레스의 행복론과 관련이 있다—이 "한 개인이 만족감이나 혹은 심지어 '행복감'을 느낀다 할지라도, 자신의 잠재력을 향해 성장하지 않는다면 높은 수준의 행복에 도달할 수 없다"는 것을 암시한다면서 개인주의적 행복론인 쾌락주의 행복론과 주관적 행복론을 우회적으로 비판했다.[45]

심리학자 네틀은 쾌감과 기쁨 같은 감정을 '1단계 행복'으로, 삶에 대한 평가와 삶에 대한 만족도를 '2단계 행복'으로, 자기실현적 행복을 '3단계 행복'으로 정의하고, 이 세 가지 행복이 서로 긴밀히 연결되어 있다고 강조했다.[46] 한마디로 사람마다 달리 체험하는 쾌감과 같은 주관적인 감정만으로는 행복이라는 개념을 옳게 정의할 수 없다고 본 것이다. 같은 맥락에서 심리학자 리프^{Carol Ryff}와 동료들은 인간의 행복이 단순한 2단계까지의 행복보다 더 광범위한 일련의 요소들을 포함하고 있다고 주장했다. 일련의 요소들이란 '즐거움'과 '고통 없는 삶'뿐만 아니라 개인의 성장과 삶의 목적, 자신을 둘러싼 환경에 대한 지배, 자발성 등을 포함한다.[47]

심리학이 행복의 개념을 주관적이고 개인주의적인 관점에서 정의하는 것에 대해 철학자나 사회학자 들은 심리학자들보다 훨씬 더 비판적이다. 철학자 김선욱은 《행복의 철학》에서 다음과 같이 말했다.[48]

흔히 행복을 심리적 현상으로만 보는 경향이 있다. 행복을 행복한 감정의 문제로만 보는 것 말이다. 하지만 그런 경우 현실의 부정의와 타인의 고통을 외면하고 모든 것을 마음의 문제로만 여기는, 일종의 자기기만에 빠지기 쉽다.
행복은 분명 심리와 연관이 있지만, 인간에게 영향을 주는 모든 일과 관계된다.

행복 개념에 자기실현적 행복을 포함시키려는 심리학자들은 그나마 낫지만, 쾌락주의에 경도된 대부분의 심리학자는 행복을 개인적이고 주관적인 쾌감이나 삶에 대한 만족감에 귀착시킨다. 그러나 이런 정의는 행복이라는 개념을 심각하게 왜곡시킨다.

개인의 테두리 안에 갇힌 행복

행복에는 개인적 행복도 있고 사회적 행복도 있다. 사회적 행복이란 다수의 행복, 집단의 행복을 말한다. 사회적 존재인 사람은 평생 집단과 사회 속에서 살아간다. 이 때문에 집단의 행복과 개인의 행복은 항상 밀접하게 연관되어 있다. 아빠가 실직해 가족 전체가 불행해졌는데, 엄마 혼자 행복하기는 힘들다. 대한제국이 일본의 식민지로 전락했을 때 그 치하에 사는 개별적인 사람들이 행복하기란 거의 불가능했다. 물론 반대의 경우도 성립한다. 대다수의 개인이 불행한데 사회나 집단이 행복할 수 없다.

이처럼 집단 혹은 사회의 행복과 개인의 행복은 뗄 수 없이 연관되어 있기 때문에 행복을 논하려면 반드시 사회적 행복과 집단적 행복에 대해서도 다뤄야 한다. 그러나 심리학은 사회적 행복은 의도적으로 배제한 채 오직 개인적 행복에만 초점을 맞춘다. 이에 대해 심리학자 앨런은 다음과 같이 말했다.

긍정심리학은 개인에 초점을 맞추는 경향이 있다. 연구는 보통 주어진 환경에서 잘 살고 있는 개인을 찾는 데서 시작해서, 그들의 성공과 관련된 성격특성을 목록화해나간다. (…) 이 개인주의적 접근은 마틴 셀리그만의 저술과 연구에서 쉽게 눈에 띈다.[49]

심리학은 행복을 오직 개인적 행복으로만 축소해 논의함으로써 행복을 개인이라는 테두리 안에 가뒀고, 그 결과 오늘날 행복은 개인의 이기적인 쾌감이나 만족을 추구하는 것으로 전락했다. "오늘날 행복은 무엇보다도 자신을 배려하는 행위를 의미한다. (…) 행복은 전적으로 개인적인 문화 영역에 속한다"[50]는 철학자 포쉐의 말처럼 행복이 개인을 위한 이기적인 행위로 전락한 것이다.

사회적 행복을 배제한 채 개인적 행복만을 다루는 심리학은 필연적으로 행복을 사회와는 상관없이 개인이 노력해 성취하는 것으로 간주한다. 행복 컨설턴트이자 신경과학자인 잭Paul Zak은 행복을 '근육'처럼 생각하라고 말한다.[51] 그는 근육을 단련하면 몸이 튼튼해지듯이 행복도 노력을 통해 얼마든지 쟁취할 수 있다고 주장한다. 물론 이런 주장은 숙명론적 행복론이나 유전적 행복론보다는 그나마 낫다고 할 수 있다. 불행을 묵묵히 감내하기보다는 행복해지기 위해서 노력할 것을 장려하기 때문이다. 그러나 행복을 개인적 행복으로만 축소하는 것은 다음과 같은 문제들을 낳는다.

첫째, 행복 개념을 왜곡함으로써 사람들을 행복에서 더 멀어지게 만든다. 행복에 관한 많은 책이 서두에서 행복이 무엇인지 모른 채 행복을 추구하면 절대로 행복해질 수 없다고 훈계한다. 그러면서 행복의 개념을 개인주의적 관점에서 정의하는 것에서부터 출발해 행복에 대한 엉터리 장광설을 늘어놓는다. 이러한 책을 읽은 독자들은 '행복은 사회와는 별 상관이 없는 개인의 문제구나. 세상일에 신경 쓰지 말고 나부터 챙겨야겠어'라고 생각하게 될 것이다. 그러나 다수의 사람이 이런 식으로 개인적 행복만을 추구하면 사회 전체의 행복 수준은 낮아지고 궁극적으로는 개개인의 행복 수준도 낮아질 것이다.

개인의 행복은 타인의 행복, 집단의 행복 그리고 사회적 행복과 밀접한 관련이 있다. 심리학자 네틀은 "내가 어떤 것을 선택함으로써 얻은 행복감은 다른 모든 사람이 선택한 것에 좌우된다. 다른 모든 사람이 나와 같은 조그만 차를 가지고 있는 한, 나는 조그만 차나 심지어는 자전거에도 만족할 수 있다"[52]고 말하며 개인의 행복이 사회의 행복과 밀접히 관련되어 있다고 강조했다. 행복의 개념을 올바르게 정의하지 않고 개인적 행복만으로 정의하는 것은 사람들을 행복에서 더 멀어지게 만든다.

둘째, 불행한 이들을 탓하게 만든다. 행복이 전적으로 개인적인 것이라는 잘못된 견해는 행복한 이들은 자신들이 행복해지기 위해 노력해서 행복해진 것이고 불행한 이들은 그런 노력을 게을리해서 불행해진 것이라는 황당한 결론으로 귀결된다. 일부 심리학자들은 긍정심리학이 지나치게 긍정성과 개인주의를 강조한다면서 긍정심리학의 개인주의가 희생자를 비난하는 우를 범할 수 있다고 염려한다.[53] 개인적 행복만을 강조하는 행복론은 사람들에게 '행복하지 않다고? 그건 네 탓이야!'라고 말한다. 빈곤층이 행복하지 않은 것은 빈곤, 나아가 잘못된 사회제도 때문이 아니라 이들이 긍정적인 사고를 하지 않아서라거나 게을러서라고 말함으로써 빈곤층을 탓하게 만든다.

"이 대단히 개인화된 의제에는 빈곤과 실패의 원인을 개인으로 돌리겠다는 의도가 숨어 있다"[54]는 심리학자 데이비스의 지적처럼, 행복의 개인화는 단순한 학문적 무지나 실수가 아닌 사회적 진보를 방해하려는 지배층의 의도를 대변하고 있다. 만일 다수의 대중이 불행을 사회의 문제로 여기게 되면 사회개혁에 대한 요구가 높아질 것이다. 반대로 다수의 대중이 불행을 개인의 문제로 여기게 되면 사회에는 관심을 끊고 자기 탓을 하며 자기계발에 집중하게 될 것이다. 그러니 사회의 진보를 반대하고 민중의 저항을 두려워하는 지배층이 행복을 철저히 개인화함으로써 자신들에게 충성을 바치는 심리학에 박수를 보내는 것은 당연하다. 자본주의 사회를 지배하는 자본가계급은 가난이 게으름이나 능력 부족 때문이고, 자살이 의지박약이나 우울증 때문이며, 범죄가 유전자나 정신질환 때문이라고 주장한다. 한마디로 행복은 물론이고 사람들의 모든 성공과 실패의 원인이 사회가 아닌 개인에게 있다고 우겨대는 것이다. 하지만 다음의 날카로운 지적처럼 모든 책임을 개인의 탓으로 돌리는 것은 그 불순한 의도는 차치하더라도 사실과 전혀 맞지 않는 망상일 뿐이다.

모든 성공과 실패의 원인을 개인의 능력과 노력으로 돌리는 경쟁적이고 우울한 문화만큼 망상에서 헤어나지 못하는 경우가 또 있을까?[55]

셋째, 행복 경쟁을 부추긴다. 치열한 경쟁 사회에서 행복이 개인에게 달려 있다는 견해가 널리 통용되면 필연적으로 남들보다 더 행복해지려는 개인 이기주의적 행복 경쟁이 초래된다. 남들보다 불행하다는 사실이 남들보다 뒤떨어졌다는 것을 의미하는 사회에서 살아가는 사람들은 자신의 불행을 부끄러워하고 숨기려 하며, 남들보다 더 행복해져야만 한다는 강박에 시달린다. 경쟁에서 승리하는 것이 남들보다 더 행복한 것이라 믿기 때문이다. 이로 인해 사람들 사이에서 행복을 기준으로 하는 치열한 행복 경쟁이 벌어지고, 행복은 경쟁에서 승리를 평가하는 하나의 척도로 전락한다. 이런 세태에 대해 철학자 탁석산은 "모두 행복을 원하고, 행복하기 위해서 갖은 애를 쓰면서 살고 있다. 행복하지 않으면 실패한 인생이라고 생각할 정도다"[56]라고 개탄했다. 심리학은 사람들에게 한편으로는 비교하지 말고 경쟁심을 버리라고 조언하고, 다른 한편으로는 개인주의적 행복론을 유포해 비교와 경쟁을 마구 부추긴다.

물론 행복을 연구하는 심리학자들은 사람들에게 너그러움과 감사의 마음을 가지라거나 타인에게 친절하게 굴라고 조언한다. 하지만 그래야만 하는 이유에 대해 이들은 사회적 행복, 집단의 행복이 중요해서가 아니라 '너한테 도움이 되어서'라고 설명한다. 한마디로 개인의 이기적인 쾌감이나 행복에 도움이 되니까 남한테 잘해주고 감사하는 마음을 가지고 살라는 것이다. 이를 뒤집어 해석하면 개인에게 이익이 되지 않는다면 이웃이나 사회에 신경을 끊어도 괜찮고 심지어는 남한테 해를 끼쳐도 무방하다는 말이 된다. 이렇게 심리학은 철두철미하게 개인의 이익이나 경쟁의 관점에서

행복을 다룬다. 신자유주의 시대를 대변하는 나이키의 'Just do it'
과 맥도날드의 'Enjoy more'라는 슬로건에는 개인주의적 행복론의
진수가 담겨 있다. 오늘날의 심리학은 사람들에게 '더 많이 즐기기
위해서 과감히 도전하라. 그러면 행복해진다'고 말하면서 사람들을
개인 이기주의적인 행복 경쟁으로 내몰고 있지 않은가.

하나 더 언급하고 싶은 것은 긍정적인 마음을 갖는 것이 정신건
강이 양호한 사람에게는 비교적 쉬운 일이지만 그렇지 않은 사람
에게는 매우 어렵다는 점이다. 정신건강이 양호한 사람들은 이미
긍정적인 마음을 가지고 있는 경우가 많아서 마음을 바꾸면 더 행
복해진다는 조언이 이들에게는 그다지 큰 도움이 되지 않는다. 그
렇다면 정신건강이 좋지 않은 사람들—아마 오늘날의 자본주의 사
회에서 살아가는 대다수의 사람이 여기에 해당될 것이다—에게는
마음을 바꾸면 행복해진다는 조언이 도움이 될까? 그럴 것 같지
않다. 정신건강이 좋지 않다는 것은 긍정적인 사고를 하거나 긍정
적인 감정을 경험하기 힘들다는 말과 통한다. 따라서 이런 사람들
한테 마음을 긍정적으로 바꾸라고 말하는 것은 마치 우울증 환자
한테 활짝 웃으면서 살라거나 날마다 밖에 나가서 활기차게 운동
을 하면서 지내라고 조언하는 것이나 다름없다. 도움이 안 될 가능
성이 크다는 말이다.

마음을 바꾸면 행복해진다는 조언은 사실 사람들에게 거의 도
움이 되지 않는 하나 마나 한 처방전이다. 이런 처방이 사람들을
행복하게 해줄 수 있었다면, 대부분의 미국인이나 한국인은 진작

행복해졌어야 할 것이다. 미국인과 한국인은 마음만 바꾸면 행복해질 수 있다는 식의 조언을 지겨울 정도로 오랫동안 반복해서 들어오지 않았는가.

행복의 개인차에 집중하고 개인주의적 행복론을 유포시켜온 심리학자들과는 달리 상당수의 사회과학자는 행복의 집단 간 차이에 주목하고 사회적인 맥락에서 행복을 다뤘으며 자본주의 제도와 행복 사이의 관계를 조명하는 연구들을 발표해왔다. 이런 연구들은 사회개혁 없이 개인의 노력만으로는 행복을 달성하기 어렵다는 것을 보여준다. 이들은 개인적 노력만으로 행복해지는 것은 불가능하므로 불평등 문제를 해결하는 등 모두가 행복하게 살아갈 수 있는 사회를 건설해야 한다고 주장한다. 이에 대해서는 뒤에서 자세히 다루기로 한다.

행복은 마음먹기에
달려 있다는 거짓말

심리학의 행복론은 주관적 행복론이다. 쾌락주의 행복론과 개인주의적 행복론은 주관적 행복론과 통한다. 쾌감이나 행복이 개인에게 달렸다는 말은 곧 행복이 개인의 주관적 심리에 의해 좌우된다는 것을 의미하기 때문이다. 원효 대사가 어두운 밤에 물을 맛있게 마시고 나서 아침에 일어나 보니 그것이 해골에 담긴 물이었음을 발견하고는 '모든 것이 마음에 달렸다'는 진리를 깨우쳤다는 이야기는 유명하다. 그런데 주관적 심리 혹은 주관적 요인의 중요성을 강조하는 이런 교훈적 이야기를 심리학은 행복에 관한 논의에 무분별하게 끌어들임으로써 주관적 행복론의 늪으로 걸어 들어갔다. 심리학자 이민규는 《행복도 선택이다》에서 다음과 같이 주장했다.

> 불행한 일을 반복해서 겪는 사람들은 대개 그 이유를 외부환경에서 찾는다. 그러나 비슷한 상처를 입고도 더 행복한 삶을 살고, 같은 일을 하면서도 남다른 성과를 내는 사람이 주변에 한 명이라도 있다면 생각

을 바꿔야 한다. 행복과 불행은 우리가 마음대로 할 수 없는 외부환경이 아니라 환경에 대한 우리들의 반응에 달려 있기 때문이다.[57]

어떤 사건이나 상황을 긍정적으로 사고하고 해석하는 것이 정신건강이나 행복에 어느 정도 도움이 되는 건 사실이다. 예를 들면 길을 건너려고 할 때 갑자기 신호등이 빨간불로 바뀌면 '아, 재수 없게. 하는 일마다 이렇다니까'라고 생각하기보다는 '차라리 잘됐네. 잠깐 숨 좀 고르고 가야지'라고 생각하는 것이 심신의 건강에 더 낫다. 그러나 주관적 심리를 바꿈으로써 더 행복해지는 데에는 명백한 한계가 있다.

직장 상사한테 지속적인 갑질을 당할 때 주관적 해석을 바꾸는 것이 얼마나 도움이 될까? '나한테 관심이 많고 나를 아껴서 그러는 거야. 얼마나 기쁜 일이야'라고 해석하거나 '이건 갑질이 아니야. 상사가 부하 직원의 뺨을 때릴 수도 있지'라고 현실을 왜곡하면 행복지수가 올라갈까? 이런 해석은 그 순간에는 고통을 줄여주거나 기분을 좋게 해줄지 몰라도 갑질을 순순히 받아들이게 만듦으로써 더 큰 불행을 초래할 수 있다.

주관관념론과 손을 잡은 심리학

철학적 관념론은 객관관념론과 주관관념론으로 구분되는데, 주관관념론은 오늘날의 행복 심리학과 통한다. 주관관념론이란 간단히 말해 세계를 개인의 주관적 의식의 산물이라고 보는 비과학적인 세계관이다. 주관관념론 철학은 사람들의 주관적인 의식과 감각이 일차적이고, 그것에 의해 현실세계의 모든 것이 태어났다고 주장한다. 주관관념론자들의 견해에 따르면 산과 바다 같은 현실에 존재하는 세상의 모든 것, 심지어는 사람까지도 내가 있다고 보기 때문에 존재한다는 것이다. 예를 들면 아침에 집의 문을 열고 출근을 했더라도 현재 내 의식에 집이 없으면 집이 존재하는지 존재하지 않는지를 알 수 없다는 식이다(물론 주관관념론자들도 실제 생활에서는 집의 존재 여부를 의심하지 않으므로 퇴근을 하면 별다른 의심이나 걱정 없이 자기 집으로 돌아간다).

이런 주장이 허황되다는 것에 대해서는 길게 말할 필요도 없다. 지구를 비롯한 물질세계는 사람(사람의 의식)이 생겨나기 전에도 존재했다. 과학기술이 높이 발전한 오늘날, 건전한 사고력을 가진 사람치고 이런 허황된 말을 믿는 사람은 없다. 그런데 행복론에서는 문제가 좀 다르다. 상당수의 심리학자는 행복이나 삶의 가치 같은 것들이 다 생각하기 나름이라고 주장한다. 이러한 견해는 사실상 주관관념론적 세계관과 일맥상통한다. 그럼에도 사람들은 세상의 모든 것이 개인의 의식의 산물이라는 주관관념론 철학은 거의 믿지 않지만, 행복은 개인이 생각하기 나름이라는 주관관념론적 행복론은 믿는다.

과거에 주관관념론적 행복론을 주장했던 철학자들은 마음만 잘

다스리면 누구나 행복해질 수 있다면서 다음과 같은 궤변까지 늘어놓았다.

> 스토아 철학자들은 인간은 각자 삶의 조건과 환경의 차이에도 불구하고 의지의 다스림으로 행복을 맛볼 수 있다고 했다. 그들은 '현자는 팔라리스의 황소 안에서도 행복할 수 있다'고 말한다. 팔라리스의 황소란 커다란 솥과 같이 생긴 고문 기구로서, 사람을 그 안에 집어넣고 뚜껑을 덮은 다음 불을 지펴 천천히 익히는 데 쓰였다.[58]

주관관념론 철학이 헛소리인 것처럼 행복에 대한 이러한 주관관념론적 견해도 헛소리다. 과연 거지나 노숙자의 생활이 행복한 생활일 수 있을까? 철학자 아리스토텔레스는 노예는 행복할 수 없다고 강조했다. 무엇보다 노예에게는 행복을 가능하게 해주는 객관적인 사회적 조건이 갖춰져 있지 않기 때문이다.[59]

긍정적인 생각이나 해석이 정신건강이나 행복에 도움이 된다는 말과 행복은 생각하기 나름이라는 말은 완전히 다르다. 전자는 옳은 말이라고 할 수 있지만, 후자는 주관관념론적 헛소리에 불과하다. 그럼에도 상당수의 심리학자는 양자의 차이를 구분하지 못해서인지는 몰라도 노골적으로 주관관념론적 행복론을 주장한다. 또한 양자를 교묘하게 뒤섞어 언급함으로써 사람들로 하여금 둘을 구분하지 못하게 만들고 있다.

이민규는 "불쾌한 기분이 든다면 그건 불쾌한 생각을 했기 때문이고 불행하다고 느껴진다면 그건 불행하다고 생각했기 때문이다. 그러므로 부정적인 감정에서 벗어나는 것은 간단하다. 부정적으로 생각하기를 멈추고 긍정적으로 생각하기를 선택하면 된다"[60]라고 말했다. 행불행이 전적으로 개인의 생각에 달려 있다는 것이다. 나아가 그는 행복해지려면 생각을 바꾸면 된다면서 "행복해지기로 선택하면 우리는 매일 아침 가정에서는 물론 일터에 들어설 때도 즐거운 사람이"[61] 될 수 있다고 주장한다.

상담심리학자인 정동섭은 "행복은 우리가 우리 주변 세계를 어떻게 인지하고 해석하느냐에 달려 있다"[62]면서, "오늘 당신이 행복하거나 비참하다면 그것은 당신 생각의 결과"[63]라고 말했다.

비록 생각이 아닌 감정을 강조하기는 하지만 서은국 역시 "어떤 잣대를 가지고 옳고 그름을 판단할 필요도 없고, 누구와 우위를 매길 수도 없는 지극히 사적인 경험이 행복"[64]이라면서 "남들의 시선이나 가치 평가와 상관없이 내가 좋은 것을 하는 게 행복"[65]이라고 말했다. 행복이란 개인의 주관적인 쾌감에 의존하므로 개인이 각자 자신만의 주관적 쾌감을 추구하면 행복해질 수 있다는 것이다.

이런 말들을 들으면 순간적으로 사람들은 '행복은 내 마음에 달려 있구나. 행복해지는 건 전혀 어렵지 않네!'라고 생각할 것이다. 그러나 주관적 심리에 의해 가능해지는 행복은 전체 행복 가운데 아주 일부분일 뿐이다. 행복은 주관적 관념 혹은 심리에 의해 결정되는 것이 아니다.

현실 왜곡과 도피를 조장하는 인공행복

주관관념론적 견해에 따르면 사람들이 사자를 만났을 때 공포를 느끼는 것은 사자 때문이 아니라 사람들이 사자를 위험한 맹수로 생각하기 때문이다. 인간이 전쟁터에서 공포를 경험하는 것 역시 전쟁 때문이 아니라 전쟁터가 위험하다고 생각하기 때문이다. 따라서 사람들이 사자를 위험한 맹수가 아니라 고양이라고 생각하면 행복해질 수 있고, 전쟁터를 아름다운 리조트라고 생각하면 행복해질 수 있다. 이런 식으로 주관적 행복론은 심리 조작이나 정신 승리를 통해 행복해질 수 있다고 주장한다. 그러나 심리 조작이나 정신 승리로 행복을 추구하면 무엇보다 현실 왜곡과 도피를 조장할 위험이 크다.

사자를 위험한 맹수가 아니라 고양이라고 해석하는 것은 다른 것을 다 떠나 객관적인 현실 혹은 사실을 왜곡하는 것이다. 갑질을 당하면서도 그것이 갑질이 아니라고 생각하거나 자유를 박탈당하고 있으면서도 자유가 있다고 생각하는 것, 불행하면서도 행복하다고 생각하는 것 역시 현실 왜곡이다. 긍정적인 생각이나 해석이 때때로 유용하기는 하지만 그것의 한계는 명백하다. 비유하자면 초승달을 반달로 해석하거나 반달을 보름달로 해석하는 것까지는 그나마 괜찮을 수 있지만, 초승달이나 반달을 달이 아닌 해라고 해석하는 것은 가능하지 않으며 전혀 바람직하지도 않다. 만일 현실을 왜곡하는 수준으로 긍정적인 생각이나 해석을 남발하면 현실을 있는 그대로 인식하는 객관적인 인식 능력이 크게 훼손될 수 있다.

현실 왜곡은 현실에 맞서거나 현실을 바꾸려고 하는 것이 아니라 현실에서 도피하는 것이다. 주관적 행복론은 현실 왜곡은 물론이고 현실 도피를 조장한다. 이와 관련해 심리학자 데이비스는 다음과 같이 말했다.

> 역기를 드는 것이 너무 고통스러울 경우 선택은 두 가지다. 역기의 무게를 줄이거나, 고통에 대한 관심을 줄이는 것. 21세기 초에는 '회복력' 훈련, 마음챙김, 인지행동치료 같은 분야에서 갈수록 많은 전문가들이 두 번째 전략에 부합하는 조언을 늘어놓고 있다.[66]

역기가 너무 무거워서 역기를 드는 것이 고통스러우면 당연히 역기의 무게를 줄여야 한다. 이런 상황에서 역기가 전혀 무겁지 않다는 식으로 사실을 왜곡하고 계속 역기를 들어 올리다 보면 몸이 망가질 것이다. 사자를 귀여운 고양이라고 해석하거나 전쟁터를 리조트라고 해석하는 것 역시 순간적으로는 마음을 위로해줄 수 있을지 몰라도 궁극적으로는 사람을 죽게 만들 수 있다.

주관적 행복론은 현실을 직면하는 것이 아니라 회피하도록 이끈다. 주관적 심리를 마음먹은 대로 바꾸는 것이 쉽지 않은 데다가 제약회사의 이윤 추구 욕망이 겹치다 보니 오늘날 미국에서는 약물로 감정과 생각(생각은 감정의 영향을 받는다)을 조절하는 것이 크게 유행하고 있다. 수십 년 전부터 미국에서는 단지 생각이나 해석을 바꾸는 것이 아니라 정신과 약물을 통해 기분, 즉 감정을 바꿈으로써 행복해지려는 사람들이 꾸준히 증가해왔다. 오늘날 미국에서는 불행한 현실로 인해 고통 받는 사람들에게 긍정적인 생각이나 해석을 권유해도 별 효과가 없으면 약물을 처방함으로써 불행감을 없애준다. 미국의 의사 드워킨^{Ronald W. Dworkin}은 《행복의 역습》에서 아내와 생긴 불화로 정신적 고통을 겪고 있는 사람에 대해 다음과 같이 묘사한다.

> 약을 먹고 몇 주 만에 불행감이 사라졌지만 불행의 원인은 여전히 존재한다. 존은 이렇게 말했다. "제 아내는 여전히 나쁜 년이죠! 참을 수가 없어요. 하지만 이제는 상관없어요. 뭐 어쨌든 기분이 좋아졌거든요." 비참한 결혼생활과 행복한 기분은 극명하게 대비를 이룬다.[67]

약물 복용으로 인해 주관적으로는 더 이상 고통과 불행을 느끼지 못하게 된 존은 아내와의 문제를 해결하려고 하지 않았다. 그랬기 때문에 불행의 객관적인 원인을 제거하지 못하고 있었다. 그럼에도 계속 약물을 복용했기에 그는 기분이 좋았다. 쾌감이 곧 행복이라는 쾌락주의 행복론에 따르면 약물을 복용하는 한 그는 객관적으로는 불행하지만 주관적으로는 행복할 수 있는 것이다.

드워킨은 객관적으로는 행복하지 않음에도 약물로 인해 감정과 생각이 왜곡되어 주관적으로는 행복하다고 착각하게 되는 상태를

'인공행복^{artificial happiness}'이라고 정의했다. 단지 약물에 의한 감정과 생각의 변형만이 아니라 긍정적인 생각이나 해석 등을 통해 불행한 현실을 왜곡하고 회피함으로써 주관적으로 행복하다고 착각하는 것을 모두 다 인공행복이라고 말할 수 있다. 주관적 행복론의 극단적인 귀결점이라고 할 수 있는 인공행복은 현실 왜곡과 도피를 조장함으로써 사람들을 객관적인 불행의 길로 이끈다.

> 인공행복의 특징은 삶을 부정하는 힘이다. 인공행복을 경험하는 사람은 비참한 삶도 비참하게 여기지 않는다. 실로 고통스러운 삶을 살고 있지만 그다지 고통스러워하지도 않는다. 아무리 나쁜 일이 일어나도 기분은 여전히 유쾌하다. 그 누구도 그들을 슬프게 할 수 없을 것 같다. 현재 미국에서 인공행복을 경험하는 사람의 수는 '인공행복 미국인'이라는 사회계층을 형성할 만큼 엄청나다. (…) 그들의 삶과 기분 간의 관련성은 점점 사라지고 있다.[68]

'소확행'이라는
달콤한 거짓말

사회적 행복을 외면한 채 오직 개인적 행복만을 다루며 객관적 행복을 부정하고 주관적 행복만을 강조하는 심리학이 내리는 처방전은 사회개혁이 아닌 적응이 될 수밖에 없다. 주류 심리학은 행복이 사회나 환경과는 거의 상관이 없는 개인적이고 주관적인 것이므로 행복해지고 싶다면 괜히 사회를 바꾸려고 힘 빼지 말고 자신을 바꾸라고 말한다. 한마디로 '너나 잘해!' 식의 처방전을 남발하는 것이다. 이런 행태에 대해 철학자 탁석산은 다음과 같이 비판한다.

> 행복은 멀리 있지만, 행복을 알려주겠다는 사람은 우리 주변에 널려 있다. 주로 심리학자, 광고인 그리고 자칭 행복 전도사가 그들이다. 심리학자는 각종 실험 결과, 광고인은 눈길을 사로잡는 카피, 행복 전도사는 자신의 경험을 처방으로 제시한다. 그들은 공통적으로 '긍정적인 사고', '감사하는 마음', '웃음과 나눔', '비교하지 말기' 같은 것들을 처방으로 내놓는다.[69]

불행한가? 적응하라!

주류 심리학이 세상이 아니라 자신을 바꾸라는 처방전을 남발하는 이유는 무엇일까? 우선 심리학이 사회 혹은 환경은 행복에 거의 영향을 미치지 않는다는 잘못된 믿음을 붙들고 있기 때문이다. 이 잘못된 믿음은 주로 행복의 개인차에 관한 연구 결과를 행복 일반에 무분별하게 왜곡해 적용한 데서 비롯되었다. 상당수의 심리학자는 이 잘못된 믿음에 기초해 '행복은 환경을 변화시켜야 얻을 수 있다는 생각'은 잘못된 통념이라고 주장하며 '행복은 우리 안에 있다'고 외친다.[70]

심리학이 세상을 바꾸지 말고 자신을 바꾸라고 권고하는 또 하나의 이유는 패배주의다. 반복적으로 강조하지만 심리학은 개인에 초점을 맞춘다. 사회를 바라볼 때도 철저히 개인을 기준으로 바라본다. 개인은 사회 앞에서 무력하다. 다시 말해 개인은 사회를 변혁할 수 없다. 사회를 변혁하는 것은 오직 사회집단만이 할 수 있다.

집단은 사회를 변혁하고 역사를 창조하는 주체다. 고대 노예제 사회는 노예들의 처절한 항쟁으로 인해 멸망했고, 중세 봉건제 사회는 신흥 자본가와 농민들의 투쟁에 의해 멸망했다. 자본주의 사회에서도 민중은 더 나은 미래를 위해 싸우고 있다. 이렇게 개인은 사회를 바꿀 수 없지만 집단은 사회를 바꿀 수 있다. 개인은 연대와 단결을 통해 집단으로 모여야만 무력감에서 해방되어 사회와 역사의 주체가 될 수 있다.

그러나 개인의 테두리를 벗어나지 못하는 심리학은 집단과 사회와의 관계가 아닌 개인과 사회의 관계만을 연구한다. 이런 연구들에서 나올 수 있는 결론은 뻔하다. '개인은 세상을 바꿀 수 없다'는 것이다. 그런데 심리학은 이런 결론을 은근슬쩍 '사람은 세상을 바꿀 수 없다'는 식으로 확대해석해 왜곡한다. 세상을 바꿀 수 없는 고독하고 무력한 개인이 할 수 있는 일이란 오직 자신을 바꾸는 것뿐이다. 심리학은 이처럼 가짜 진리인 '사람은 세상을 바꿀 수 없다'는 패배주의에 기초하고 있다. 이민규는 《행복도 선택이다》에서 다음과 같이 말했다.

우리를 불행하게 만드는 장애물을 만나면 우리는 둘 중 하나를 선택해야 한다. 장애물을 제거하든지, 아니면 우리 자신이 변해야 한다. 그러나 유감스럽게도 세상은 우리를 위해 절대로 변하지 않는다. 따라서 삶이 불만족스럽다면 우리 자신이 먼저 변해야 한다.[71]

그는 세상이 행복의 장애물일 수 있다는 것을 인정하기는 하지만 세상을 바꾸는 일은 불가능하니 자신을 바꿔야만 한다고 권고한다. 같은 맥락에서 이민규는 "우리에게 일어나는 일 중 90퍼센트는 우리가 마음대로 바꿀 수 없는 것이며 10퍼센트만이 우리가 마음대로 바꿀 수 있는 것이다. (…) 그리고 우리의 운명은 우리가 마음대로 선택할 수 있는 이 10퍼센트에 의해서 결정된다"[72]고 주장한다. 그는 생각이나 해석을 바꿔서 해결할 수 없는 문제가 무려 90퍼센트나 된다는 것을 인정하고는 있다. 하지만 아마도 세상을 바꿔야 해결될 이 90퍼센트는 어찌할 수 없으니 주관적 심리와 관련 있는 10퍼센트에 집중하자고 제안한다. 쉽게 말해 행복해질 수 있는 확률 가운데 90퍼센트는 포기하고 나머지 10퍼센트에 집중하라는 것이다.

심리학자 네틀은 "행복은 세상 그 자체에서 오는 것이 아니고 사람들이 세상을 대하는 방식에서 온다"면서 "자신을 둘러싼 세상을 바꾸는 것보다 자신을 바꾸는 것이 아마도 더 쉬울 것이다"라고 말했다.[73] 비록 부드럽게 표현하고는 있지만 그 역시 세상을 바꾸는 것이 거의 불가능하다고 말하고 있다. '세상을 바꾸려고 하지 말고 적응하라. 그러기 위해 주관적 심리를 바꿔라'가 바로 심리학이 사람들에게 주는 처방전이다.

개인을 기준으로 세상을 바라봄으로써 세상을 바꿀 수 없다는 패배주의에 찌들어 있는 심리학의 초라한 몰골은 과감하게 약물을 끊고 현실을 바꾸기 위해 노력하라는 의사의 권고에 "저도 제 인생을 살고 싶어요. (…) 어차피 인생을 못 바꿀 바에야 기분이라도 바꾸면 안 될 게 있나요?"[74]라고 대답하는 환자의 무력한 모습을 연상시킨다.

만일 정말로 세상을 바꿀 수 없다면, 인생을 바꿀 수 없다고 믿는다면 어쩔 수 없지 않겠는가? 주관적인 생각이나 기분을 바꾸자고 말할 수밖에. 패배주의에 기초하고 있는 심리학은 사이비 이론과 엉터리 처방전을 사회에 널리 퍼뜨린다. 심리학 책을 많이 읽은 사람들, 심리학 이론을 잘 아는 사람들이 그렇지 않은 사람들보다 더 개인주의적이고 주관주의적이며, 세상을 바꾸려 하기보다는 적응하려는 경향이 강한 것은 이 때문이다.

진정한 행복 대신 소확행

행복의 개인차를 좌우하는 요인이 유전 50퍼센트, 환경 10퍼센트, 주관적 심리나 행동 40퍼센트라는 연구 결과를 행복 일반에 왜곡해 적용하면 어떤 행복 처방전이 나올까? 일단 선천적인 유전자는 개인이 마음대로 바꿀 수 있는 것이 아니므로 50퍼센트는 어쩔 수 없이 포기해야 한다. 환경은 행복에 10퍼센트밖에 영향을 미치지 않는 주제에 바꾸기는 굉장히 힘들다. 따라서 10퍼센트도 당연히 포기하는 것이 낫다. 둘을 합치면 행복을 좌우하는 요인 가운데 60퍼센트를 포기해야 한다는 결론이 나온다. 결국 개인이 그나마 조금이라도 더 행복해질 수 있는 비결은 나머지 40퍼센트에 매달리는 수밖에 없다. 한마디로 심리학이 권장하는 행복 처방전은 60퍼센트의 행복은 과감히 포기하고 심리를 조작하거나 정신승리를 통해서 40퍼센트만큼의 행복이라도 맛보며 살라는 것이다. 물론 이런 계산법은 엉터리다. 행복의 개인차에 관한 연구 결과를 왜곡해 적용한 계산법이기 때문이다.

뒤에서 자세히 논하겠지만 행복에 가장 큰 영향을 미치는 요인은 사회다. 나는 사회가 행복에 미치는 영향이 거의 80퍼센트에 육박할 거라고 보지만, 일단 통 크게 양보해서 60퍼센트라고 가정해보자. 그리고 행복의 개인차를 결정하는 요인들이 나머지 40퍼센트—그중에서도 사회를 포함하는 환경이 10퍼센트 비율을 차지한다—와 관련이 있다고 가정해보자. 이럴 경우 주관적 심리나 행동이 행복에 미치는 영향은 16퍼센트로 축소된다. 따라서 심리학의 처방전은 사실상 40퍼센트가 아닌 그것보다 훨씬 적은 16퍼센트—물론 실제로는 더 적을 것이다—에 모든 것을 걸라는 것이다. 단순하게 확률적으로 생각할 때 행복해질 수 있는 가장 효율적인 방법은 60퍼센트에 배팅하는 것이지, 16퍼센트에 배팅하는 것이 아니다. 대학교 입시에 수능이 60퍼센트, 내신이 20퍼센트, 마음챙김이 16퍼센트 영향을 미친다고 가정해보자. 대학교에 합격하고 싶다면 무엇보다 수능 공부를 열심히 해야 할 것이다. 그런데 심리학은 수능 공부는 아예 하지 말고 마음챙김이나 하라고 주문하는 격이다. 이것은 입시생들을 필연적으로 대학교에 불합격하게 만드는 엉터리 처방전이다.

사회를 바꿀 수 없고 유전자도 바꿀 수 없으니 행복해질 수 있는 나머지의 낮은 확률에나 매달리라는 심리학의 처방전은 '소확행'과 통한다. 소확행이란 '소소하지만 확실한 행복'의 줄임말이다. 힘들고 어려운 삶 속에서 행복에 대한 기대치를 낮추고, 소소하더라도 쉽고 확실하게 개인의 마음을 달래주는 소비나 행동을 통해서 행복을 쟁취하자는 것이 소확행이다. 소확행의 전제는 현실의 삶이나 사회를 바꾸는 것을 포기하고 달성하기 어려운 삶의 목적들도 포기하는 것이다.

현실의 삶을 그대로 두고 원대한 삶의 목적까지 포기하면 사람들은 도대체 어디에서 행복을 조금이라도 맛볼 수 있을까? 일상적인 삶에서 느낄 수 있는 소소한 쾌감이다. 고달픈 직장생활에서는 행복을 맛보기 어려우므로 점심시간에 커피를 한잔 음미하면서 쾌감을 느끼고, 일주일간의 노동 생활에서는 행복을 맛보기 어려우므로 주말에 여행을 가서 멋진 경치를 보며 쾌감을 느끼자는 것이 바로 소확행의 본질이다. 전병주는 《행복한 나라에서 살면 나도 행복할까?》에서 소확행의 유행에 대해 다음과 같이 우려했다.

요즘 사람들은 개인의 행복에 더 필사적인 모습을 보인다. 워라밸, 욜로, 소확행, 가심비… 마치 행복의 지푸라기라도 잡기 위해 말초신경까지 작동시키기 시작했다는 느낌을 받을 정도다. 그러나 그 행복이라는 것이 무언가를 내려놓거나, 포기하거나, 주변을 신경 쓰지 않는 것같이 지극히 개인적인 부분에만 초점이 맞춰져 전파되어지는 건 아닌가 조금 우려가 된다.[75]

소확행은 사회의 변혁이 아닌 적응을 전제로 한다. 그리고 주관적이고 개인적인 행복만을 중시하며, 쾌감을 곧 행복이라고 보는 쾌락주의 행복론을 믿을 경우에만 타당성을 가질 수 있다. 적응주의 행복론, 개인주의적 행복론, 주관적 행복론 그리고 쾌락주의 행복론은 심리학의 전형적인 행복론들이다. 이런 점에서 심리학의 행복론과 소확행은 궁합이 아주 잘 맞는다고 할 수 있다. 그동안 심리학이 행복을 왜곡시키고 엉터리 행복론을 퍼뜨려오지 않았더라면 소확행 같은 사회현상은 나타나지 않았을 수도 있다.

물에 빠진 사람은 지푸라기라도 잡으려 한다. 마찬가지로 불행한 삶을 살아가는 이들은 사소한 쾌감이나 기쁨이라도 악착같이 붙잡으려 한다. 그렇지 않으면 삶을 견뎌낼 수가 없기 때문이다. 소소한 쾌감이나 기쁨이라도 맛보면서 살겠다는 사람들을 탓할 수는 없다. 그러나 참다운 행복은 소확행과는 거리가 멀다. 소확행에만 집중하면 행복에서 더 멀어지게 될 수 있다는 점을 명심할 필요가 있다.

가짜 처방전
남발하는 심리학

주관적 심리를 바꿈으로써 행복을 추구하는 행위가 사람들을 행복하게 해줄 수 없는 이유는 무엇보다 행복의 조건들이 대부분 사회와 관련이 있기 때문이다. 일찍이 철학자 루소는 "인간을 불행으로 몰고 가는 악은 무엇보다도 사회적이다"[76]라고 말했다. 볼테르Voltaire는 "어떤 개인이 행복한 삶을 영위할 재능을 갖추고 있어도 그는 자신이 몸담고 있는 세계와 사회에 의해 끊임없이 불행에 빠지게끔 돼 있다"[77]고 강조했다. 같은 맥락에서 오연호는 《우리도 행복할 수 있을까》에서 "사회가 안정적인 복지 시스템을 만들어놓지 못하면, 인간의 품위를 지킬 수 있는 기본소득을 사회 시스템이 보장해주지 못하면, 이렇게 개인과 개인이 감당해야 하는 스트레스가 높아질 수밖에 없다"[78]고 말했다.

미국 갤럽에서는 150개 국가의 1500명을 대상으로 설문 조사를 실시해 행복에 다섯 가지 영역이 있음을 확인했다. 직업에서 얻는 행복(즐거운 일), 사회적 행복(인간관계), 경제적 행복(재정 상태), 육체적 행복(건강), 공동체적 행복(사회참여)이 그것이다.[79] 갤럽의 행복보고서는 행복의 다섯 영역 모두에서 골고루 일정 수준의 삶을 살아야만 진정한 행복이 가능하다고 강조한다.[80] 그러면서 행복해지는 건 어렵지 않다고 말한다. 과연 그럴까? 마음만 바꾸면 다섯 가지 행복이 가능해질까?

직업에서 얻는 행복이란 기본적으로 즐거운 일과 관련이 있다. 억지로 일하지 않고 즐겁게 일해야 행복할 수 있다는 것은 당연하다. 그런데 사람들이 즐겁게 일을 하려면 일단 직업 선택의 자유부터 보장돼야 한다. 자신이 하고 싶은 일을 자유롭게 선택할 수 있어야 즐겁게 일할 수 있을 것 아닌가. 오늘날 대부분의 한국인은 자신이 하고 싶은 일을 선택하지 못하고, 돈을 많이 벌 수 있는 일을 선택한다. 예를 들면 의술로 사회에 기여하고 싶어서 의사가 되는 것이 아니라 돈을 많이 벌고 존중을 받고 싶어서 의사가 되는 것이다. 육체노동의 경우에도 직업 선택의 자유는 없다. 실업자가 넘쳐나는 데다가 육체노동을 하는 절대다수의 직업이 저임금 장시간 노동을 요구한다. 이런 상황에서 이 일, 저 일 가리면서 적성에 맞거나 희망하는 좋은 직업을 고를 수 있겠는가.

한국인과는 달리 북유럽 사람들은 자신이 하고 싶은 일을 하는 편이다. 직업 간 소득 격차가 크지 않아서 어떤 직업에 종사해도 생존 불안에서 자유로우며, 직업의 귀천을 따지지 않는 사회 풍조 덕분에 존중 불안에서도 자유롭기 때문이다. 이렇게 직업 선택의 문제에만 국한해 보더라도 직업에서 얻는 행복은 기본적으로 개인의 주관적 심리가 아닌 사회와 관련이 있음을 알 수 있다.

사회적 행복이란, 협소하게 보면, 건강한 인간관계 속에서 살아가는 것과 관련이 있다. 그러나 한국은 '갑질 왕국'이다. 한국인의 정신건강은 빠르게 악화되어가고 있으며, 공동체는 거의 다 붕괴되었다. 이런 사회에서 개인이 노력한다고 해서 과연 건강한 인간관계 속에서 살아갈 수 있을까? 다층적 위계에 기초한 불평등과 불화가 심각한 수준에 도달해 있는 한국 사회에서 건강한 인간관계를 맺기란 하늘에서 별 따기만큼이나 어렵다. 가족 공동체까지 병들어가고 있는 오늘날의 현실에서는 더더욱 그러하다.

한국인과는 달리 개인의 생존을 국가가 책임지고 불평등 수준도 낮은 북유럽 사회에는 갑질 현상이 거의 없다. 사람들의 정신건강도 상대적으로 양호하며 공동체도 건재한 편이다. 이런 사회에서는 다수의 사람이 건강한 인간관계 속에서 살아갈 수 있다. 이렇게 사회적 행복(인간관계)은 마음을 바꿔 먹음으로써 가능한 것이 아니라 화목한 사회에서 살아갈 때 가능해진다. 나머지 세 가지 행복에 대해서는 굳이 언급하지 않겠다. 분명한 것은 기본적으로 사회가 어떠한가에 따라 다섯 가지 행복이 좌우된다는 것이다.

영국의 진보주의 싱크탱크인 신경제재단이 2006년 7월에 도입한 지구촌행복지수는 '사회의 지속 가능성'을 중요시하는데, 2009년 이후에 실시된 세 차례 조사에서 코스타리카가 세계에서 가장 행복한 나라 1위에 올랐다. 코스타리카 사람들이 행복한 이유는 무엇일까? 이들이 긍정적인 사고를 많이 하기 때문일까? 코스타리카는 그다지 부유한 나라가 아니다. 하지만 미국, 영국을 포함한 수 많은 부자 나라보다 더 우수한 복지 제도를 가지고 있다.[81]

코스타리카 등이 행복 수준을 비교하는 여러 조사에서 행복 순위가 높게 나오는 까닭은 긍정심리학이 널리 퍼져서 사람들이 마음 바꿈을 능수능란하게 할 수 있어서가 아니다. 그것은 사회복지 제도가 잘 갖춰져 있거나 공동체가 건재해서 인간관계가 양호해서다. 이른바 선진국이라 여겨지는 미국, 영국, 프랑스, 독일 등에서는 세 명 중 한 명 꼴로 밤중에 집 주변을 혼자 다니는 것이 불안하다고 느낀다.[82] 이들이 이런 불안을 느끼는 이유는 범죄율이 높기 때문이다. 객관적으로 범죄율이 높은데도 '나는 괜찮을 거야. 칼에 찔리기밖에 더하겠어?'라는 식으로 긍정적으로 생각하면 불안이 줄어들까? 아니면 사회가 화목해져서 범죄율이 낮아져야 비로소 불안이 줄어들까?

행복의 조건들이 대부분 사회와 관련이 있다는 사실을 논외로 하더라도, 마음을 바꾼다는 것이 그리 쉽지 않은 일이라는 문제가 남는다. 심리학은 개인 이기주의적 행복 경쟁을 부추기는 동시에 돈에 대한 욕심을 버리라거나 이기심을 버리라는 자기모순적인 권고를 한다. 그런데 돈이 인간 위에 군림하는 자본주의 사회에서 과연 그것이 가능할까? 물론 아주 극소수일지라도 가능한 사람은 있을 것이다. 하지만 대부분의 사람에게 그것은 가능하지 않다. 심리학자 데이비스는 오늘날 자본주의 사회에서 살아가는 사람들에게는 심리학의 처방이 먹혀들지 않는다면서 다음과 같이 말했다.

행복은 개인의 '선택'이라는 주문만 되뇌는 긍정심리학으로는, 많은 이들이 소비주의와 자기중심성을 좇고 있음을 알면서도 거기서 벗어날 수 있는 출구를 마련하는 데 아무것도 할 수 없다.[83]

사람들이 불안을 방어하기 위해 집착하는 것

인류 역사상 가장 불안 수준이 높은 풍요-불화 사회[84]에서 살아가는 사람들은 기본적으로 불안을 방어하기 위해 살아간다. 극단적으로 높은 수준의 불안을 견뎌낼 수 있는 사람은 거의 없기 때문이다. 사람들이 불안을 방어하기 위해서 욕망하고 집착하는 가장 중요한 대상은 돈이다. 풍요-불화 사회에서 살아가는 사람들이 돈에 대한 과도한 욕망에서 벗어나거나 이기심을 버리는 것은 거의 불가능에 가깝다. 그랬다가는 무엇보다 생존이 위태로워지고 무시당하면서 살아가야 한다는 것을 너무나 잘 알고 있으며, 극심한 불안을 방어할 수 없을 거라고 믿기 때문이다. 이 때문에 사람들은 책을 읽으면서는 심리학의 고상한 권고에 잠깐 고개를 끄덕이지만 현실의 사회생활로 돌아가면 이내 그런 권고를 깨끗이 잊어버리고는 돈과 이권을 향해 전력 질주한다. 경제학자 이정전은 사회의 변화가 없이는 심리학의 처방전이 통하기 어렵다면서 다음과 같이 말했다.

긍정심리학은 용서와 감사의 마음을 가지라고 권고하지만, 날로 치열해지는 경쟁사회에서 자신을 희생하며 양보하고 자신의 삶에 감사하는 것이 과연 가능한 일인가. 이렇게 행복해지려는 개인의 노력을 어렵게 하고 방해하는 요인들 때문에 자본주의 선진국 국민들은 잘사는데도 불구하고 더이상 행복해지지 못하는 것이 아닐까. (…) 다시 말해서 행복을 위한 공동의 노력과 국가정책이 필요하다는 것이다.[85]

사실 상당수의 심리학자는 정신질환이나 행복 등이 기본적으로 사회문제임을 알고 있다. 심리학자 데이비스는 다음과 같이 말했다.

많은 정신과 의사들과 임상심리학자들은 자신들에게 돈을 주고 처리를 맡긴 문제들이 한 개인의 마음이나 몸에서 시작되거나 심지어는 가족력 문제 때문에 발생하는 것이 아니라는 점을 누구보다 잘 알고 있다. 이런 문제들은 그보다 더 넓은 사회적·정치적 혹은 경제적 몰락에서 시작된다.[86]

행복이 기본적으로 사회가 어떠한가에 따라 좌우되는 것임을 알면서도 절대다수의 심리학자는 사회에 거의 관심을 돌리지 않는다. '올라가지 못할 나무는 아예 쳐다보지도 말라'는 속담처럼 그들이 세상을 바꿀 수 없다는 패배주의적 믿음을 가지고 있기 때문이다. 그러나 사회문제를 직면하지 않는 것은 순간적으로 마음을 편하게 해줄 수 있을지는 몰라도 행복으로 나아가게 해주지는 않는다. 사회가 행복에 절대적인 영향을 미친다면 사회부터 바꿔야만 비로소 사람들이 행복해질 수 있기 때문이다.

노동자를 존중하지 않는 직장이 있다면, 노동자들은 노동조합을 만들어 스스로 존중을 쟁취해야 한다. 존중받지 못하고 있는 현실을 긍정적으로 해석해서 존중받고 있다는 착각 속에서 살아가서는 안 된다. 그렇게 해서는 행복해지기는커녕 더 불행해질 것이기 때문이다. 현실을 회피함으로써 행복을 추구하는 것은 잘못된 행동일 뿐만 아니라 실현도 불가능하다. 현실을 떠난 행복, 생활을 떠난 행복이란 존재할 수 없다.

심리학이 사회 변화를 방해한다

철학자 탁석산은 심리 조작이나 정신 승리를 통해 행복을 추구하라는 심리학의 처방전이 현상 유지를 돕는다면서 다음과 같이 비판한다.

그들은 또 세상을 탓하는 것도 어리석은 짓이라고 말한다. 세상을 탓하기 전에 그 세상을 보는 자기 마음의 렌즈를 깨끗하게 닦아야 한다는 것이 그들의 가르침이다. (…) 세상 문제는 세상의 잣대로 세상의 방법으로 해결해야 한다. 내 마음이 쉬고 싶어도 세상은 나를 가만두지 않는다. 착하게 성실하게 살려고 해도 돌아오는 것은 부당함뿐이다. 이것이 현실이다. (…) 이런 현실을 괄호에 넣고 속 편하게 마음을 닦으면 세상이 달리 보인다고 말한다면 본의 아니게 현상 유지에 일조하게 된다는 것이다.[87]

심리학의 행복론은 현상 유지에 일조한다. 이는 곧 심리학이 사회개혁을 방해하는 것이나 다름없다. 비록 소수이기는 하지만, 심리학이 사회개혁을 방해하고 있다는 비판은 심리학자들 사이에서도 제기되고 있다. 심리학자 앨런은 "만약 긍정심리학이 '긍정성의 힘'과 개인 각자가 자신의 행복을 만드는 능력에 대해(지나치게?) 강조한다면, 개인의 권한에 대한 이 같은 믿음으로 인해 사회개혁에 대한 요구는 시급하지 않은 사안으로 전락할 수 있다"[88]고 우려했다. 또한 심리학자 데이비스는 긍정심리학이 사회개혁을 억누르기 위해 사용될 수 있다고 우려하면서 정부와 자본가들이 해로운 환경을 바꾸기보다는 노동자의 마음을 바꿔서 생산성 문제를 해결하려 하고 있다고 주장했다.

이들 외에도 사회비평가 에런라이크[Barbara Ehrenreich] 등은 긍정심리학이 사회개혁에 대한 요구들을 둔화시킬 수 있다고 우려하면서 "긍정심리학은 사회제도의 변혁을 외치기보다는 개인 스스로 변화하도록 조언하는 경향이 있다"[89]고 주장했다. 그러면서 "긍정심리학의 개인주의적 강조점이 행복문제를 해결하는 데 개인에게 너무 많은 책임을 부과하고 있고 중요한 사회적 개혁에 대한 요구를 억압한다"[90]고 비판했다.

자본주의 사회에서 주류 심리학은 항상 자본가계급의 이익을 대변해왔다. 한마디로 심리학은 보수적인 어용 학문이다. 심리학자 앨런은 심리학이 정치적으로 보수적인 학문이라는 것을 인정하면서 다음과 같이 말한다.

생각해보라. 심리학은 개인에 대한 연구이고, 그러므로 사람들이 살고 있는 정치경제적 시스템 안이 아니라 개인 안에 좋든 나쁘든 방편(예 : 통제 혹은 인과)을 두는 경향이 있다. 개인의 권리와 책임에 대한 이러한 강조점은 보수적 정치철학의 기본이기도 하다. 이 접근은 사회정치적 구조의 중요성을 더 강조하는 진보주의적 관점과는 매우 다르다.
심리학 과정에서는 개인이 살고 있는 시스템을 바꾸기보다 시스템에 적응할 수 있는 방법을 가르치는 보수주의를 쉽게 볼 수 있다.[91]

앨런의 말처럼 일반적으로 보수주의는 빈곤이나 불행의 주요한 원인이 개인에게 있다고 주장하는 반면 진보주의는 사회에 있다고 주장한다. 영화 '헝거게임' 시리즈처럼 사람들을 제한된 공간에 집어넣고 서로 싸우고 죽이게 만들어서 최후에 살아남는 한 사람에게만 엄청난 상금을 준다면, 사람들이 서로를 죽이고 적대시하는 것의 원인은 개인에게 있을까 아니면 사회제도에 있을까? 아마 보수주의자는 게임에 참여한 사람들이 유전적으로 악해서라거나 정신건강이 나빠서 서로 싸우고 죽이는 것이라 대답하며 개인의 탓으로 돌릴 것이다. 반면에 진보주의자는 한 명만이 살아남아 상금을 독차지하게 되어 있는 게임의 규칙을 모두가 살아남아 상금을 공정하게 분배받는 것으로 바꿔야 한다고 대답할 것이다. 즉 사회제도를 바꿔야만 한다는 것이다. 진보주의는 사회제도에 문제가 있다면 무엇보다 사회제도부터 개혁해야 한다고 주장한다. 반면에 현재의 사회제도 덕분에 호의호식하고 있는 기득권과 보수주의자들은 사회제도 개혁을 결사반대한다.

계급사회나 불평등사회의 지배자와 착취자 들은 억압과 착취에 시달리는 민중이 더 이상 참지 못하고 투쟁에 떨쳐나설까 항상 걱정한다. 과거의 지배자와 착취자 들은 민중이 투쟁에 나서지 못하도록 주로 두 가지 수단을 사용했다. 우선 국가의 공권력을 활용한 폭력을 행사했다. 폭력은 민중의 저항 의지를 꺾고 손발을 묶어놓는 효과적인 수단이지만 폭력으로만 일관하는 것은 민중의 반발을 불러올 위험이 크다. 한국에서 군부독재의 야만적인 폭력은 결국 1980년의 광주민중항쟁과 1987년의 6월 민중항쟁을 초래했다. 폭력으로만 민중을 짓누르는 것은 이렇게 자신들에게 위험한 결과를 가져올 수 있기 때문에 지배자와 착취자들은 민중의 저항 의지를 원천적으로 마비시키는 또 다른 수단을 사용했다. 바로 종교다.

일찍이 마르크스는 종교를 '인민의 아편(마약)'이라고 비판한 바 있다. 병든 사회에서 살아가는 민중은 고통스럽다. 고통의 수준이 임계점을 넘어서고 그 고통의 원인이 사회에 있음을 민중이 자각하면 항쟁이 폭발하기 마련이다. 따라서 지배자와 착취자 들에게는 민중의 고통을 일시적으로나마 줄여주거나 그것을 잘 느끼지 못하게 함과 동시에 민중이 고통의 원인에 눈뜨지 못하도록 만들어주는 지배 수단이 필요하다.

마약은 일시적으로나마 고통을 줄여주며 정신을 흐리멍덩하게 만들어 궁극적으로 사람을 사회로부터 격리시킨다. 종교는 고통으로 몸부림치는 민중을 위로하고 안심시키며, 기도나 명상과 같은 마음 수양 방법론을 제공함으로써 고통을 일시적으로나마 줄여준다. 종교는 또한 '하느님께서 당신이 고통을 겪게끔 만드신 데에는 심오한 이유가 있다. 그러니 고통을 잘 참고 견뎌내면 내세에서 복을 받을 것이다' 따위의 요설로 민중이 고통의 원인을 직시하지 못하게 만든다. 이런 이유 때문에 마르크스는 종교를 인민의 아편이라고 강력히 비판했던 것이다.

학문과 과학기술 등이 급속히 발전함에 따라 종교는 점차 약발을 잃게 되었다. 다시 말해 종교가 인민의 아편 역할을 수행하기가 어려워진 것이다. 종교의 효용성이 사라짐에 따라 지배자와 착취자들에게는 새로운 인민의 아편이 절실히 필요해졌다. 이러한 필요에 부응해 20세기에 새로운 인민의 아편이 등장했는데, 그것이 바로 주류 심리학이다.

심리학, 새로운 인민의 아편

오늘날 심리학은 민중의 고통을 일시적으로나마 경감시켜주는 동시에 민중이 고통의 진짜 원인에 눈뜨지 못하도록 하는 인민의 아편 역할을 충실히 수행하고 있다. 그럼에도 심리학은 낡은 냄새가 풀풀 나는 종교와는 달리 최신 과학의 외피를 쓰고 있어서 대부분의 사람이 이 사실을 알아차리지 못하고 있다. 이런 점에서 심리학은 그야말로 과학기술의 시대에 너무나도 잘 어울리는 교활한 신종 아편이라고 할 수 있다.

철학의 테두리에서 벗어나 독자적인 분과학문으로 탄생했던 시점부터 심리학이 인민의 아편 역할을 수행했던 것은 아니다. 즉 심리학이 처음부터 반민중적인 학문으로 탄생한 것은 아니었다는 말이다. 독자적인 학문으로서의 심리학, 즉 과학적 심리학의 창시자는 독일의 빌헬름 분트 Wilhelm Wundt다. 심리학의 창시자 혹은 아버지로 여겨지는 분트는 자본가계급을 대변하기 위해 심리학을 연구하지 않았다. 그의 심리학, 즉 최초의 심리학은 자본가의 편도 민중의 편도 아닌 학문을 위한 학문이었다. 그러나 분트에게서 심리학을 배운 미국의 심리학자들은 심리학을 자본가계급의 이익을 위해 복무하는 반민중적인 학문으로 전락시켰다.

분트 밑에서 심리학을 배웠던 미국의 유학생들은 철학적 소양이 부족했다. 유럽과는 달리 미국은 철학적 전통이 부재한 나라여서 이들은 철학적 사유에 익숙한 분트의 말을 거의 이해하지 못했다(아마도 그들은 지적인 열등감에 시달렸을 것이다). 분트에게 심리학을 배운 이들은 미국으로 돌아가서는 분트의 심리학 이론을 버리고 실험적 연구방법론만을 받아들여 미국 심리학을 탄생시켰다. 이 과정에서 미국의 심리학자들은 심리학을 자본과 결탁한 어용 학문, 천박한 실용 학문으로 전락시켰다. 심리학자 데이비스는《행복 산업》에서 다음과 같이 말했다.

새로운 방법과 설계를 미친 듯이 사냥하여 독일에서 미국으로 가져간 당대의 미국인들 (⋯) 거칠게 말해서 이들은 경영자들에게 필요한 도구를 제공하고 싶었던 것이다.
미국 심리학에는 철학적 유산이 전무했다. (⋯) 20세기 초 심리학은 아메리칸 드림을 구출할 수 있는 '지배 과학'으로 행세하고자 열을 올렸다. (⋯) 미국 심리학은 기초를 닦은 지 얼마 되지도 않은 상태에서 바로 기업 문제에 적용되었다. 분트가 자신의 실험실 주위에 상징적인 선을 그은 1879년을 현대 심리학의 출발점으로 잡는다면, 그로부터 불과 20년 뒤에 소비자 심리학이라는 분야가 나타났다.

미국 심리학은 세상에 태어난 순간부터 친자본적 학문이었다. 미국 심리학자들은 독점자본가계급이 이윤을 추구하는 데 도움이 되는 이론을 제공하고, 독점자본가들의 제국주의적 침략 정책에 필요한 이론을 제공하기 위해 부지런히 심리학을 발전시켰다. 이러한 역사적 사실은 미국 심리학이 그 발전과정에서 우연히 변질된 것이 아니라 뿌리부터 썩어 있는 반민중적 심리학이라는 것을 보여준다.

미국은 제2차 세계대전 이후 자본주의 세계의 맏형이 되었고,

20세기 후반 사회주의 진영이 몰락한 이후에는 세계 유일의 초강 대국으로 등극했다. 그 결과 미국 심리학은 미국에만 머무르지 않고 전 세계 심리학계를 지배하게 되었다. 오늘날에는 독자적인 유럽의 심리학 혹은 아시아의 심리학이란 존재하지 않는다. 미국의 심리학이 유럽을 비롯한 전 세계를 점령한 지 오래이기 때문이다. 한마디로 오늘날 지구촌에는 오직 미국 심리학만이 존재한다. 미국 심리학이 곧 심리학인 것이다. 태생부터 친자본적이고 반민중적인 미국 심리학이 전 세계를 지배하게 되면서 심리학은 인민의 아편 역할을 더 확실하고 손쉽게 수행할 수 있게 되었다.

민중이 고통에서 해방되려면 무엇보다 고통의 원인이 반민중적인 사회에 있음을 자각해야 한다. 그러나 심리학은 고통의 원인이 개인에게 있다는 거짓말만 늘어놓는다. 마음이 아픈 것은 매사에 부정적으로 사고하기 때문이라거나 어릴 때 부모가 사랑을 해주지 않아서라고 말하는 식이다. 민중이 고통스러운 삶에서 해방되려면 반민중적인 자본주의 제도를 변혁해야 한다. 그러나 심리학은 절대로 자본주의를 비판하지 않으며 이것을 변혁해야 한다는 말도 하지 않는다. 자본주의 제도에 순응하면서 단지 고통을 일시적으로 줄일 수 있는 잡다한 방법들만 제공할 뿐이다. 심리학은 민중의 이목을 철저히 개인에게만 묶어놓아 사회를 보지 못하게 하고 그럼으로써 사회변혁을 불가능하게 만든다. 물론 심리학의 전부가 잘못되었다고 말하는 것은 아니다. 심리학은 부분적으로는 진리를 포함하고 있으며, 사람들에게 어느 정도 도움이 된다. 하지만 그렇다고 해서 심리학이 인민의 아편 역할을 한다는 사실이 달라지지는 않는다.

오늘날 심리학은 큰 호황을 누리고 있는 힐링산업이나 행복산업에 편승해 한몫 챙기겠다는 야심을 숨기지 않는다. 이 때문에 일부 연구자들은 심리학의 행복 연구가 상대적으로 돈이 많고 편하게 살고 있는 선진국의 특권층이나 엘리트 집단의 구미에 맞는 뻔한 얘기—예를 들면 '돈이 중요한 게 아니에요. 좀 쉬면서 마음을 챙기고 생각을 바꾸세요'—를 하고 있다고 비판한다. 사회비평가 에런라이크는 긍정심리학이 사람들에게 '라이프 코칭' 서비스를 팔아 돈벌이를 하는 장사꾼들에게 너무 많은 지원과 편의를 제공하고 있다고 지적했다. 나아가 그녀는 오늘날의 자본주의 사회에는 '긍정적인 사고'와 행복증진 기법을 파는 거대한 산업—심리학자 데이비스가 말하는 행복산업—이 있는데, 긍정심리학은 이 미심쩍은 행위를 자기도 모르는 새에 장려할 수 있다고 우려했다.[92]

나는 오늘날의 심리학이 본의 아니게 행복산업에 기여하고 있는 것이 아니라 그야말로 행복산업과 한 몸이라고 생각한다. 물론 상당수의 심리학자는 순수한 학문적 열정으로 행복을 연구해왔을 것이다. 그러나 그런 이들조차 어용 학문인 주류 심리학에 포획되어 있기 때문에 자신의 의도와는 상관없이 행복산업에 기여하며 사회개혁을 방해하고 있다.

심리학은 사람들을
행복하게 해줄 수 있을까?

심리학은 일부 사람들을 이전보다 조금 더 행복하게 해줄 수는 있을 것이다. 즉 일부 사람들은 심리학이 제공하는 처방전에 따랐을 때 조금 더 행복해질 수 있다. 그러나 심리학은 다수의 사람, 나아가 사회 전체를 행복하게 해주지는 못한다. 다수의 행복, 집단과 사회의 행복을 좌우하는 것은 그 무엇보다 사회이기 때문이다. "긍정심리학자들이 아무리 노력해봐야 권력 박탈이 신경이나 행동상의 오류 때문이 아니라, 사회적·정치적·경제적 제도와 전략의 결과로 발생하는 것을 막지는 못한다"[93]는 데이비스의 지적처럼, 병든 사회는 무서운 속도로 불행을 양산해낸다. 그러나 심리학은 그 불행 가운데 극히 일부의 불행만을 행복—정확히 말하자면 상대적으로 덜한 불행—으로 바꿔낸다. 이것은 빌딩이 무너져 내리고 있는데 금이 간 화장실 벽을 걱정하고 있는 것이나 마찬가지다. 한마디로 계란으로 바위 치기라는 것이다.

심리치료와 상담이론이 가장 발전한 나라는 미국이다. 미국은 자타가 공인하는 심리치료와 상담이론의 종주국이고, 미국에서는 이미 오래전부터 심리치료와 상담이 대중적으로 활발히 진행되었다. 미국만큼 긴 세월 동안 많은 사람을 대상으로 심리치료와 상담을 활발하게 또 정열적으로 진행해온 나라는 없을 것이다. 그래서 그 결과 오늘날 미국인의 정신은 건강해졌는가? 미국인의 정신건강은 과거보다 훨씬 더 나빠졌고 지금도 급속히 나빠지고 있다. 1.5일에 한 번꼴로 총기 살인사건이 발생하는 나라가 미국 아닌가.

행복 심리학이 가장 발전한 나라 역시 미국이다. 미국은 행복 연구의 선구자라고 할 수 있는 긍정심리학의 종주국이고, 미국에서는 꽤 오래전부터 긍정심리학의 행복 처방전이 대중화되었다. 미국만큼 긴 세월 동안 행복에 대해 목청 높여 떠들어대며 행복해지기 위한 노력을 기울여온 나라는 없을 것이다. 그래서 오늘날 미국인은 행복해졌는가? 미국인은 과거보다 더 불행해졌고 앞으로 더 불행해질 것이다. 2020년의 대통령 선거로 인해 미국은 민주당 세력과 공화당 세력으로 완전히 양분되었다. 심리적인 면에서 볼 때 남북전쟁 이전의 시기로 돌아간 것이다. 오늘날 미국인들 사이의 분열과 갈등, 상호 적대의 수준은 돌이킬 수 없을 정도로 나빠졌다. 이런 추세는 특단의 조치가 없는 한 더욱 심해질 것이다.

만일 미국의 주류 심리학이 옳았다면 심리치료의 종주국이자 행복 심리학의 종주국인 미국은 세계에서 가장 정신이 건강하고 행복한 나라가 됐어야 마땅하다. 그러나 심리치료 분야나 힐링 산업이 상대적으로 덜 발전—미국보다 정신건강 문제가 덜 심각하기 때문이다―했고, 미국에 비해 행복 연구에서도 상대적으로 뒤떨어진 북유럽 국가에 사는 사람들이 미국인들보다 정신적으로 더 건강하고 더 행복하다. 이러한 사실은 다수의 사람이 행복해지려면 심리학의 가짜 처방전에 따를 것이 아니라 사회를 변혁해야 한다는 것을 의미한다.

심리학의 환골탈태를 기원하며

오연호는 《우리도 행복할 수 있을까》에서 "덴마크는 행복한 사회가 행복한 개인을 만들어낸다는 것을 보여준다. 개인적으로 행복해지고 싶은가? 그럼 행복사회를 만드는 데 동참하라"[94]고 호소했다. 사실 사회가 행복해야만 개인이 행복해질 수 있다는 말은 지극히 당연해서 새삼스럽게 강조할 필요조차 없다. 그러나 심리학의 행복 연구를 포함하는 오늘날의 행복학은 행복을 철저히 개인의 문제로 왜곡하고 있다.

와이너Eric Weiner는 《행복의 지도》에서 "내가 행복하지 않다면, 그건 내가 마음을 아주 깊이 파헤쳐보지 않았기 때문이라는 게 그들의 충고다. 자기계발 산업의 이 가르침이 너무나 깊이 머릿속에 각인되어 있기 때문에 이제는 당연한 이치처럼 보일 지경이다"라고 개탄했다. 철학자 탁석산은 "행복은 개인적이라기보다 훨씬 더 사회적인 문제다. 그럼에도 불구하고 여전히 행복이 개인 차원의 문제라고 주장하는 한 무리가 있는데, 바로 좋은 기분이 행복을 만든다고 소리쳐대는 '잡다한 행복 상인들'이다"[95]라고 비판했다. 오늘날 유행하는 행복론과 행복 상인들의 처방전은 한마디로 사회에는 신경 끄고 개인의 쾌락이나 추구하라는 것이다.

주류 심리학은 행복 연구에서 사회를 추방함으로써 행복 상인들에게 이론적 무기를 제공해주고 이들과 동업자 관계를 유지해왔다. 캐서[Tim Kasser]와 동료들은 "자본주의 이데올로기가 물질주의적이고 외적인 가치를 조장함으로써 행복을 방해하고 있으며, 개인적 이익 추구와 경쟁이 행복을 증가시키는 다른 비물질주의적 가치들을 압도하거나 몰아내고 있다"[96]면서 "심리학자들이 현대 세계의 대부분을 지배하는 경제 시스템인 자본주의가 인간심리에 미치는 심리학적 효과에 관한 연구를 소홀히 해왔"[97]다고 지적했다. 간단히 요약하면 자본주의 제도가 인간의 행복을 망치고 있는데도 심리학이 이 중요한 문제를 다루지 않았다는 것이다.

그나마 최근 들어 일부 심리학자들은 사회와 행복 간의 관계를 들여다보기 시작했는데, 그 연구 결과들 가운데 일부를 간추려 소개하면 다음과 같다. 우선 자본주의, 특히 미국식 자본주의는 우호성, 친사회적 행동, 공감, 관대함, 자기가치 하락 등과 관련이 있다. 과감하게 요약하자면 자본주의가 불행과 관련이 높다는 것이다.

또한 한 연구에 따르면, (상대적인 의미에서) 사회주의적인 정부는 높은 삶의 만족도를 보이는 반면 보수주의적인 정부는 낮은 삶의 만족도를 보인다. 후속 연구에서도 이와 동일한 결과를 발견했다.[98] 한마디로 사회주의 요소가 포함된 수정자본주의 혹은 복지자본주의 사회가 미국식 자본주의 사회보다 훨씬 더 행복하다는 것이다.

이 밖에도 노동조합이 조합원과 비조합원 모두의 삶의 만족도 증가와 연관이 있다는 것을 발견한 연구도 있다.[99] 이 연구에 따르면 노동조합의 밀도와 삶의 만족도 사이의 정적인 상관관계는 가난한 사람들 사이에서 가장 강하고, 부자를 제외한 대부분에게 해당된다. 이는 자본주의 사회에서 살아가는 사람들은 노동조합이라도 만들어야 상대적으로 더 행복해질 수 있다는 것을 시사한다. 참고로 현재 한국의 노동조합 조직률은 겨우 10퍼센트 선에 머무르고 있는 반면, 북유럽 국가들은 70퍼센트를 넘는다. 또 다른 연구들에 따르면 실업수당과 의료 혜택 같은 강력한 사회복지 프로그램과 가난한 가정에 대한 직접적인 지원 역시 높은 행복 수준과 관련이 있다.[100]

만일 대부분의 심리학자가 진작부터 이런 연구들을 부지런히 진행하고 그 결과를 사회에 열정적으로 전파해왔다면 어땠을까? 사람들은 가짜 행복 처방전에 농락당하는 대신 노동조합을 만들고 정부에 사회안전망을 요구하며, 적극적으로 사회개혁을 추진함으로써 진짜 행복을 향해 나아갔을지도 모른다. 개인의 울타리를 벗어나 사회를 들여다보면서 사회를 비판하기 시작한 소수의 심리학자가 있기는 하지만, 여전히 대부분의 심리학자는 개인만을 들여

다보며 개인적 행복만을 강조하고 있다. 심리학이 인민의 아편이라는 오명을 벗어던지고 진정한 과학적 학문 그리고 사회에 필요한 학문으로 거듭나려면 '사회'를 연구 대상에 반드시 포함시켜야 하며, 궁극적으로는 심리학 이론을 혁신해야 할 것이다.

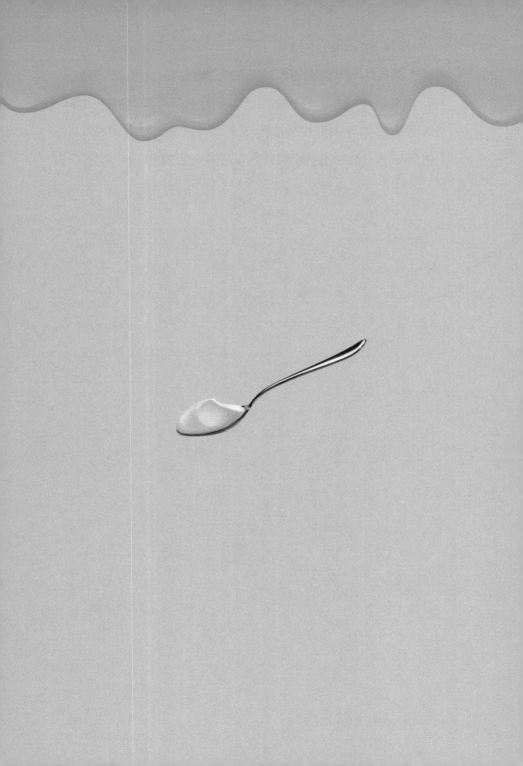

3부

진짜 행복 만드는 사회

5장　우리가 진짜 행복하기 위해 필요한 것들

행복을 좌우하는
몇 가지 조건

행복은 갑자기 하늘에서 뚝 떨어지는 것이 아니고 주관적 심리에 달려 있는 것도 아니다. 행복은 그것을 가능하게 해주는 객관적인 조건이 구비되어 있을 때 비로소 가능해진다. 그렇다면 행복의 조건에는 어떤 것들이 있을까?

사람답게 살아갈 권리

생존의 권리란 간단히 말해 사회적 존재로서 삶을 살아갈 수 있는 권리를 말한다. 인간은 동물과 달라서 밥만 먹을 수 있으면 만족하는 존재가 아니다. 인간은 육체적 생존에 필요한 의식주는 물론이고 다양한 사회관계를 맺고 정신적·문화적 요구도 충족할 수 있어야 한다. 그렇기 때문에 인간에게 생존의 권리란 단순한 육체적 생존의 권리가 아닌 사회적 생존의 권리를 의미한다.

생존의 권리가 보장되는가 그렇지 않은가는 사회가 어떠한가에 따라 달라진다. 개인의 생존을 개인이 책임지는 자본주의 사회에서는 각각의 개인이 돈을 벌어야만 생존이 가능하다. 그러나 불평등한 자본주의 사회에서 모든 사람이 생존하기에 충분한 돈을 버는 것은 불가능하므로 대부분의 사람은 생존 불안에 시달린다.

앞에서 살펴봤듯이, 한국의 경우 월수입 약 430만 원까지는 소득이 증가할수록 행복지수가 높아진다. 생존 불안이 감소하기 때문이다. 그러나 모든 한국인이 월 430만 원을 버는 것은 불가능하므로 대부분의 한국인은 행복할 수 없다. 개인의 생존을 개인이 책임지는 한국과 같은 사회에서 생존 불안에서 상대적으로 자유로울 수 있는 이들은 돈이 많은 이들일 것이다.

실제로 여러 연구에 따르면 자본주의 사회에서 상대적으로 더 행복한 사람들은 의식주 문제를 계속 고민할 필요가 없는 사람들이다. 이것은 개인의 생존을 개인이 책임지는 사회에서는 오직 극소수의 부자만이 생존 불안으로 인한 고통에서 자유로울 수 있고, 나머지 사람들은 행복은커녕 고통에서 벗어날 수조차 없다는 것을 의미한다. 개인의 생존을 개인이 책임지는 사회에서 절대다수의 사람에게 긍정적인 생각을 하라는 식의 마음 바꿈 처방전이나 주관적 심리를 조작하라는 처방전이 쓸모가 없는 것은 이 때문이다.

생존 불안은 무엇보다 생존을 위한 돈과 관련된 만성적인 근심이나 걱정으로 표현된다. 한국인들은 각종 공과금이나 대출금, 교육비나 대학교 등록금, 병원비, 월세, 나아가 노후와 관련된 숱한 걱정을 떠안고 살아간다. 생존 불안은 사람들을 고통스럽게 만든다. 고통의 부재가 곧 행복은 아니지만 만성적인 고통을 경험하면서 행복하기란 불가능하다. 따라서 한국처럼 개인의 생존을 개인이 책임지는 사회에서 살아가는 대부분의 사람은 행복 수준이 낮을 수밖에 없다.

자본주의 사회라 할지라도 개인의 생존을 국가가 책임지는 사회주의 철학(혹은 사회주의 요소)을 받아들인 사회의 경우 사람들의 생존 불안 수준은 크게 낮아진다. 북유럽형 자본주의 사회는 기본적으로 국가가 개인의 생존을 책임진다. 무상의료, 무상교육, 저렴한 공공 임대주택 제도, 실직했을 때 받는 생계지원금과 재취업에 대한 국가의 지원 등으로 인해 북유럽 사람들은 생존과 관련된 만성적인 근심이나 걱정에 시달리지 않는다. 한 방문자가 덴마크 사람들에게 "요즘 걱정거리가 있다면 무엇입니까?"라는 질문을 했을 때 이들의 반응은 다음과 같았다.

놀랍게도 모든 사람의 반응이 한결같았다. 딱히 걱정거리가 없다면서 뭐라 답해야 할지 몰라하는 표정이었다.[1] (…) 덴마크에서 만난 사람들의 공통점은 걱정거리를 말하는 걸 어려워한다는 점이다.[2]

개인의 생존을 국가가 책임지는 사회는 생존 불안이 낮을 뿐만 아니라 사람들 사이가 화목하다. 자본주의 사회에서 국가가 모든 개인의 생존을 책임지려면 부자들에게 세금을 많이 걷어서 나머지 사람들에게 나눠줘야만 한다. 이러한 부의 재분배는 불평등 수준을 낮춤으로써 사람들 사이를 화목하게 만든다.

불평등한 인간관계는 갈등과 불화의 근본 원인이다. 부모가 자식들을 차별 대우하는 불평등한 가정에서 자녀들 사이가 화목할 수 없듯이 국가가 국민을 차별 대우하는 불평등한 사회에서는 갈등과 불화를 피할 수 없다. 불평등한 사회일수록 사람들이 서로를 더 믿지 못하고 적대적으로 대하며, 범죄와 같은 각종 사회악이 창궐하고 정신질환이나 자살 등에 더 취약하다. 이런 사회에서 살아가는 사람들은 무엇보다 안전—육체의 안전만이 아니라 정신의 안전도 포함된다. 타인에게 무시당할까 두려워하는 사람은 정신적으로 안전하다고 느끼지 못한다—하다고 느끼지 못해 갖가지 근심, 걱정에 시달릴 수밖에 없다. 집을 나서면 문단속을 했는지를 걱정하고, 타인이 자신을 속일까 두려워하고, 인적이 드문 밤거리를 걸을 때면 누군가가 자신을 공격할까 무서워한다. 자신이 안전하지 않다고 느끼는 사회의 행복 수준은 당연히 낮을 수밖에 없다.

이와는 달리 상대적으로 평등한 사회에서 살아가는 사람들은 자신이 안전하다고 느낀다. 덴마크 행복연구소 소장 비킹은 다음과 같이 말했다.

덴마크 사람들은 자기가 살고 있는 곳이 매우 안전하다고 느낀다. 덴마크의 거리는 밤에 산책해도 좋을 만큼 안전하다. 그러나 이보다 더 중요한 것은, 덴마크의 복지제도가 질병, 노령화, 실업 등에 따르는 많은 근심거리들을 제거해주었기에 덴마크에서의 삶이 안전하다고 느끼게 해준다는 사실이다.[3]

생존 불안에서 해방되면 삶의 질이 올라가기 때문에 행복에 크게 기여한다. 생존과 관련된 근심이나 걱정에 시달리면서 살아가는 사람들은 어쩔 수 없이 돈을 벌기 위한 삶을 살 수밖에 없다. 돈을 벌지 못하면 생존이 불가능한데, 과연 다른 삶이 가능할 수 있겠는가. 돈을 벌기 위해 살아가는 삶, 생존 불안에서 벗어나기 위해 발버둥 치는 삶은 사람다운 삶이 아니다. 사람은 생존 불안에서 해방돼야 사람답게 살아갈 수 있다.

국가가 모든 국민의 생존의 권리를 보장해주는 것은 행복의 충분조건이 아니라 필수조건일 뿐이다. 그러나 한국처럼 개인의 생존을 개인이 책임지는 사회에서 그 중요성은 특히 더 강조될 필요가 있다. 고통의 부재 혹은 고통에서 해방되는 것이 곧 행복은 아니지만, 만성적인 고통 속에서 살아가는 한 절대로 행복해질 수가 없기 때문이다. 그러므로 사람들이 행복해지려면 다른 무엇보다 우선 개인의 생존을 개인이 책임지는 사회에서 개인의 생존을 국가가 책임지는 사회로 바꿔야만 한다.

즐거운 노동

　심리학자 프로이트는 행복의 조건으로 '사랑과 일'을 꼽았다. 즐거운 노동은 행복의 중요한 조건이다. 하루를 기준으로 할 때 사람들은 깨어 있는 시간 가운데 거의 절반을 일터에서 일을 하면서 보낸다. 그러니 노동이 행복에 큰 영향을 미치는 것은 당연하다. 깨어 있는 시간의 절반 정도가 행복하지 않다면 행복한 인생이라고 하기 어려울 것이다.

　노동은 한 사람의 정체성을 규정하는 데 큰 영향을 미친다. '당신은 누구입니까?'라고 물으면 사람들은 대체로 '저는 학생입니다', '저는 의사입니다' 같은 식으로 대답한다. 이는 사람들이 자신의 정체성을 무엇보다 직업을 통해서 규정하고 있음을 보여준다. 따라서 실직 등으로 노동을 하지 못하는 상태는 정체성 상실로, 즐겁고 만족스러운 노동을 하지 못하는 상태는 정체성 혼란으로 이어질 수 있다.

　노동은 또한 자신의 가치를 판단하는 데에도 큰 영향을 미친다. 실직자들은 자신을 가치 없는 사람으로 간주하는 경향이 있는데, 이는 노동이나 직업이 자신의 가치를 판단하는 기준으로 통용되고 있음을 보여준다. 원칙적으로 노동은 그 사회적 기여도에 따라 노동을 하는 사람의 가치를 판단하는 데 영향을 미친다. 사회에 기여하는 노동은 그 사람의 가치를 높여주고, 사회에 거의 기여하지 못하는 노동은 그 사람의 가치를 떨어뜨린다는 것이다. 그러나 자본주의 사회, 특히 소득 격차가 큰 불평등한 자본주의 사회에서 노동은 사회적 기여도가 아니라 주로 돈을 통해서 사람의 가치 평가에 영향을 미친다. 돈을 많이 벌 수 있는 노동을 하는 사람은 자신의 가치를 높게 평가하고, 돈을 잘 벌지 못하는 노동을 하는 사람은 자신의 가치를 낮게 평가한다는 것이다. 이것이 어떤 경우이든 노동이나 직업은 사람의 가치를 평가하는 데 큰 영향을 미친다.

이 밖에도 노동은 사회관계나 삶의 의미에도 영향을 미친다. 사람들은 노동을 하는 과정에서 다양한 사회관계를 맺게 되고 자신의 노동에서 삶의 의미를 찾기도 한다. 삶에 대한 만족감 가운데 약 20퍼센트가 노동 혹은 일에 대한 만족감과 직접적인 관련이 있다는 연구 결과들도 있다.[4]

이처럼 노동이나 직업은 자기 정체성, 자신의 가치에 대한 판단, 사회관계, 삶의 의미 등을 좌우함으로써 행복에 영향을 미친다. 갤럽의 조사 결과에 따르면 직업에서 얻는 만족도는 앞에서 언급했던 행복의 다섯 영역 가운데서 가장 중요하다. 직업적 측면에서 행복해하는 사람들은 그렇지 않은 사람들에 비해 인생 전반에서 만족감을 누릴 확률이 두 배 이상 높다.[5]

노동이나 직업이 행복의 중요한 조건이라는 사실이 곧 노동하는 사람들이 모두 행복하다는 것을 의미하지는 않는다. 오늘날의 자본주의 사회에는 노동을 하고 있는 사람들 중에서도 행복한 사람보다는 불행한 사람이 훨씬 더 많다. 그렇다면 어떤 경우에 노동이나 직업이 사람들을 행복하게 해주는 것일까?

우선 자신의 노동을 소명으로 여기는 사람들이 그렇지 않은 사람들보다 더 행복하다. 일반적으로 자신의 노동이 세상을 더 좋게 만들 수 있다거나 자신이 노동으로 세상에 기여하고 있다고 생각할 때 사람들은 자신의 노동을 소명으로 여기게 된다. 예를 들면 자신이 의술로 사람들을 치료해줌으로써 세상을 더 좋게 만든다고 여기는 의사는 자신의 직업을 소명으로 여길 것이다. 자신의 노동이나 직업을 소명으로 여기는 사람들은 일에서 기쁨과 보람을 느끼고 그 결과 삶의 만족도가 높아진다.[6] 노동이나 직업을 소명으로 여기는 사람들은 일 자체를 사랑하고 소중히 여기기 때문에 돈에 초연하다. 그들은 심지어 무보수로 노동을 해도 상관없다고까지 생각한다.

노동이나 직업을 소명으로 여기면서 사랑하는 사람들은 일에 몰입할 수 있는데, 그것이 행복 수준을 높여줄 수 있다. 몰입이란 현재 자신이 하고 있는 과업에 대한 고도의 집중 상태, 그 과업을 완수하기 위해 취한 행동들에 대한 완전한 인식, 과업에만 초점을 맞춘 자기 자신에 대한 인식의 감소, 그 과업을 통제하고 있다는 느낌 등을 말한다.[7] 간단히 말해 자신이 하고 있는 노동이 매우 재미있고 보람 있어서 그것에 고도로 집중해 무아지경에 빠지는 것이다. 심리학자 칙센트미하이Mihaly Csikszentmihalyi는 몰입이라는 경험에서 가장 중요한 요소는 바로 그 과업에 대한 본질적인 관심이라고 주장했는데, 이것은 자신의 노동을 소명으로 여겨 사랑하는 것이 몰입의 전제임을 의미한다.

이렇듯 자신의 노동이나 직업을 소명으로 여기는 사람일수록 몰입이 더 쉽고 몰입의 빈도도 더 높다. 그리고 이것이 행복 수준에 긍정적인 영향을 줄 수 있다. 어떤 심리학자들은 몰입 그 자체가 행복이라고까지 말한다. 몰입이 행복에 긍정적인 영향을 미치는 것은 맞지만 그렇다고 몰입이 곧 행복은 아니다. 몰입은 자신의 노동을 소명으로 여기고 사랑하는 사람에게 차례지는 부수적인 선물일 뿐이다.

다음으로 건강한 인간관계 속에서 노동하는 사람들이 그렇지 않은 사람들보다 더 행복하다. 고도로 조직화되고 분업화된 오늘날의 산업사회에서 사람들은 밀접한 사회관계 속에서 노동하는 동시에 노동과정을 통해 사회관계를 발전시켜나간다. 쉽게 말해 사람들은 직장에서 직장 동료들을 비롯한 다양한 사람들과 사회관계를 맺으면서 노동을 하고, 그 과정에서 기존의 인간관계를 더욱 확장·발전시켜나간다는 것이다. 당연한 말이겠지만, 직장 동료들과 관계가 좋으면 더 행복할 것이고 관계가 나쁘면 덜 행복할 것이다. 노동과정 혹은 직장에서 맺는 인간관계는 대단히 중요하다. 설사 노동이나 직업을 소명으로 여기지 않더라도 노동과정에서 맺고 있는 인간관계가 좋으면 행복 수준이 높을 수 있다. 갤럽의 한 조사 보고서에서는 직장에서 맺는 인간관계의 중요성에 대해 다음과 같이 말한다.

직장에 절친이 있는 사람들은 업무 몰입도가 7배 이상이나 높고, 고객을 더 열정적으로 대하며, 업무 성취도가 높고, 더 고차원적인 행복을 누리고 있으며, 업무 중에 부상을 입을 확률도 더 낮았다. 반면에 직장에 절친이 없는 사람들은 극명한 대조를 보였는데 12명당 고작 1명만이 업무에 몰입한 상태였다.[8]

심리학을 비롯한 여러 행복 연구는 노동이나 직업이 행복에 커다란 영향을 미친다는 연구 결과에 근거해 사람들에게 다음과 같이 권고한다. '자신의 일을 소명으로 여기고 몰입하세요. 그리고 직장 상사나 동료들과 잘 지내세요. 그러면 행복해집니다.' 만일 노동이나 직업을 소명으로 여기는 것이나 직장에서 맺는 인간관계가 마음먹기에만 달려 있다면 이런 권고는 사람들에게 도움이 될 것이다. 그러나 노동을 소명으로 여기느냐 마느냐가 과연 마음먹기에 달려 있을까?

노동을 소명으로 여길 수 있으려면 무엇보다 직업 선택의 자유가 있어야 한다. 예술에 재능이 있어서 예술가가 되고 싶어 했던 청소년이 있다. 그렇지만 그의 집은 가난해서 예술 관련 대학교에 진학하기 위해 꼭 받아야만 하는 사교육을 받을 수 없었다. 그래서 이 청소년은 일반 대학교에 진학했고 영업사원이 되어 살아가고 있다. 자신의 재능이나 희망 등에 기초해 직업을 자유롭게 선택할 수 없으면 자신의 노동이나 직업을 소명으로 여기기는 대단히 어려울 것이다.

사람들은 누구나 세상에 기여하는 노동을 하고 싶어 한다. 그래야 자신의 일을 소명으로 여길 수 있고 보람찬 노동을 할 수 있기 때문이다. 하지만 자본주의 사회에서 살아가는 사람들은 사회에 기여하기 위한 노동을 하지 못한다. 돈을 벌기 위한 목적으로 노동을 하도록 강요받고 있기 때문이다. 물론 자본주의 사회에서도 대부분의 노동은 사회에 기여한다고 말할 수 있다.

예를 들면 아파트를 건설하는 노동자들의 노동은 사회에 기여하는 노동이다. 그러나 개별 노동자의 입장에서 아파트를 건설하는 노동이란 사회에 기여하기 위한 노동이 아니라 생계를 위한 일이자 생산수단을 소유하고 있는 자본가들의 배를 불려주는 행위일 뿐이다. 이 때문에 자본주의 사회에서 살아가는 대부분의 사람은 노동이나 직업을 자신의 소명으로 여기기 힘들다. 한국에서 택시 운전이라는 노동은 분명히 사회에 기여하는 노동이다. 하지만 택시 운전사들에게 왜 택시를 모느냐고 물어보면 대부분 '먹고살려고'라고 대답한다.

반복적으로 강조하지만 자신의 노동을 소명으로 여길 수 있으려면 무엇보다 직업 선택의 자유가 있어야 한다. 좀 더 구체적으로 말하자면 최소한 돈을 목적으로 직업을 선택하지 않고 자신이 원하는 직업을 선택할 수 있는 자유가 있어야 한다.

사람들이 돈을 신경 쓰지 않고 직업을 선택할 수 있으려면 최소한 어떤 직업을 선택해도 생존 불안을 느끼지 않을 정도의 임금이 보장돼야 한다. 북유럽 사람들이 돈을 목적으로 노동하지 않는 것은 어떤 직업을 선택하더라도 생존이 가능한 수준의 임금을 받을 수 있기 때문이다. 덴마크의 한 공무원은 "덴마크가 행복지수 조사에서 세계 1위인 이유 중 하나는 어떤 일이 있어도 일정한 기본소득이 보장되기 때문입니다. 덴마크인들은 밥벌이를 위해 하기 싫은 일을 억지로 하지 않아요"[9]라고 말했다.

돈을 신경 쓰지 않고 직업을 선택할 수 있으려면 또한 직업을 기준으로 사람을 차별하고 무시하는 풍조가 없을 정도로 직업 간 소득 격차가 적어야 한다. 북유럽 사람들이 돈을 목적으로 노동하지 않는 이유는 어떤 직업을 선택하더라도 존중받지 못할지도 모른다고 걱정할 필요가 없기 때문이다. 덴마크의 한 의사는 덴마크에서는 의사의 월급이 다른 직업들과 별 차이가 없다면서 다음과 같이 말했다.

> 덴마크에서 부자가 되기 위해 의사를 하는 사람은 없을 거예요. 의대생들도 처음부터 이 점을 잘 알고 있습니다. 돈을 좀 번다 해도 세금이 50퍼센트 전후로 굉장히 높아요. 관건은 일이 즐거운가에 있죠. 내 적성과 취향이 여기에 맞으니까. 환자를 도와주는 것이 즐거우니까 이 일을 하는 겁니다. [10]

사실 오늘날의 자본주의 사회에서는 만성적인 경제위기와 높은 실업률로 인해 '직업 선택'이 사치스러운 말이 된 지 오래다. 이런 조건에서 사람들이 어떻게 자유롭게 직업을 선택하고 노동을 자신의 소명으로 여기면서 살아갈 수 있겠는가. 나는 국가가 전 국민의 생존을 책임짐으로써 생존 수단과 노동이 완전히 분리되는 사회가 가장 바람직한 사회라고 생각한다. 만일 국가가 전 국민에게 사회적 생존이 가능할 정도의 기본소득을 보장해준다면 누가 시키거나 강요하지 않더라도 사람들은 자연히 돈을 목적으로 노동하지 않고 자신의 재능이나 적성을 살려 사회에 기여하기 위한 목적으로 노동하게 될 것이다.

노동과정에서 맺게 되는 인간관계 역시 기본적으로 개인이 마음먹기에 따라 혹은 개인적인 노력에 따라 좌우되는 것이 아니다. 다층적 위계 사회에서는 필연적으로 인간관계가 몹시 나빠지고 만인이 만인을 학대하는 현상이 일반화된다. 이런 사회에서 대부분의 직장을 지배하고 있는 것은 따뜻한 동료애나 화목한 분위기가 아니라 치열한 개인 간의 경쟁 분위기다. 마음을 굳게 먹는다고 해서 과연 직장에서 좋은 인간관계를 맺는 것이 누구에게나 가능할까? 아마 대인관계 기술을 연마해 직장에서 '절친'을 사귀라는 엉터리 조언보다는 차라리 노동조합을 만들어 직장 분위기와 직장 동료와의 관계의 질을 바꾸라는 조언이 행복 수준을 높이는 데 더 도움이 될 것이다. 물론 한국에서는 여전히 노동조합을 만들려고 하면 직장에서 잘리거나 박해받을 각오를 해야 한다. 하지만 그것이 절친을 만드는 것보다는 더 행복할 것이다.

자본주의 사회에서 살아가는 사람들이 자신의 노동이나 직업을 소명으로 여기지 못하고 사랑하지 않는다는 것은 여러 연구에서 확인된다. 예를 들면 갤럽이 전 세계의 1만 598명을 대상으로 진행한 설문 조사에서 '당신은 현재 하고 있는 일을 좋아합니까?'라는 물음에 강하게 긍정한 응답은 겨우 19퍼센트에 불과했다.[11] 사회가 바뀌지 않는 한, 심리학을 비롯한 행복 연구가 제아무리 자신의 일을 사랑하고 즐기라고 열심히 떠들어도, 81퍼센트의 사람들이 자신의 일을 좋아하게 되기는 대단히 힘들 것이다.

건강한 몸과 마음

건강은 행복의 중요한 조건 가운데 하나다. 건강에는 단지 몸의 건강만이 아니라 마음의 건강도 포함된다.

몸의 건강, 육체의 건강은 행복의 전제 조건이다. 끊임없이 병치레하거나 중병을 앓고 있는 사람은 행복해지기 어렵다. 몸의 건강이 행복에 중요한 이유는 무엇보다 몸이 아프면 고통스럽고 행복을 추구하기가 불가능해지기 때문이다. 사람들이 흔히 '건강하세요'라는 인사말을 건네는 것은 건강이 행복에 대단히 중요하다는 사실을 알고 있어서다. 물론 건강 그 자체는 삶의 목적이 될 수 없고, 건강이 곧 행복도 아니다. 하지만 몸이 건강하지 않으면 자신이 원하는 삶, 나아가 행복한 삶을 살아가기 힘들다. 그렇기 때문에 사람들이 건강을 그토록 중요시하는 것이다.

마음의 건강, 즉 정신건강 역시 행복의 전제 조건이다. 정신건강이 곧 행복은 아니지만, 정신이 건강하지 않으면 행복할 수 없다. "저는 만성적으로 정신질환을 앓고 있어요. 하지만 정말 행복해요"라는 말이 가능할까? 행복은 최소한 정신건강이 보통 수준은 되어야 가능하다. 정신건강이 나쁘면 몸이 아픈 것과 마찬가지로 만성적인 고통에 시달린다. 또한 마음이 아프면 고통을 방어하는 데 심리적인 에너지를 낭비하게 된다. 심해지면 행복을 위해서가 아니라 고통을 방어하기 위해서 살아가게 되고, 그 결과 삶의 질이 형편없이 떨어진다.

건강은 행복과 밀접히 연관되어 있어서 건강하지 않으면 행복하기가 힘들고 그 반대의 경우도 마찬가지다. 한국의 농촌 지역에서 실시한 12년간의 연구에 따르면, 삶에 만족하지 못하는 남자들은 삶에 만족하는 남자들보다 42퍼센트 더 많이 사망했고, 삶에 만족하지 못하는 여자들은 삶에 만족하는 여자들보다 약 51퍼센트 더 많이 사망했다.[12] 이처럼 행복 수준은 건강, 나아가 수명과 밀접한 상관관계가 있다.

그렇다면 몸의 건강과 마음의 건강 가운데 어떤 건강이 행복과 더 큰 관련이 있을까? 당연히 정신건강이다. 정신건강이 몸의 건강보다 행복에 더 많은 영향을 미친다는 것을 밝힌 연구 결과도 있다.[13]

건강은 그야말로 개인적 행복과 관련된 개인만의 문제라고 생각할 수도 있겠다. 하지만 사실 건강은 사회와 더 큰 관련이 있다. 일단 환경문제는 논외로 하더라도, 많은 연구에 의해서 잘 알려져 있듯이 사회적 불평등이 심할수록, 또 사회적 위계가 낮을수록 사람들의 건강 상태가 더 나쁘고 더 일찍 죽는다. 오늘날의 자본주의 사회에서 살아가고 있는 사람들의 건강은 각종 스트레스, 장시간 노동, 운동 부족, 짧은 수면시간 혹은 질 낮은 수면, 패스트푸드 등으로 인해 나날이 나빠지고 있다. 현대인의 주중 평균 수면시간은 6.7시간—건강해지기 위한 권장 수면시간은 7~8시간이다—인데, 이 평균 수면시간조차 해마다 줄어들고 있다.[14] 사회적 불평등과 다층적 위계는 또한 인간관계를 크게 악화시켜 정신질환, 반사회적 행동, 범죄 등을 증가시킴으로써 사람들의 정신건강을 파괴한다.

지금까지 살펴봤듯이 사회가 어떠한가에 따라 사람들의 몸과 마음의 건강이 크게 좌우된다. 사회가 건강하지 않으면 사회 구성원들의 몸과 마음의 건강은 필연적으로 나빠진다. 그리고 그 결과 행복 수준이 낮아진다.

공동체가 우리에게
줄 수 있는 것

여러 나라에서 각기 다른 시기에 진행된 행복에 관한 수많은 연구는 하나의 결론에서 일치한다. 바로 가장 중요한 행복의 조건이 관계와 공동체라는 것이다.

하와이 카우아이섬에서 태어난 신생아 833명의 인생을 30년간 추적 조사한 심리학자 워너Emmy Werner에 따르면, 행복에는 역경을 이겨내는 힘인 '회복탄력성resilience'이 큰 영향을 미치는데, 신뢰와 사랑을 주고받는 '관계'의 여부가 이 회복탄력성을 좌우한다.[15] 즉 좋은 관계가 회복탄력성을 통해 행복에 큰 영향을 미친다는 것이다.

1930년대에 하버드대학교에 입학한 268명의 일생을 72년 이상 추적해 관찰한, 세계에서 가장 긴 종단연구인 '하버드 성인 발달 프로젝트'에 따르면, 행복과 불행을 가르는 관건은 고통에 대처하는 자세와 인간관계다.[16] 이 프로젝트의 책임자인 베일런트George Vaillant는 한 인터뷰에서 "성인 발달 연구 대상자들에게 배운 점이 무엇인가?"라는 질문에 대해 "인생에서 가장 중요한 것은 바로 다른 사람들과의 관계라는 사실이다"라고 대답했다.[17] 행복학자 디너 Ed Diener 는 행복한 사람들 가운데 상위 10퍼센트에 드는 사람들이 나머지 사람들과 가장 크게 차이가 나는 점은 돈이나 건강, 재산이 아니라 '관계'라고 말했다.[18]

이렇게 심리학을 포함하는 행복에 관한 많은 연구는 "가장 큰 행복은 우리가 누군가를 사랑하고 우리 자신이 누군가로부터 사랑 받고 있다는 믿음에서 생겨난다"[19]는 위고 Victor Hugo의 말이 옳았음 을 보여준다.

사회적 존재인 인간은 인간관계가 나쁘다면 다른 조건들이 아 무리 좋더라도 행복할 수 없다. 아무리 부유하더라도 부부싸움이 일상인 가정의 아이는 행복할 수 없고, 아무리 월급이 많더라도 갑 질과 왕따가 난무하는 직장에 다니는 직장인은 행복할 수 없으며, 아무리 풍요로워도 불화가 극심한 사회의 구성원은 행복할 수 없 다. 관계와 공동체가 곧 행복은 아니지만 그것의 중요성은 아무리 강조해도 지나치지 않다. 관계와 공동체는 행복에 실로 막대한 영 향을 미친다.

|

가족과 친구로 충분한가

공동체가 행복의 가장 중요한 조건이라는 점에 대해서는 많은 연구자의 의견이 일치한다. 그러나 대부분의 연구자는 큰 규모의 공동체인 화목한 사회나 국가보다는 주로 친밀한 개인 간의 관계나 가족과 같은 소규모 공동체를 강조한다. 큰 강이 깨끗해야 작은 지류들이 깨끗할 수 있는 것처럼 사회가 화목해야 가정과 같은 소규모 공동체나 개인 간 관계가 화목해진다. 그런데 왜 다수의 행복 연구자는 사회나 국가 같은 공동체보다는 친밀한 개인 간 관계나 소규모 공동체를 강조하는 것일까?

나라마다 차이가 있기는 하지만 자본주의 사회는 본질적으로 불화 사회라고 할 수 있다. 자본주의 사회는 자본가계급과 노동자계급 사이의 불화는 물론이고 각종 사회집단 간의 불화도 심각하며 심지어는 개인 간의 불화도 만만치 않다. 자본주의 사회에서는 국가나 사회와 같은 큰 규모의 공동체는 절대로 화목할 수 없다. 단지 일부 소규모 공동체나 개인적인 인간관계에서만 화목을 기대할 수 있을 뿐이다. 자본주의 사회에서 살아가는 사람들은 친밀한 관계나 건강한 공동체를 국가나 사회 차원에서는 절대로 경험할 수 없으며 오직 소규모 공동체나 개인적 인간관계에서만 경험할 수 있는 것이다.

국가를 비롯한 큰 규모의 공동체가 붕괴된 사회에서 살아가는 사람들이 친밀하고 건강한 관계를 경험할 수 있는 유일한 출로는 가까운 개인적 관계나 가족과 같은 소규모 공동체뿐이다. 그러므로 이런 사회에서 행복의 개인차를 연구하면 상대적으로 더 행복한 사람들은 친밀한 개인적 관계가 있거나 소규모 공동체에 소속되어 있다는 결론이 나올 수밖에 없다. 즉 행복에 국가나 사회는 별로 중요하지 않고, 소규모 공동체나 '절친'이 더 중요하다는 이상한 결론이 나온다는 것이다.

예를 들어 세계 46개국을 대상으로 1981년 이후 4차에 걸쳐 실시한 세계가치조사는 가족관계가 행복을 좌우하는 가장 중요한 요인이라고 결론 내리고 있다.[20] 그러나 국가나 사회가 아니라 가족이 제일 중요하다는 결론은 사람들에게 잘못된 인식을 심어준다. '행복해지려면 국가나 사회에는 신경 끄고 부지런히 친구를 사귀고 가족들과 잘 지내는 것이나 집중해야겠어' 같은 생각을 심어줌으로써 사람들을 행복에서 더 멀어지게 만드는 것이다. 사실 친밀한 개인적 관계나 소규모 공동체가 행복을 좌우한다고 말하는 것은 행복이 개인에게 달려 있다는 주장의 범위가 약간 확장된 것에 지나지 않는다.

정리하자면 행복에 가장 큰 영향을 미치는 것은 당연히 큰 규모의 공동체다. 만일 국가 자체가 화목한 공동체라면 절대다수의 사람은 어떤 공동체나 인간관계 속에서도 행복해질 수 있다. 반대로 국가 공동체가 화목하지 않으면 절대다수의 사람은 행복해질 수 없고 운이 좋은 소수만 개인적 인간관계나 소규모 공동체를 통해 남들보다 상대적으로 더 행복해질 수 있을 뿐이다. 친밀한 개인적 인간관계나 소규모 공동체는 행복의 가장 중요한 조건이 아니다. 그것은 단지 국가 공동체가 붕괴된 자본주의 사회에서 남들보다 상대적으로 더 행복해질 수 있게 해주는 가장 중요한 조건일 뿐이다.

그것이 어떤 사회든 간에 친밀한 개인적 인간관계가 있는 사람이 그렇지 않은 사람보다는 당연히 더 행복할 것이다. 사람의 행불행을 기본적으로 좌우하는 것은 인간관계다. 사람이 행복해지거나 불행해지는 것은 길가의 바위나 하늘의 구름 때문이 아니라 가족, 친구, 이웃 때문이다. 친밀하고 건강한 인간관계는 사람들을 행복하게 해주지만 계산적이거나 병적인 인간관계는 사람을 불행하게 만든다.

미국의 일반사회조사는 행복에 영향을 주는 5대 요인을 밝혔는데, 그것을 순서대로 나열하면 '가족관계', '재정 상태', '일', '공동체와 친구' 그리고 '건강'이다. 이 5대 요인 가운데 세 가지는 인간관계와 직접적으로 관련이 있고, 재정 상태와 건강 역시 간접적으로 관련이 있다.[21] 이런 연구들은 인간관계와 공동체가 사람들의 행불행에 대단히 큰 영향을 미친다는 것을 잘 보여준다.

큰 규모의 공동체가 붕괴된 사회에서 살아가는 사람들에게 개인적 인간관계나 소규모의 공동체가 대단히 중요한 이유는 그것 외에는 건강한 관계를 경험할 방법이 거의 없기 때문이다. 냉정한 인간관계가 지배하는 사회에 사는 사람들은 가까운 친구들과의 모임, 친목회, 교회 같은 소규모 공동체에 소속되어 친밀한 인간관계를 경험할 수 있어야만 행복할 수 있다. 그런데 문제는 건강한 인간관계를 지탱하는 마지막 기둥 역할을 하던 소규모 공동체들조차 빠르게 줄어들고 병들고 있다는 데 있다.

사회가 병들면 필연적으로 그 사회에 속한 소규모 공동체도 병들고 개인의 정신도 병든다. 그 결과 서로를 사랑하고 존중하며 협력하고 위해주는 소규모 공동체는 점점 더 희소해진다. 건강한 직장 공동체, 학교 공동체, 마을 공동체, 교회 공동체 등이 희소해진다는 것은 사람들이 건강한 인간관계 속에서 살아갈 수 있는 확률이 줄어든다는 것을 의미한다. 오늘날 건강한 공동체에 소속되어 친밀한 인간관계를 경험하면서 살아가는 것은 백사장에서 바늘 찾기만큼이나 어려운 일이 되었다. 다수의 한국인이 그 어떤 (건강한) 공동체에도 소속되지 못해 건강한 인간관계를 거의 경험하지 못한 채 고립적으로 살아가는 것은 이 때문이다.

큰 규모의 공동체가 붕괴된 사회에서 살아가는 사람들을 연구하는 행복 연구자들은 최후의 공동체라고도 할 수 있는 가정을 강조한다. 국가 공동체는 물론이고 거의 모든 공동체가 붕괴한 한국 사회에서 가정은 그야말로 최후의 공동체라고 할 수 있다. 따라서 가정조차 건강한 인간관계를 담보하지 못하면 사람들은 건강한 인간관계를 전혀 경험하지 못하게 될 것이다. 즉 행복해질 수 없을 것이다.

가정이 화목하려면 일단 부부 사이가 화목해야 한다. 부부가 화목하지 못하거나 부모가 정신적으로 건강하지 않으면 자식들이 정상적인 양육을 받지 못할 위험이 커진다. 불행한 유년기는 어린 시절의 행복은 물론이고 훗날의 행복까지 파괴한다. 하버드 프로젝트의 책임자 베일런트는 불행한 유년기가 초래하는 결과에 대해 다음과 같이 말했다.

첫째, 불행한 유년기를 보낸 이들은 정신질환을 앓을 가능성이 훨씬 더 높다. 둘째, 그들은 놀이를 통해 인생을 즐기는 데 익숙하지 않다. 셋째, 그들은 자기감정은 물론 세상을 신뢰하지 않는다. 넷째, 평생 동안 친구를 사귀지 못하는 이들도 있다. (…) 불행한 유년기를 보낸 하버드 졸업생의 경우, 행복한 유년기를 보낸 이들에 비해 불의의 죽음(사고, 자살, 간경변, 폐암, 폐기종 등으로 인한 죽음)을 당한 확률이 세 배나 높았다.[22]

요약하자면 불행한 유년기를 보낸 사람들은 정신질환에 취약하고 인생을 즐기지 못하며, 세상을 신뢰하지 못하고 친밀한 대인관계를 경험하기 힘들다. 심지어는 남들보다 일찍 죽는다. 불행한 유년기를 보내게 되는 주요한 원인이 가정불화(주로 부부 사이의 불화)라는 것을 고려하면, 화목하지 않은 가정에서 자라난 사람들이 행복해지기 어렵다는 것을 금방 알 수 있다.

가정불화는 단순히 부부 사이의 문제 혹은 가족 구성원들만의 문제가 아니다. 가정불화 역시 기본적으로 사회문제라고 할 수 있다. 정신과 의사 조선미는 "아빠는 돈 버는 기계, 엄마는 공부시키는 기계, 아이는 공부하는 기계로 전락했다. 한국의 가족은 정서적 공동체가 아닌 '기능적' 공동체다"[23]라고 개탄했다. 그런데 한국의 가정이 사랑이 충만한 건강한 공동체가 아니라 기능적 공동체로 전락한 것이 과연 개개 가족 구성원의 잘못일까? 가정 공동체 붕괴의 가장 큰 원인이 사회에 있다는 것에 대해서는 이미 다른 저작들에서 자주 논했으므로 여기에서는 한 가지만 언급하기로 한다.

절친 만들기가 점점 어려워지는 사회

노동이나 일로 인한 피로와 부정적 감정이 가정으로 전이되는 것을 'WIF(일-가정 간섭)'이라고 하는데, WIF는 행복 수준을 떨어뜨린다.[24] 직장에서 일하는 과정에서 피로가 누적되고 스트레스를 받은 가장은 당연히 행복 수준이 떨어질 것이다. 그런데 가장의 행복 수준 저하는 단지 가장에게만 머무르지 않고 가정의 행복 수준까지 떨어뜨린다. 고단한 사회생활로 잔뜩 예민해지고 화가 난 가장이 배우자나 자식들에게 짜증을 부리고 분풀이를 해 집안 분위기가 엉망이 되는 예는 쉽게 찾아볼 수 있다. "노동자가 조직이 원하는 대로 감정을 가장하는 표면행동을 필요로 하는 직업이 WIF의 수준이 높고 행복 수준이 낮다"[25]고 한다. 이러한 사실에서 알 수 있듯이, WIF는 이른바 감정노동을 하는 사람들이나 갑질을 당하는 사람일수록 높다.

대다수의 사람이 사회생활을 하면서 피로나 부정적 감정이 쌓이는가 그렇지 않은가의 여부는 기본적으로 사회가 어떠한가에 달려 있다. 이것 하나만 보더라도 사회가 가정에 큰 영향을 미친다는 것을 짐작할 수 있을 것이다. 미국 심리학회는 최근의 공동연구에서 가족의 붕괴가 정신건강에 가장 큰 위협이라는 데 의견을 모았다. 그러나 가족 혹은 가정의 붕괴는 그 중요성을 강조한다고 해서 막을 수 있는 것이 아니다. 건강한 사회 없이는 건강한 가정도 없기 때문이다.

가정과 같은 최후의 공동체조차 사람들의 인간관계에 대한 요구를 충족시켜주지 못한다면 마지막으로 남는 것은 친한 친구뿐이다. 이를 '절친'이라고 표현한다면, 단 한 명일지라도 절친이 있는 사람이 절친이 없는 사람에 비해 상대적으로 더 행복하다고 말할 수 있다. 그런데 한국에서는 절친이 단 한 명도 없는 사람이 계속 늘어나고 있다. 특히 젊은이들 중에는 절친이 하나도 없다고 말하는 이들이 꽤 많다. 한국은 절친조차 만들기 어려운 사회가 되어가고 있는 것이다.

모두가 행복해야
나도 행복하다

국가 공동체의 와해로 인해 가족을 비롯한 소규모 공동체까지 붕괴되고 친구마저 사귀기 어려운 사회에서 살아가는 사람들에게 행복해지려면 친구를 사귀고 화목한 가정이나 공동체에 소속되어 살아가야 한다고 말하는 것이 과연 얼마나 도움이 될까? 물론 돈이 곧 행복이라고 믿고 있던 사람들은 이런 얘기를 듣고 '행복해지려면 돈을 좇지 말고 친구를 사귀고 공동체에 참여해야 되는구나'라는 깨달음을 얻을 수 있을 것이다. 그러나 막상 깨달음을 실천하려고 하는 순간 친구를 사귀기가 매우 어렵고 건강한 공동체를 발견하기조차 힘든 현실을 마주해 더 절망하게 될지도 모른다.

가정을 화목하게 만들기 위해, 친구를 사귀기 위해 그리고 건강한 공동체에 소속되기 위해 최선을 다하는 것은 분명 가치 있는 일이고 행복에 도움이 된다. 그러나 정말로 행복해지려면 내가 속한 사회를 화목한 사회가 되도록 개혁해야 한다.

화목한 사회를 만들기 위한 사회개혁이 중요한 이유는 그것이 가정을 포함하는 사회 속 소규모 공동체들을 화목하게 만들고 친구를 사귀기도 수월하게 해주기 때문이다. 사회개혁이 중요한 것은 또한 친구나 화목한 소규모 공동체만으로는 참다운 행복이 불가능하기 때문이다. 친구가 딱 한 명만 있는 사람이 있다고 가정해보자. 그는 친구가 있는 한은 상대적으로 더 행복할 수 있을지 모르지만 친구가 사라지면 곧바로 불행해질 것이다. 〈로미오와 줄리엣〉의 주인공 로미오와 줄리엣은 사회와의 연결이 부재한 젊은이들이다. 두 사람에게 친밀한 관계—그 관계가 건강한 것이었느냐 여부는 일단 논외로 한다—는 오직 상대방과의 관계뿐이었다. 로미오와 줄리엣은 상대가 죽자 따라 죽으려고 한다.

누군가에게 친구가 단 한 명만 있다는 것은 그의 사회관계가 대단히 빈약하다는 것을 의미한다. 달리 말하면 사회 속에는 그가 앉을 자리가 없다는 것이다. 친구가 한 명밖에 없는 사람은 아예 친구가 없는 사람보다는 행복하지만 사회와 연결되어 풍부한 사회관계 속에서 살아가는 사람에 비하면 불행하다. 디파울로Bella M. DePaulo와 모리스Wendy L. Morris는 독신자이든 커플이든 간에 사람들은 "한 명이 아니라 여러 명과 중요한 인간관계를 맺는 것이 유익하다"면서, 그 이유를 "누구도 늘 곁에 있어주고 심리적으로 지지해줄 수 없으며, 모든 종류의 아이디어·기술·조언 등을 제공할 수 없기 때문"이라고 말했다.[26]

친구가 많은 것은 당연히 좋은 일이지만 화목한 국가 공동체를 만드는 것이 단지 개인의 이익이 늘어나기 때문에 중요한 것은 아니다. 사람은 단 한 사람 혹은 소수의 몇몇과만 관계를 맺으면서 살아가는 것이 아니라 사회, 나아가 세계 전체와 연결되어 살아갈 때 진정으로 행복할 수 있다. 철학자 탁석산은 "많은 보고서가 가까운 사람들과의 관계가 인간의 행복에 미치는 영향이 크다는 것을 보여주고 있다고 해도 이것으로 충분하지는 않다. 사람은 사회와 관계를 맺지 않을 수 없기 때문이다"[27]라고 말했다. 사람은 사회 속에 굳건하게 자기 자리를 잡고서 사회의 한 구성원으로서 사회에 기여하면서 살아갈 때 진정으로 행복할 수 있다. 그러나 사회와의 연결이 없는 사람들은 어쩔 수 없이 친구나 가정을 통해서만 행복을 찾게 되는데, 이것은 참다운 행복이 아니다. 단지 차선의 행복이자 행복의 일부분일 뿐이다.

행복이 행복을 낳는다

2020년부터 세계를 휩쓸고 있는 코로나19 사태는 인류에게 '모두가 행복해야 나도 행복하다'는 진리를 새삼 일깨워주고 있다. 행복은 개인적이고 주관적인 것이어서 타인이나 사회와는 별 상관이 없다는 주장을 익히 들어온 이들은 이런 견해에 이질감이나 불쾌감을 느낄지도 모르겠다. 그러나 개인의 행복은 사회의 행복과 불가분의 관계다.

모두가 행복해야 내가 행복할 수 있는 이유는 무엇보다 사람들이 서로 연결되어 있고, 타인의 행불행이 나의 행불행에 직접 영향을 미치기 때문이다. 크리스태키스Nicholas Christakis와 파울러James Fowler는《행복은 전염된다》에서 "기묘하게도 의학, 경제학, 심리학, 신경과학, 진화생물학을 포함해 다양한 분야의 연구자들이 개인의 행복을 자극하는 요소를 아주 많이 확인했지만, 한 가지 핵심요소를 언급하지 않았는데, 그것은 바로 타인의 행복이다"[28]라고 말했다. 이들은 친구나 친인척의 행복 수준이 소득의 증가보다 행복에 더 많은 영향을 준다면서 다음과 같이 강조했다.

사람들은 소셜네트워크의 구석구석을 차지하고 있으며 한 사람의 행복이 다른 이들의 건강과 행복에 영향을 줍니다. (…) 인간의 행복은 개별적으로 동떨어진 개인들의 영역에 존재하는 것이 아닙니다.[29]

하버드대학교 연구팀의 연구 결과에 따르면, 직접 연결된 사람(친구)이 행복하면 내가 행복해질 확률이 약 15퍼센트 더 높아지고, 2단계 거리에 있는 사람(친구의 친구)이 행복하면 약 10퍼센트, 3단계 거리에 있는 사람(친구의 친구의 친구)이 행복하면 약 6퍼센트 더 높아진다.[30] 또한 행복한 친구가 한 명 추가될 때마다 내가 행복해질 확률이 약 9퍼센트씩 증가하고, 불행한 친구가 한 명 추가될 때마다 내가 행복해질 확률은 약 7퍼센트씩 감소한다.[31]

가족 가운데 누군가가 행복하면 전체 가족의 행복 수준도 올라가고, 친구들이 행복하면 나도 더 행복해진다. 사람은 평생을 인간관계 속에서 살아가면서 인간관계에 영향을 미치는 동시에 영향을 받는다. 사람은 타인의 행불행, 나아가 사회의 행불행에 절대로 초연할 수 없다. 사랑하는 누군가가 불의의 사고로 사망했는데도 마냥 행복해하는 사람이나 비정규직 청년이 위험하고 힘든 일을 하다가 산업재해로 사망했다는 소식을 듣고서 즐거워하는 사람을 상상하기란 힘들다.

모두가 행복해야 나도 행복할 수 있는 이유는 또한 행복한 사람이 타인을 더 친절하게 대하기 때문이다. 기분이 아주 좋을 때는 누군가가 실수로 발을 밟아도 사과하면 너그럽게 넘어갈 수 있고, 친한 친구와 식사라도 하게 되면 자진해서 음식값을 내고 싶어진다. 하지만 기분이 매우 나쁠 때 누군가가 실수로 발을 밟으면 그가 정중히 사과를 하더라도 험악한 얼굴로 화를 내게 되고, 친한 친구와 식사를 하더라도 음식값을 내고 싶은 마음이 들지 않을 것이다.

행복한 사람은 타인에게 모질게 굴지 못한다. 그것은 그에게 능력 밖의 일이기 때문이다. 불행한 사람은 타인을 친절하게 대하지 못한다. 그것은 그에게 능력 밖의 일이기 때문이다. 유엔의 행복 보고서에 따르면 관대함은 공동체의 긍정적인 포용성을 나타내는 징표이자 사람들이 서로 연결되는 핵심 방식이다. 그리고 관대함과 행복 사이에는 정적인 상관관계가 있다.[32] 행복지수가 높은 사회에서 살아가는 사람들이 행복지수가 낮은 사회에서 살아가는 사람들보다 더 친절하고 관대하다. 행복한 사람은 그렇지 않은 사람에 비해 남들을 더 배려하고 도와주며, 더 협동적이고 기부금을 잘 내며, 사회봉사 활동에도 더 열심히 참여한다는 연구 결과들도 있다.[33]

행복은 행복을 낳고 불행은 불행을 낳는다. 누군가의 행복은 주변으로 퍼져나가고 행복한 사람은 타인을 친절하고 관대하게 대할 것이므로 행복한 사람이 많아질수록 그 사회는 더 행복해진다. 모두가 연결되어 살아가고 있는 사회에서 행복은 선순환하고 불행은 악순환한다.

덴마크 국민은 한국 국민에 비하면 세금을 정말 많이 낸다. 하지만 그들에게 "열심히 일해서 번 수익의 50퍼센트를 세금으로 내면 억울하지 않습니까?"라고 물으면 대부분 이렇게 대답한다.

"우리는 대학까지 무료로 공부했고 병원 치료도 무료로 받았는데, 우리의 후배와 후손 들도 그래야 하지 않겠어요? 세금을 많이 내는 것은 당연합니다."[34]

국가가 국민의 행복을 지켜주면 국민은 기꺼이 타인의 행복을 위해 더 많은 세금을 내려고 한다. 그러므로 모두가 행복해진다. 반대로 국가가 국민의 행복에 무관심하면 사람들은 타인의 행복에 냉담해지고 개인의 행복만을 추구하며 타인에게 못되게 굴 것이다. 그 결과는 모두의 불행이다.

|
사랑과 신뢰 없이는 행복도 없다

화목한 공동체가 사람들을 행복하게 하는 이유는 그것이 사랑
과 신뢰를 가능하게 해주기 때문이다. 친밀한 관계란 곧 서로를 사
랑하는 관계다. 삶의 다른 영역들에서 아무런 문제가 없더라도 사
람은 인간관계에서 문제가 해결되지 않으면 절대로 행복할 수 없
다. 아무리 인간관계가 많고 다양하더라도 서로 사랑하는 관계가
없으면 사람은 절대로 행복할 수 없다. 사랑의 관계야말로 가장 필
수적이고 중요한 행복의 조건이다.

신뢰, 특히 사람에 대한 신뢰는 사랑의 관계에서 필수적인 전
제다. 사람을 신뢰하지 못하는데 어찌 사람을 사랑할 수 있겠는가.
사람을 신뢰하지 못하면 타인을 사랑할 수 없을 뿐만 아니라 자신
이 안전하다고 느끼기조차 힘들다. 따라서 신뢰가 없이는 행복도
없다.

미국에서 노인들이 거주하는 1000개 이상의 지역을 대상으로
실시한 연구에 따르면, 타인이 이기적이고 욕심이 많다고 생각하
는 적대적이고 냉소적인 사람보다 타인이 근본적으로 선하다고 믿
는 사람이 더 큰 행복감을 느끼고 있었다.[35] 전반적으로 신뢰 수준
이 낮은 사회에서도 사람을 신뢰하는 사람이 그렇지 않은 사람보
다 상대적으로 더 행복하다. 당연히 신뢰 수준이 높은 사회에서 살
아가는 사람은 그렇지 않은 사회에서 살아가는 사람보다 더 행복

할 것이다.

덴마크 사람들은 길에서 만난 초면의 타인에게도 스스럼없이 자신의 핸드폰이나 자전거를 빌려주고 또 빌린다. 이런 장면을 보고 놀란 외국인에게 한 덴마크인은 "이 나라 사람들은 서로를 믿습니다. (…) 서로 믿으니 허물없이 빌려달라고 하고 빌려주는 겁니다. (…) 이런 일은 서로 믿지 않으면 일어날 수 없어요"[36]라고 말했다. 덴마크 부모들은 잠든 아이가 타고 있는 유모차를 거리에 세워두고 식당에서 밥을 먹기도 하고 장을 보기도 한다. 북유럽 국가들의 높은 행복지수에는 신뢰가 큰 영향을 미친다.

신뢰 문제는 긍정적 해석과 같은 주관적 심리조작이나 개인의 노력으로 해결할 수 있는 문제가 아니다. 이는 기본적으로 사회와 관련된 문제다. 심리학자 데이비스는 분열된 사회의 개인주의가 신뢰를 불가능하게 만든다면서 다음과 같이 경고했다.

> 우리 사회는 지나칠 정도로 개인주의적이다. (…) 새로운 공유의 기술을 다시 찾아내지 못하면 우리 사회는 완전히 파편화되어 신뢰가 불가능해질 것이다. 우정과 이타심에 연결된 가치를 회복하지 못하면 허무주의적 권태감의 나락에 떨어질 것이다.[37]

한국이나 미국 같은 나라들에서는 날이 갈수록 신뢰지수가 떨어지고 있다. 상대적으로 화목한 사회라고 할 수 있는 북유럽 국가들과 불화 사회라고 할 수 있는 국가들의 신뢰지수에는 현격한 차이가 난다. 이는 사회가 어떠한가에 따라 신뢰 수준이 좌우된다는 것을 의미한다. 세계가치관조사의 자료를 분석한 결과에 따르면 지난 30년 사이에 한국에서는 타인에 대한 신뢰도가 큰 폭으로 감소했다. '대부분의 사람을 믿을 수 있다'라는 문항에 동의한 비율이 1차 조사(1981~1984년)에서는 36퍼센트였지만, 가장 최근인 6차 조사(2010~2014년)에서는 26.5퍼센트로 약 10퍼센트 감소했다. 참고로 중국의 경우에는 최초로 조사에 참여했던 2차 조사(1990~1994년)에서는 59.4퍼센트였지만 6차 조사에서는 60.3퍼센트로 신뢰도가 소폭 증가했다.[38]

불평등이 심한 사회는 예외 없이 신뢰지수가 낮은데, 그것은 불평등이 필연적으로 사회 분열과 불화를 낳기 때문이다. 북유럽형 사회의 신뢰도는 높지만 미국형 사회의 신뢰도는 낮다. 북유럽 사람들은 네 명 가운데 세 명이 '대부분의 사람을 신뢰할 수 있다'고 대답한다. 그러나 세계의 나머지 국가들에서 이 대답의 비율은 4분의 1로 떨어진다.[39]

《리더스 다이제스트 Reader's Digest》는 유럽의 여러 도시에서 일종의 사회실험을 실시했다. 거리 군데군데에 지갑을 놓아두었는데, 그 지갑에는 하루 치 일당 정도 되는 현찰과 신분증이 들어 있었다. 실험 결과 돈이 들어 있는 상태로 모든 지갑이 주인에게 돌아온 나라는 딱 둘이었는데, 바로 노르웨이와 덴마크였다. 다른 유럽 국가들에서 돈이 들어 있는 상태로 지갑이 돌아온 경우는 절반 정도에 머물렀다.[40] 노파심에서 말하건대 북유럽 나라들의 신뢰지수

　　　　　　　—— 3부 진짜 행복 만드는 사회

가 특별히 높은 것이 유전자의 차이 때문이라고 생각하는 사람은 없기를 바란다. 화목한 국가 공동체는 사랑과 신뢰를 가능하게 함으로써 사람들을 행복하게 해준다.

존중 없이는 행복도 없다

상호 존중은 건강한 인간관계의 필수 조건이자 출발점이다. 인간관계 중에서 가장 차원이 높은 관계 혹은 가장 좋은 관계는 두말할 것도 없이 사랑의 관계다. 그러나 사람들이 처음부터 사랑의 관계를 맺을 수 있는 것은 아니다. 처음 만나는 사람들 혹은 사회생활을 하면서 교제하게 되는 사람들과 처음부터 단번에 사랑의 관계를 맺을 수는 없다. 그러나 한 가지 조건만 지키면 이런 경우에도 사람들은 능히 건강한 관계를 맺을 수 있다. 그 조건이란 바로 서로를 존중하는 것이다. 처음 만나는 사람일지라도 서로를 존중해주기만 한다면, 즉 상대방을 무시하거나 깔보지 않고 존중해준다면 건강한 관계를 맺을 수 있다. 서로를 존중하는 관계에 기초해 교제하다가 서로를 사랑하게 되면 상호 존중의 관계는 사랑의 관계로 발전한다. 이런 점에서 상호 존중은 건강한 인간관계의 첫 공정이자 사랑의 관계로 나아가기 위한 전제 조건이라고 할 수 있다.

존중받지 못하는 것이 사람들에게 크나큰 고통을 주는 것은 그것이 관계로부터의 배제, 나아가 사회로부터의 배제를 의미하기 때문이다. 노예주와 노예는 건강한 관계를 맺을 수 있을까? 만일 노예가 노예주에게 "우리 친구처럼 친하게 지내요"라고 말한다면, 아마 노예주는 화를 내며 길길이 뛸 것이다. 노예주는 노예를 존중해주지 않는다. 노예를 자신과 평등한 관계에 있는 존재로 바라보지 않기 때문이다. 내가 누군가에게 존중받지 못한다는 것은 그가 나를 노예 취급하고 있다는 것과 같다. 즉 그가 나를 자기와 평등한 관계에 있지 못한 열등하거나 하등한 존재, 심하게 말하자면 인간 이하의 존재로 대우하는 것과 같다는 것이다. 존중받지 못한다는 것은 곧 타인들과 관계를 맺을 자격을 상실한다는 것, 그 결과 관계에서 배제된다는 것을 의미한다. "사회적 배제는 고통스럽고, 신체적 고통을 경험하는 방식과 유사하게 고통을 불러일으킨다"[41]는 말처럼, 관계에서 배제당하거나 사회로부터 배제당하는 사람은 심각한 고통을 경험한다.

> 실생활에서 장기적인 사회적 배제는 사망 위험을 400%까지 높이며, 이는 흡연에 의한 위험과 동등하다. (⋯) 사회적 추방은 극단적 형태의 사회적 배제이며, 따라서 더 고통스러울 수 있다. 연구자들은 추방은 전 세계적으로 불쾌하다는 사실을 발견했다.[42]

사람이 경험하는 고통 가운데 최악의 고통은 존중받지 못하는 고통이다. 사람은 존중받지 못하면 끔찍한 고통에서 벗어날 수 없고 절대로 행복해질 수 없다.

노예주와 노예 사이에 상호 존중이 불가능하다는 것을 통해 알 수 있듯이 존중은 평등한 관계에서만 가능하다. 다시 말해 상호 존중의 전제 조건이 평등이라는 것이다. 평등 수준이 높은 나라의 행복지수가 더 높은 것은 이 때문이다. 덴마크에서 장기 거주하고 있는 한 미국인은 "덴마크인들의 행복지수가 높은 이유는 한마디로 말하자면 평등이라고 할 수 있어요. 평등이 행복의 모든 요소들과 연결되는 것 같아요. (…) 여기서는 의사나 청소부나 큰 차이가 없어요. 서로 어울려 등산과 스포츠를 함께 즐기고 비슷한 삶을 살아요"[43]라고 말했다. 덴마크의 미래학자 옌센Rolf Jensen 역시 평등을 행복의 주요 원인으로 꼽는다.

"왜 행복하냐고 덴마크 사람들에게 물어보면 대답은 서로 다르겠지만, 내 생각에는 한마디로 평등하기 때문입니다. 덴마크는 평등사회예요."[44]

화목한 공동체란 곧 평등한 공동체다. 사람들 사이가 평등해야만 서로를 존중할 수 있고 건강한 인간관계가 일반화되어 사회가 화목해질 수 있기 때문이다. 건강한 공동체는 공동체의 구성원들이 서로를 존중할 수 있게 해줌으로써 사람들을 행복하게 한다.

삶의 의미와
가치를 발견하는 법

공동체는 사람들에게 삶의 의미와 가치를 제공함으로써 행복에 기여한다. 사람들은 우선 공동체와 사회 속에서 살아갈 때 삶의 의미를 발견할 수 있다. 좀 더 정확히 말하자면 사람들은 사회에 기여하는 것에서 삶의 의미를 발견한다. 동물에게는 삶의 의미가 필요없다. 무인도에서 혼자 살아가는 사람에게도 삶의 의미는 필요하지 않다. 그러나 사회 속에서 살아가는 사람에게는 반드시 삶의 의미가 필요한데, 삶의 의미는 개인이 아닌 사회만이 제공할 수 있다.

쾌락주의자나 개인주의자의 삶이 의미를 가질 수 없는 것은 그들이 사회와 유리되어 있고, 사회에 기여하는 바가 없기 때문이다. 사람들은 흔히 사회에 이러저러하게 공헌한 혁명가나 개혁가, 사상가, 과학자들의 인생을 의미 있고 가치 있는 삶이라고 평가한다. 그리고 그런 인물들을 길이 추억하기 위해 기념비를 세우기도 하고 글로 기록하기도 한다. 사람들이 이러한 인물들의 삶을 의미 있고 가치 있는 것으로 보는 이유는 그들이 사회를 발전시키고 역사를 진전시키는 데 이바지했기 때문이다. 공동체나 사회를 떠나서는 삶의 의미를 논할 수 없다. 이는 공동체나 사회가 사람들에게 삶의 의미를 제공함으로써 행복에 기여한다는 것을 말해준다.

사회에 기여하며 산다는 것

사람의 삶은 공동체나 사회에 기여할 때 가치를 가질 수 있다. 삶의 가치는 삶의 사회적 의의에 따라 결정된다. 사회에 기여하는 삶은 가치 있는 삶이고 사회에 아무 기여도 하지 않는 삶은 가치 없는 삶이다. 삶의 가치란 곧 사람의 존재 가치라고 할 수 있다. 가치 없는 삶을 살고 있는 사람의 존재 가치가 높을 수는 없다. 이렇게 삶의 가치 그리고 사람의 가치는 그가 사회에 얼마나 기여하는가 혹은 사회에 얼마나 필요한 존재인가에 따라 결정된다.

만일 가장이 가족을 위해서 아무것도 하지 않고, 가족에 조금도 기여하지 않으면서 오직 자신만을 위해 살아간다면 가족 구성원들은 그런 가장의 가치를 아주 낮게 평가할 것이다. 마찬가지로 누군가가 사회를 위해서 아무것도 하지 않고, 사회에 기여하지 않는다면 세상은 그의 가치, 즉 그의 삶의 가치를 아주 낮게 평가할 것이다. 이것은 삶의 가치와 사람의 가치가 공동체와 사회에 의해 규정된다는 것을 의미한다. 오직 공동체와 사회에 기여하면서 살아갈 때만 삶이 가치를 가질 수 있기 때문에 사회에서 고립되었거나 사회와는 무관하게 개인의 이익만을 추구하는 사람들의 삶은 가치가 없다.

삶의 의미와 가치는 객관적으로 결정된다. 즉 그것은 주관적이거나 자의적인 해석이 아니라 객관적인 사회적 의의에 따라서 결정된다는 것이다. 삶의 객관적인 사회적 의의는 사람들의 심리에 반영된다. 이 때문에 객관적으로 사회에 기여하지 않는 삶을 사는 사람들은 삶의 의미를 찾을 수 없고 자신의 삶을 가치 있는 삶으로 여기지 못한다. 정신과 의사 김혜남은 "행복은 내가 해야 할 일을 해낸 순간 혹은 내가 타인에게 중요한 존재임을 느낄 때란 걸 알 수 있습니다. (…) 관계에서 사랑을 받고 사랑을 주고 있다는 느낌, 내가 가치 있는 사람이라는 느낌과 내가 남에게 쓸모 있는 사람이라는 느낌이 행복입니다"[45]라고 말했다. 물론 자신의 존재 가치나 삶의 가치를 느끼는 것을 곧 행복이라고 말할 수는 없지만, 그것이 행복에 필수적이라는 것만큼은 분명하다. 공동체는 사람에게 삶의 의미와 가치를 부여함으로써 행복에 기여한다.

사람은 개인만을 생각하는 이기적인 삶이 아닌 공동체와 사회에 기여하는 삶을 통해서만 삶의 의미와 가치를 발견할 수 있기 때문에 그런 삶을 사는 사람들일수록 더 행복하다. 갤럽이 130개 국가의 100만 명 이상의 사람들을 대상으로 실시한 조사 결과에 따르면, 삶의 만족도를 예언하는 여섯 가지 지표 가운데 재정적으로 후원을 하는 것이 최고의 지표다.[46] 쉽게 말해 타인, 나아가 공동체에 이바지하는 활동을 하는 것이 삶의 만족도, 즉 행복에 가장 큰 영향을 미친다는 것이다.

1957년부터 2004년까지 1만 명 이상을 대상으로 실시한 한 종단연구에 따르면, 직업을 선택할 때 다른 사람을 도울 기회가 있는가를 중요하게 생각하는 정도가 30년 이후 그들의 삶의 행복을 예언한다.[47] 한마디로 사회적 기여도를 고려해서 직업을 선택한 사람들이 그렇지 않은 사람들보다 먼 훗날까지도 더 행복하다는 것이다. 돈이 아니라 사회적 기여도를 근거로 직업을 선택하면 직장생활에서도 삶의 의미와 가치를 발견할 수 있으므로 당연히 행복 수준이 올라갈 것이다. 위스콘신 종단연구에서 1만 317명의 남녀로 구성된 표본을 연구한 다음의 결과는 개인적 이익을 위해 공동체에 참여하는 것이 아니라 사회에 기여하는 삶을 살아야 행복해질 수 있다는 것을 보여준다.

> 자원봉사는 많은 인구학적 변인보다 행복감을 더 잘 예측했다. 또한 스포츠, 문화 동아리 또는 컨트리 클럽 등 자신을 위한 사회적 활동에 참여하는 것보다 자원봉사가 행복감을 더 잘 예측하였다. (…) 자원봉사와 행복감과의 강력한 상관관계가 존재한다.[48]

타인이나 사회에 기여할 때 행복해진다는 것은 다른 연구들을 통해서도 확인된다. 미국에서 실시한 한 실험에서는 실험 참가자들에게 돈을 지급하고는 그 돈을 자신을 위해 사용하거나 혹은 타인을 위해 사용하라고 지시한 다음에 행복도를 측정했다. 실험 결과에 따르면 타인을 위해 돈을 사용한 이들이 자신을 위해 돈을 사용한 이들보다 더 행복했다. 이 결과는 캐나다(100명), 인도(101명), 우간다(700명) 참가자들의 경우에도 동일했고,[49] 심지어는 범죄자들을 대상으로 한 연구에서도 마찬가지였다.[50]

심리학자 샌퍼드Edmund Sanford는 100여 년 전에 "행복한 노년의 진짜 비결은 생의 마지막 순간까지 다른 사람을 위해 봉사하는 데 있다"[51]고 말했다. 그의 말처럼 사람은 사회에 기여하면서 살아야만 참다운 행복을 누릴 수 있다.

|

종교가 있어야 행복할까?

삶의 의미와 행복 간의 관계에서 하나 짚고 넘어가야 할 문제가 있다. 그것은 종교와 행복 간의 관계다. 일부 연구들에 따르면 종교와 행복 사이에는 정적인 상관관계가 있다(양자 사이에 부적負的인 상관관계가 있다는 연구 결과들도 있다). 쉽게 말하면 종교를 가진 사람들이 상대적으로 더 행복하다는 것이다. 이런 연구 결과들을 근거로 종교인이나 종교를 믿는 심리학자들은 행복해지고 싶으면 종교를 믿으라고 권고한다. 그러나 결론부터 말하자면 이것은 잘못된 권고다. 종교 그 자체는 행복과 거의 관련이 없기 때문이다. 그렇다면 왜 상당수의 연구에서 종교와 행복 간의 상관관계가 발견되는 것일까?

일부 심리학자는 그 이유에 대해 종교인들이 교회활동에 적극적으로 참여함으로써 상대적으로 더 강한 사회적 유대관계를 갖게 되기 때문이라고 설명한다. 고독이 만연한 오늘날의 자본주의 사회에서 종교가 없는 사람은 혼자 지내기 쉽고 심리적으로 어려움을 겪어도 위로나 지지를 받기 어렵다. 반면 종교인들은 그렇지 않기 때문에 상대적으로 더 행복하다는 것이다. 또 다른 심리학자들은 종교를 믿으면 더 많은 사회적 인정과 존중을 받을 수 있기 때문에 종교인들이 상대적으로 더 행복하다고 설명한다.

예를 들면 개신교가 지배적인 종교인 미국에서 개신교도는 이슬람교도나 무신론자에 비해 더 많은 사회적 인정과 존중을 받을 수 있기 때문에 상대적으로 더 행복하다. 실제로 여러 연구에서 절대다수가 종교를 믿는 종교적인 국가에 사는 무신론자들은 차별이나 사회적 배제를 경험하며, 소수 종교를 믿는 사람들 또한 마찬가지라는 것을 발견했다. 즉 미국 같은 나라에서 무신론자나 이슬람교도가 상대적으로 덜 행복한 것은 그들이 사회적 배제나 공격 대상이 되기 때문이라는 것이다. 이런 연구들은 종교 자체가 사람들을 행복하게 해주는 원인이 아님을 보여준다.

사실 종교와 행복 사이의 상관관계에 더 큰 영향을 미치는 것은 사회적 유대나 지지가 아니라 삶의 의미다. 전 세계 사람들의 79퍼센트를 대표하는 153개국의 표본을 조사한 연구 결과에 따르면, 삶의 의미와 목적이 다른 두 잠재적 매개요인(사회적 지지와 사회적 존중)보다 더 강하게 종교와 행복 간의 관계를 매개한다. 종교는 우선 삶의 의미와 목적의식을 증가시키는데, 그것이 행복과 직접적인 관련이 있다는 것이다.[52] 심리학자 앨런 역시 종교와 행복 사이의 여러 매개변인 가운데 삶의 의미와 목적이 특히 중요하다면서 "행복에 대한 종교의 주된 역할은 삶의 의미와 목적을 강화하는 데 있을 수 있으며, 이는 우리의 행복을 증진시킨다"[53]고 말했다.

만일 종교 그 자체가 아니라 삶의 의미와 목적이 행복을 증진시킨다면 확고한 신념이 있는 무신론자도 종교인 이상으로 행복할 수 있을 것이다. 이런 예상이 옳다는 것은 "신념의 확실성이 종교인과 무신론자 모두에게 행복의 확실한 예언변인"[54]임을 발견한 연구나 "무신론자들의 행복이 종교인의 것과 별반 다르지 않다"[55]는 결론에 도달한 또 다른 연구 등에 의해서 확인된다.

종교와 행복의 관계에 관한 연구 결과는 종교 그 자체가 아니라 삶의 목적이나 의미가 행복에 중요한 영향을 미친다는 것을 보여준다. 그렇다면 종교든 특정한 이념이든 간에 왜 신념이나 믿음이 행복에 중요한 것일까? 삶의 의미나 목적은 단순한 지식만으로는 가지기 어렵다. 예를 들어 사람들이 역사나 물리학을 잘 안다고 해서 삶의 의미나 목적을 가질 수 있는 것은 아니다. 일반적으로 삶의 의미나 목적은 철학적 세계관에 기초하는 인생관이 확립될 때 가질 수 있다. 철학은 전체로서의 세계를 대상으로 연구함으로써 사람들에게 세계관을 주는 학문이다. 따라서 확고한 철학적 신념을 가진 사람들은 세계관과 인생관을 세울 수 있고 그것에 기초해 삶의 의미와 목적을 가질 수 있다.

마르크스 철학을 신념으로 간직했던 투철한 혁명가 체 게바라 Che Guevara는 유물변증법적 세계관과 참다운 인생이란 혁명을 위한 투쟁 속에 있다는 인생관을 가지고 있었다. 그는 이런 세계관과 인생관에 기초해 삶의 의미와 목적을 전 세계 민중의 자유와 행복을 실현하기 위해 투쟁하는 데서 찾았다. 체 게바라처럼 확고한 철학적 세계관과 인생관을 가진 사람들은 삶의 의미와 목적을 발견할 수 있을 것이므로 그렇지 않은 사람들보다 더 행복하다.

철학 이외의 분과학문들은 세계 안의 일부분을 연구 대상으로 삼는다. 역사학의 연구 대상은 세계 속의 역사이고, 사회학의 연구 대상은 세계 속의 사회다. 이런 식으로 분과학문은 전체로서의 세계가 아닌 세계 속의 일부분을 연구하기 때문에 세계관을 제공하지 못한다. 반면에 종교는 일종의 관념론 철학이기 때문에 사람들에게 세계관과 인생관을 제공할 수 있다. 비록 그것이 비과학적일지라도, 종교는 사람들에게 철학과 동일한 역할을 해줄 수 있다는 것이다.

예를 들면 기독교는 하나님 중심의 세계관과 하나님의 뜻에 따라 살아가는 삶을 가장 의미 있는 삶으로 여기는 인생관을 제공한다. 종교인들이 어떤 신념도 갖지 못해서 삶의 의미와 목적이 없이 살아가는 사람들보다 더 행복할 수 있는 이유가 바로 여기에 있다. 물론 비과학적인 세계관을 제공하는 종교보다는 과학적인 세계관을 제공하는 철학이 사람들을 더 행복하게 해줄 것이다.

종교는 그 자체가 행복을 증진시키는 것이 아니라 삶의 의미와 목적, 사회적 유대나 지지, 자기통제력 등을 포함하는 긍정적인 심리와 사회적 조건을 강화함으로써 행복을 증진시킨다. 종교가 긍정적인 심리나 사회적 조건을 강화하는 것이 아니라 오히려 악화시키는 경우에는 행복 수준이 낮아진다. 이런 이유로 인해 어떤 연구들에서는 종교와 행복 사이에 정적 상관관계가 발견되지만 다른 연구들에서는 부적 상관관계가 발견되기도 하는 것이다. 결론적으로 행복해지기 위해 종교를 믿어야 한다는 권고는 타당하지 않다.

|
도덕적인 삶과 보람이라는 감정

미국의 한 마을에서 자원봉사를 하면서 살아가고 있는 한 미국인은 "나는 힘닿는 데까지 그들을 도왔어요. 사람들에게 필요한 존재가 된다는 것만큼 보람 있는 일이 없다는 사실을 깨달았지요"[56]라고 말했다. 사람은 사회에 기여하면서 살아갈 때 혹은 자신이 사회에 기여하고 있다고 느낄 때 전형적으로 보람이라는 감정을 체험한다. 이 보람은 행복과 관련된 감정 가운데 가장 중요한 것이다.

보람은 쾌-불쾌와 만족-불만족 가운데 쾌가 아닌 만족에 속하는 감정이다. 보람의 중요성은 단순한 쾌감과는 비교조차 할 수 없고, 만족감 중에서도 최상의 감정이다. 가난했던 옛 시절에 잔칫집에 가면 어머니들은 자신에게 차례진 음식을 먹지 않고 가족을 먹이기 위해 그것을 바리바리 싸서 집으로 가져오곤 했다. 집에 도착해 음식 보따리를 풀었을 때 아이들이 환호하며 음식을 맛있게 먹는 모습을 보면서 어머니는 보람을 느끼고 행복해한다. 만일 어머니가 잔칫집에서 그 음식을 먹었다면 음식의 맛이 주는 쾌감은 느낄 수 있었겠지만 보람과 행복감을 느낄 수는 없었을 것이다.

국가나 사회가 위기에 처했을 때 자원봉사를 하는 사람들은 고생스러운 일을 한다. 코로나19가 확산되자 의료 봉사를 자처한 사람들도 마찬가지다. 어쩌면 이들은 고생스러운 활동 속에서 쾌감보다는 불쾌감을 더 많이 느낄지도 모른다. 하지만 이들은 쾌감과는 비교조차 할 수 없는 수준 높은 감정인 보람을 느낄 수 있기에 고생을 하면서도 행복할 수 있다. 이렇게 사람들은 사회에 기여하는 삶을 살아갈 때 삶의 의미와 가치를 발견할 수 있을 뿐만 아니라 행복과 관련된 가장 중요한 감정인 보람을 느낄 수 있다.

과거부터 아리스토텔레스를 비롯한 많은 이가 도덕적으로 살아가는 것의 중요성을 강조해왔다. 데카르트René Descartes는 "내 스스로 부나 영광이 아니라 선을 위해 의지를 올바르게 사용하려고 노력했다는 사실을 깨닫는다면, 나의 영혼은 '내적으로 만족할 것'이다"[57]라고 말했다. 칸트는 덕과 행복이 결합된 최고선을 실현해야 한다고 강조했다.[58] 즉 도덕성에 기초해 행복을 실현하는 삶을 살아야 한다고 말했던 것이다.

행복의 추구가 도덕과 결합돼야 한다고 보거나 행복보다 도덕적 삶이 더 중요하다고 보는 행복론을 윤리적 행복론이라고 한다. 도덕적으로 사는 것이 과연 행복과 관련이 있을까?

샌드스트롬Gillian M. Sandstrom과 던Elizabeth W. Dunn은 "베풀고 감사하고 용서하며 진실하게 행동하는 것과 같이 도덕적으로 행동하는 것이 기대 이상으로 행복을 증대시킨다"면서 "이러한 행위들은 사람들이 기대하지 않았을 때조차 사람들의 행복을 증대시킨다"고 강조했다.[59] 이 밖에도 여러 연구에서 도덕과 행복 사이에 정적 상관관계가 있음이 확인된다. 즉 행복한 사람들이 더 도덕적이며 도덕적으로 사는 사람들이 더 행복하다는 것이다.

도덕적으로 사는 것이 곧 행복은 아니지만 도덕적으로 살지 않으면 행복할 수 없다. 즉 도덕적 삶은 행복의 전제 조건이라고 할 수 있다. 도덕적으로 산다는 것은 무엇보다 양심에 따라 자각적으로 도덕 규범을 준수하면서 산다는 것을 의미한다. 그런데 도덕이나 그것이 내면화된 양심은 개인보다 사회를 더 귀중하게 여기는 것을 반영하는 사회적 의식이다. 무인도에서 혼자 살아가는 사람에게는 도덕이 필요 없다. 도덕적으로 살지 않더라도 당연히 그는 사회적 비난을 받지 않을 것이다. 나아가 그는 양심의 가책도 느끼지 않을 것이다. 무인도에 혼자 살고 있으므로 그가 무슨 짓을 해도 그것이 타인이나 사회에 피해나 손해를 끼치지 않기 때문이다.

도덕은 원래 사회의 유지와 발전을 위해 만들어졌다. 도덕은 사람들이 사회와 집단 그리고 타인들과의 관계에서 자각적으로 지켜야 할 행동 규범이다. 이런 개념 정의만 보더라도 도덕이 개인을 위해서가 아니라 사회의 유지와 발전을 위해서 만들어진 것임을 알 수 있다. 도덕적으로 산다는 것의 본질은 개인을 위해서가 아니라 사회를 위해서 살아간다는 것이다. 따라서 사회에 기여하는 삶에는 당연히 도덕적 삶이 그 일부분으로 포함된다. 도덕적 삶이 행복과 관련이 있는 것은 그것이 사회에 기여하는 삶의 한 측면이자 일부분이기 때문이다.

개인의 이익을 위해서 살아가는 사람들은 삶의 의미와 가치는 물론이고 보람을 느낄 수 없으므로 행복할 수 없다. 인간관계의 견지에서 보면 훌륭한 부모나 친구를 둔 것도 하나의 행복이다. 이런 조건 속에서 살아가는 사람들은 쾌감이나 만족감 같은 긍정적인 감정을 자주 느끼면서 살 수 있을지도 모른다. 따라서 감정의 질을 구분하지 않고 긍정적인 감정의 총량만 많으면 그것이 곧 행복이라고 보는 주류 심리학의 입장에서는 이들이 가장 행복한 사람일 수 있다. 그러나 훌륭한 부모나 친구를 가지고 있다는 것 자체만으로 의미 있고 가치 있으며 보람 있는 삶이 되는 것은 아니다. 왜냐하면 훌륭한 부모나 친구를 가지고 있다고 해서 누구나 사회에 도움이 되는 일을 하는 것은 아니기 때문이다. 참다운 행복은 기본적으로 삶의 의미와 가치 그리고 그에 수반되는 보람이라는 감정과 관련이 있다. 따라서 사람은 아무리 물질생활이 풍요롭고 친밀한 인간관계 속에서 살아간다고 하더라도 사회에 기여하는 삶을 살지 않는다면 참다운 행복을 누릴 수 없다.

나는 지금도 글을 쓰고 있는데, 사실 글쓰기를 통해서 쾌감을 느끼기는 힘들다. 쾌감을 느끼려면 맛있는 음식을 먹거나 영화를 보는 것이 낫다. 그러나 나는 영화를 봤을 때보다는 글을 썼을 때 더 행복하다. 글을 쓰는 과정에서 혹은 글을 다 썼을 때 쾌감과는 비교할 수 없는 만족감이나 보람을 느끼기 때문이다. 일제강점기에 독립운동가들의 삶은 가장 의미 있고 가치 있으며 보람찬 삶이었다. 그것은 이들의 삶이 가지는 사회적 의의가 참으로 컸기 때문이다. 그러나 독립운동가들이 한평생을 가치 있게 살았다고 해서 그들이 자주 쾌감을 느끼면서 살았다고 말할 수는 없을 것이다. 독립운동을 하려면 사랑하는 부모나 가족들과 생이별을 해야 할 수도 있고, 체포되어 감옥생활을 하거나 죽을 수도 있다. 이런 삶은 고생스럽고 고통스럽다. 아마 긍정적인 감정의 총량을 행복으로 간주하는 심리학의 관점에서 보면 이들은 대단히 불행한 사람일 것이다. 그러나 독립운동가들이 느낀 쾌감의 총량은 이완용의 그것에 미치지 못할지언정 그 누구보다도 만족감의 총량은 컸을 것이다. 그리고 이완용 따위는 절대로 맛볼 수 없는 보람을 만끽하면서 살았을 것이다.

감정 측면에서 볼 때 참다운 행복은 기본적으로 만족감, 특히 보람에 의해 좌우되며 쾌감은 부차적이라고 할 수 있다. 일제강점기에 독립운동가들은 사회에 기여하는 의미 있고 가치 있으며 보람찬 삶을 살았기 때문에 가장 행복한 사람들이었다고 할 수 있다.

사회에 기여하는 바가 없는 개인주의자들은 보람이라는 감정을 아예 알지도 못하며 그 외의 만족감들도 경험하기 힘들다. 이들이 쉽게 또 자주 경험할 수 있는 유일한 긍정적 감정은 쾌감뿐이다. 그러니 이들은 쾌감을 곧 행복이라고 볼 수밖에 없다. 이런 점에서 심리학의 쾌락주의 행복론은 개인주의자들의 머리에서 고안해낼 수 있는 불가피한 차선의 행복론이라고 말할 수도 있을 것이다. 그러나 참다운 행복은 사회에 기여하는 삶 속에 있다. 즉 사람은 사회에 기여하는 삶을 살아야만 참다운 행복을 누릴 수 있다.

6장 사회가 행복을 좌우한다

불평등이 행복을
파괴한다

주류 심리학은 진실을 은폐하거나 교묘하게 호도해 행복은 개인에게 달린 것이고 사회(환경)는 행복에 그다지 큰 영향을 미치지 않는다는 거짓말을 지속적으로 유포해왔다. 심리학자 앨런은 대학교 교재로 사용하기 위해 집필한 《행복심리학》 서문에서 다음과 같이 말했다.

> 이 사회구조적 주제들을 어떤 식으로든 다룬 교재들이 없고, 많은 책들이 이 주제들을 완전히 무시한다. 하지만 인간 행복의 심리학을 온전하게 논의하려면 이 요인들을 포함해야 한다.[60]

앨런은 행복에 미치는 사회라는 요인의 중요성을 분명하게 언급했고 다른 심리학 저서들과는 달리 이것을 본문에서 다루고 있다. 그럼에도 그는 행복이 대부분 개인에게 달려 있다면서 사회를 전혀 다루지 않는 다른 심리학자들과 동일한 결론을 내린다.

행복의 많은 부분이 자신의 통제하에 있다는 것을 아는 것은 대단히 흥미로운 일이다. (…) 대체로 "행복은 우리 머릿속에 있다." 왜냐하면 삶의 사건들을 해석하는 우리의 방식이 행복에 지대한 영향을 미치기 때문이다.[61]

주류 심리학은 악착스럽게 행복이 개인, 특히 개인의 주관적 심리에 달려 있다고 말한다. 하지만 그것은 사실이 아니다. 행복에 결정적인 영향을 미치는 것은 사회다. 공기가 나빠지면 대부분의 사람이 호흡하기 불편해질 것이고 호흡기가 약한 사람부터 병에 걸리기 시작할 것이다. 공기가 나쁜가 좋은가를 좌우하는 것이 사회라면, 누가 병에 먼저 걸리고 누가 병에 걸리지 않을 것인가를 좌우하는 것이 개인이다. 심리학은 공기가 나쁜가 좋은가에는 전혀 관심이 없고 오직 누가 병에 걸리고 누가 병에 걸리지 않는가에만 관심이 있다. 즉 심리학은 행복 그 자체에 관심이 있는 것이 아니라 행복의 개인차에만 관심이 있는 것이다. 그러나 주류 심리학이 어떤 헛소리를 하든 간에 기본적으로 사회가 행복을 좌우한다는 객관적인 사실이 달라지지는 않는다.

넘어지면 누군가 나를 일으켜 세울 것이라는 믿음

사람들은 사회 속에서 살아가면서 마주치게 되는 수많은 사건과 상황으로부터 영향을 받으며, 그것과 관련된 다양한 활동을 한다. 예를 들면 사람들은 검찰개혁과 관련된 사건이나 상황들을 지켜보면서 즐거워하기도 하고 분노하기도 하며 검찰개혁에 찬성하거나 반대하는 등의 정치 활동을 한다. 이 과정에서 사람들의 행복 수준은 높아질 수도 있고 낮아질 수도 있다. 즉 사회가 어떻게 굴러가고 사람들이 어떻게 활동하느냐에 따라 사람들의 행복 수준이 달라진다는 것이다.

서울대학교 행복연구센터의 연구에 따르면 2018년에 가장 행복지수가 높았던 달은 4월이었다. 2018년 4월 27일에는 제1차 남북 정상회담이 열렸다. 행복연구센터는 다른 의미 있는 변수를 찾을 수 없었다면서 "평화의 분위기가 2018년 4월 한국의 행복 수준을 높인 것이 아닌가"[62]라고 조심스럽게 결론을 내렸다. 유엔의 행복 보고서에 따르면 평화지수가 변함에 따라 국내에서 나타나는 효과는 1인당 GDP가 15퍼센트 이상이나 변화하는 정도에 상응한다.[63] 다른 효과들을 제외하더라도, 남북 정상회담은 평화의 분위기를 크게 고조시켰으므로 그것이 한국 사회의 행복지수를 끌어올렸다고 보는 것은 타당하다. 이렇게 사람들을 기쁘게 해주는 정부의 정치 행위나 여러 사회현상은 사람들의 행복 수준에 큰 영향을 미친다.

유엔의 행복 보고서는 "통치제도 및 정책들은 삶을 영위해나갈 무대를 제공해준다. (…) 그리고 이것은 국민들이 자신의 삶의 질을 어떻게 평가하느냐에 영향을 미치는 우선적 요인들 중 하나다"[64]라고 말한다. 정치제도와 정부의 정책이 사람들이 자신의 삶의 질을 평가하는 데 영향을 미치는 중요한 요인이라는 것은 곧 그것이 행복과 관련이 있다는 것을 의미한다. 자신의 삶에 대한 평가가 행복 수준에 큰 영향을 미치기 때문이다.

사회가 어떻게 생겼고 어떻게 굴러가는가는 사람들의 행불행에 지대한 영향을 미친다. 이러한 영향을 미치는 사회의 기준을 몇 가지만 언급하면 다음과 같다.

첫째, 개인의 생존을 국가가 책임지는 사회인가 아닌가가 행복에 큰 영향을 미친다. 개인의 생존을 국가가 책임지는 사회에서 살아가는 사람들은 무엇보다 생존 불안, 즉 생존과 관련된 근심이나 걱정에서 해방된다. 또한 타인과 사회를 애정 어린 태도로 대할 수 있고 신뢰할 수 있다. 덴마크 고용부 장관의 한 자문위원은 다음과 같이 말했다.

"덴마크인들은 자기가 살고 있는 사회에 대한 만족감이 아주 높습니다. 내가 만약 넘어지면 누군가가 나를 일으켜 세울 것이라고 믿기 때문입니다. 그 믿음이 행복지수에도 영향을 주지 않을까요?"[65]

둘째, 평등한 사회인가 아닌가가 행복에 큰 영향을 미친다. 불평등한 자본주의 사회는 사람들로 하여금 건강한 인간관계를 맺지 못하도록 강요한다. 자본주의 사회는 사람을 포함하는 모든 것을 상품화시킴으로써 인간관계를 인간 간의 관계가 아닌 상품 간의 관계로 전락시킨다.[66] 상품으로 전락한 인간은 인간관계의 윤리인 사랑과 존중의 윤리에 따라 관계를 맺기보다는 상품관계의 윤리(혹은 상품교환의 윤리), 즉 등가교환의 원칙에 기초해 인간관계를 맺는다. 등가교환의 원칙이란 간단히 말해 1000원짜리 물건 한 개는 100원짜리 물건 열 개와 교환해야만 공정하다는 것이다. 이 원칙에 따르면 결혼을 할 때 신랑 측에서 1000만 원어치 혼수를 준비하면 신부 측도 1000만 원어치 혼수를 준비해야 윤리적이다. 만일 신부 측이 200만 원어치만 혼수를 준비하면 신랑 측은 신부 측에게 염치가 없다거나 결혼 자격이 없다고 화를 낼 것이고 신부 측은 신랑 측에게 마치 죄지은 것처럼 미안해할 것이다. 등가교환의 원칙, 즉 상품관계의 윤리에 어긋나는 짓을 했기 때문이다.

자본주의 사회에서 인간관계는 등가교환의 원칙에 따라 동일한 가치를 가지고 있는 사람끼리만 맺어진다. 교수는 의사와, 판사는 검사와 친구가 될 수 있지만 교수는 비정규직 판매원과, 판사는 목수와 친구가 될 수 없다. 등가교환의 원칙에 어긋나기 때문이다.

등가교환의 원칙에 따라 맺어지는 인간관계를 평등한 관계라고 억지스럽게 말할 수는 있겠지만, 그것이 사랑과 존중의 윤리에 기초한 인간관계라고 할 수는 없다. 자본주의 사회에서는 철저히 계산적인 관계, 주는 만큼 받는 관계가 맺어지기 때문이다. 내가 상대방에게 2만 원어치를 대접했으면 상대방도 나에게 2만 원어치를 대접해야 한다. 이렇게 등가교환을 하는 것이 윤리적인 것으로 간주된다. "시장에서 형성되는 인간관계는 상호 간에 고마움이나 애정과 같은 긍정적 감정이 없으며 무미건조한 관계다"[67]라는 말처럼 자본주의 사회에서 맺는 인간관계는 상품 간의 교환관계다. 물론 자본주의 사회에서 살아가는 사람들도 계산적인 인간관계가 아닌 건강한 인간관계를 원한다. 그러나 사회 전반의 인간관계를 등가교환의 원칙이 지배하고 있고, 절대다수의 사람이 돈을 많이 벌어야만 한다는 강박관념에 지배당하고 있어서 자본주의 사회에서는 건강한 인간관계를 맺기가 힘들다.

자본주의 사회에서 인간관계는 불평등 수준에 따라 달라진다. 불평등이 심한 사회, 특히 다층적 위계 사회에서는 단순한 계산적 관계를 넘어서서 사람들 사이에 지배–종속, 학대–피학대 관계 등이 일반화되고, 사람을 돈에 따라 차별하고 무시하는 병적인 풍조가 극대화된다.

자본주의 사회는 설사 평등 수준이 높다 하더라도 계산적인 인간관계가 지배적인 사회다.[68] 따라서 불평등이 심할 경우 자본주의 사회의 인간관계는 그야말로 엉망진창이 돼버릴 수밖에 없다. 불평등이 온갖 정신질환이나 사회악의 근본 원인이자 행복을 파괴하는 주범으로 지목되는 이유가 바로 여기에 있다.

소득 불평등은 다수의 사회적 불행과 연관된다. 사회적 불행에는 미국과 세계의 높은 수감률, 정신질환, 영아 사망률, 비만 및 낮은 기대수명 등이 포함된다. (…) 소득 불평등이, 특히 상대적으로 부유한 서방국가들에서 낮은 행복 수준과 연관된다는 것은 분명하다. (…) 불평등은 수감률, 유아 사망률 그리고 정신질환율 같은 많은 사회문제를 예측한다. 불평등은 또한 낮은 신뢰, 낮은 투표 참여율, 시민참여의 결여와 같은 사회구조의 균열과 연관된다.[69]

이 밖에도 불평등은 알코올 문제, 학교 폭력 등과 비례관계에 있다. 미국의 경우 주state 수준의 불평등은 아동 학대와 비례관계에 있으며, 유럽의 경우 국가 수준의 불평등은 아동 상해 사망률과 비례관계에 있다. 불평등에 관한 한 연구 결과에 따르면, 만약 영국에서 불평등을 절반으로 줄일 수 있다면 살인율은 50퍼센트 감소하고, 정신질환은 3분의 2 감소하고, 수감률과 10대 청소년 출산율은 80퍼센트 감소하고, 신뢰 수준은 85퍼센트 증가할 것이라고 예상했다.[70]

이처럼 사회가 불평등 문제를 해결하지 않으면 행복은 불가능하다. 사회를 떠나 살아갈 수 있는 사람은 존재하지 않는다. 사회가 행복해야만 개인도 행복할 수 있다.

사회적 행복과
개인적 행복

사회적 존재인 인간에게 있어서 집단 및 사회의 행복과 개인의 행복은 뗄 수 없이 연관되어 있다. 현실에서 집단의 이익과 개인의 이익, 집단생활과 개인생활은 하나로 통일되어 있기 때문이다. 예를 들면 가족의 이익은 곧 가족 구성원 개개인의 이익이고, 가장의 이익은 곧 가족의 이익이다. 사람들은 국가의 한 국민으로서, 특정한 사회집단의 한 구성원으로서 사회생활을 하는 동시에 개인생활을 한다. 이 때문에 집단이 행복해야 그 집단 속에서 살아가는 개인이 행복할 수 있고 개개인이 행복해야 그들이 속해 있는 집단도 행복할 수 있다.

물론 한국과 같은 자본주의 사회에서는 집단의 이익과 개인의 이익, 집단의 행복과 개인의 행복이 일치하지 않는 경우가 대부분이다. 노동자에게 임금을 적게 주는 것은 자본가에게는 이익이 되므로 행복이지만, 노동자에게는 불행이다. 치열한 개인 간 경쟁관계에서도 동료의 이익은 나의 손해고, 동료의 행복은 나의 불행이다. 이런 식으로 자본주의 사회에서는 집단의 행복과 개인의 행복이 일치하는 경우가 극히 드물다. 자본주의 사회에서 살아가는 대부분의 사람이 사회적 행복에는 무관심하고 오직 개인적 행복만을 추구하는 것은 이 때문이다. 그러나 집단의 행복과 개인의 행복이 대립하는 문제는 사회의 행복을 외면하고 개인의 행복만을 추구하는 것으로 해결하려고 해서는 안 된다. 한국을 집단의 행복과 개인의 행복이 일치하는 사회로 개혁함으로써 해결해야 한다. 사회의 행복과 유리된 개인의 행복은 행복의 일부분 혹은 불완전한 행복이므로 그것만을 추구하면 참다운 행복을 누릴 수 없기 때문이다.

사회의 행복과 개인의 행복 중에서 더 귀중한 것은 사회의 행복이다. 무엇보다 사회가 행복해야만 사회 속에서 살아가는 개인들도 행복할 수 있기 때문이다. 사회의 행복이 개인의 행복보다 더 귀중하므로 사람은 사회의 번영과 모든 사람의 행복을 위해 살아가는 길 위에서만 참다운 행복을 누릴 수 있다. 사회의 행복을 외면하고 개인의 행복만을 추구하는 사람은 참다운 행복을 누릴 수 없을 뿐만 아니라 사회에서 지탄과 버림을 받게 된다. 사람에게는 사회의 행복이 더 귀중하고 사회의 행복을 위해 투쟁하는 데 참다운 행복이 있다는 사실은 행복의 사회적 측면, 즉 사회적 행복이 있으며 그것이 행복의 참된 본질이라는 것을 의미한다. 그러나 이것이 행복의 개인적 측면, 즉 개인적 행복을 무시해도 된다는 것을 의미하지는 않는다.

개인생활을 떠난 인간의 생활이란 있을 수 없으며 사람들이 행복한 생활을 하려면 사회가 행복해야 할 뿐만 아니라 개인의 생활도 행복해야 한다. 사람들이 개인 생활에서도 행복을 누릴 수 있어야 사회적 행복이 더욱 꽃피날 수 있으며 불행을 모르는 완전한 행복을 누릴 수 있다. 개인적 행복에는 개인적인 요구의 실현과 관련된 여러 측면이 포함된다. 사랑하는 가족과 친구가 있고, 먹고 입고 쓰는 데 근심과 걱정이 없으며, 건강한 몸으로 즐겁게 사는 것 등이 개인적 행복에 속한다.

건강한 몸은 개인적 행복에서 큰 의의가 있다. 몸이 건강해야 사회를 위해 그리고 자기 자신을 위해 더 잘 활동할 수 있으며 그 과정에서 삶의 보람과 기쁨을 느낄 수 있다. 앓아누워 육체적 고통을 겪는 사람의 생활이 즐겁기는 어려우며 나아가 몸이 아파 사회를 위해 활동하지 못하면 떳떳함이나 보람 또한 느낄 수 없다.

개인적 행복에서 반드시 고려해야 할 것 중 하나는 개성의 발견, 즉 개인적 능력과 자질의 발전이다. 사람들은 개성의 자유로운 발현이 억제되면 불쾌감을 체험한다. 즉 행복감을 느끼지 못한다. 사람들은 자신의 자질과 능력이 부족해서 사회와 자기 자신의 발전에 기여하지 못할 때 불쾌감과 괴로움을 느끼며 보람을 느끼지 못한다. 따라서 개인적 능력과 자질을 발전시키지 못하는 사람은 사회적 행복은 물론 개인적 행복도 참답게 누릴 수 없다. 따라서 사람이 행복해지려면 개성을 적극 발전시켜야 한다.

사회제도는 행복에 거대한 영향을 미친다

심리학이나 행복학은 행복의 객관적 조건에 대해서는 거의 언급하지 않고 주관적 조건 혹은 주관적 심리만을 강조한다. 그러나 사람들이 행복해지려면 무엇보다 행복의 객관적 조건이 마련돼야 한다. 행복의 객관적 조건과 주관적 조건은 통일되어 있다. 행복은 사회가 사람들에게 행복한 생활을 누릴 수 있는 객관적 조건을 마련해주고 사람들이 그 객관적 조건을 이용할 수 있는 주관적 조건을 갖췄을 때 실현된다. 다시 말해 사회가 사람들에게 행복한 생활을 누릴 수 있는 물질문화적 조건을 마련해주고, 사람들의 개성과 능력의 발전을 보장해줄 때 그리고 사람들이 그 조건을 이용할 수 있는 자질과 능력을 갖췄을 때 참다운 행복이 이뤄질 수 있다.

예를 들면 국가가 무상교육, 무상의료, 무상주택, 기본소득 등을 실시해 행복의 물질문화적 조건을 마련해주고 개개인이 훌륭한 교육이나 건전한 문화를 활용해 자신의 개성을 높이 발양시킬 때 참다운 행복이 가능해진다. 이런 점에서 보면 참다운 행복은 개인 이기주의에 기초하고 있는 자본주의 사회에서는 실현될 수 없다. 한국과 같은 자본주의 사회는 '각자는 각자를 위하여'라는 반사회적이고 개인 이기주의적인 원리에 의해 운영된다. 이런 사회에서는 무엇보다 사회가 개개인에게 행복의 객관적 조건을 마련해주지 않는다.

국가나 사회가 사람들에게 행복의 객관적 조건을 마련해주려면 사회제도부터 바꿔야 한다. 사회제도가 행복의 주관적·객관적 조건을 기본적으로 좌우하기 때문이다. 행복, 특히 행복의 객관적 조건은 사회제도와 뗄 수 없는 밀접한 관계에 있다. 규칙이나 규범은 사람들의 행복에 커다란 영향을 미친다.

만일 농구 시합을 공을 바닥에 튀기지 않고 계속 들고 다닐 수 있다는 규칙에 따라 진행한다면 키가 큰 사람이 절대적으로 유리할 것이다. 키가 2.3미터인 거인이 공을 머리 위로 치켜들고 있으면 아무도 그 공을 빼앗을 수 없을 것이기 때문이다. 이 규칙은 키가 큰 사람들은 행복하게 해주겠지만 키가 작은 사람들은 불행하게 만든다. 이런 식으로 규칙이나 규범은 사람들의 행복을 크게 좌우할 수 있다. 그런데 사회를 운영하는 규범이나 규칙을 법령 등으로 고정시켜둔 것이 바로 사회제도다. 사회제도가 사람들의 행복에 근본적으로 또 지속적으로 거대한 영향을 미치는 이유가 바로 여기에 있다.

사회가 사람들에게 행복의 객관적 조건을 마련해주는 것을 제도적으로 가로막고 있는 자본주의 사회에서 지배계급은 행복—물론 참다운 행복은 아니지만—을 누릴 수 있는 특권을 가지는 반면 절대다수의 민중은 불행만을 강요당한다. 이 때문에 마르크스를 비롯한 많은 사상가 그리고 에리히 프롬 같은 심리학자는 자본주의 제도를 사회주의 제도로 변혁해야만 참다운 행복이 가능해진다고 주장해왔다.

최근에는 전 세계적으로 불평등이 극도로 심각해지고 자본주의의 모순이 격화되자 자본주의 제도를 옹호하는 학자들조차 평등을 강화하는 쪽으로 자본주의 제도를 크게 손봐야 한다고 목소리를 높이고 있다. 여기에서 이런 논의를 자세히 다루는 것은 주제에서 벗어나므로 참다운 행복은 국가가 국민에게 행복의 객관적 조건을 마련해주는 사회제도 속에서만 가능하다는 것만 강조하기로 한다.

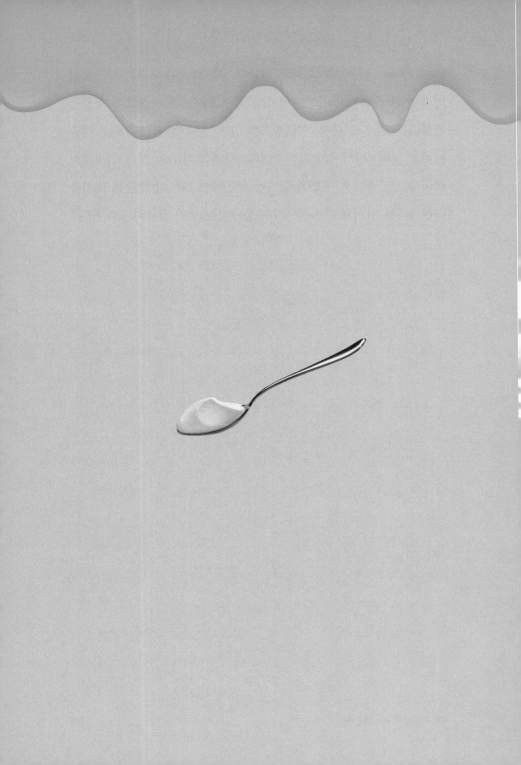

4부

참다운 행복을 찾아서

7장   지금 여기, 우리에게 필요한 진짜 행복론

삶의 목적이
실현된 상태

지금까지 한국 사회에 만연한 물질주의 행복론과 주류 심리학과 행복학이 퍼뜨려온 행복론들이 왜 엉터리 행복론인지 그리고 진정한 행복을 가능하게 해주는 조건들은 무엇인지에 대해 살펴봤다. 이제 우리는 잘못된 세상이 권하는 가짜 행복에서 벗어나 행복의 조건들을 갖추고 참다운 행복으로 나아가야 한다. 그렇다면 참다운 행복, 즉 진짜 행복이란 무엇일까? 심리학은 행복이라는 개념을 과연 어떻게 정의해야 할까?

《국어사전》은 행복을 "생활에서 충분한 만족과 기쁨을 느끼는 흐뭇한 상태"[1]로 정의하고 있다. 이 정의에는 행복이 '생활'과 관련이 있다는 것 그리고 행복이 쾌감이 아닌 '만족'과 관련이 있다는 내용이 담겨 있다. 이런 점에서 《국어사전》의 행복에 대한 개념 정의는 행복을 생활과 분리된 것으로 바라보며 쾌감을 중심으로 행복을 논하는 주류 심리학보다는 훨씬 낫다고 할 수 있다. 그러나 《국어사전》의 개념 정의는 일부 긍정할 만한 점이 있음에도 불구하고 행복의 본질과 핵심을 포함하고 있지 않은 불충분한 정의다.

목적을 실현했을 때 느끼는 감정

　행복은 무엇보다 목적 실현과 밀접한 관련이 있다. 사람은 동물과는 달리 목적을 세우고 그것을 실현하기 위해서 살아가는 존재다. 동물은 아무 목적 없이 본능에 따라 살아가지만, 사람은 목적을 실현하기 위해 살아간다. 그것이 의식적이든 무의식적이든 간에 목적이 없는 사람의 생활이나 활동이란 상상할 수 없다.

　목적이 있는가 없는가는 어떤 생활이나 활동이 의미가 있는가 없는가를 좌우한다. 쉽게 말해 목적이 있어야 어떤 행동이 의미를 가질 수 있다. 목수가 망치질을 열심히 하고 있다고 가정해보자. 만일 그가 집을 짓겠다는 목적을 가지고 있다면 그의 망치질은 의미를 가진다. 그러나 그에게 아무런 목적이 없다면 그의 망치질은 아무런 의미도 가질 수 없다. 이런 식으로 목적이 있어야 사람들은 그 목적 실현과 관련된 활동이나 생활에 의미를 부여할 수 있다. 행복은 의미 있는 활동이나 생활의 과정에서 누리는 것이다. 바꿔 말하자면 사람은 의미가 없는 활동이나 생활에서는 행복을 누릴 수 없다.

　사람들은 목적이 있어야 만족감을 체험할 수 있다. 앞에서 사람의 감정을 구분하는 기본적인 질이 쾌-불쾌, 만족-불만족임을 살펴봤다. 일반적으로 쾌감은 욕망이 즉각적으로 충족됐을 때 체험하는 감정이다. 예를 들어 추운 겨울날 길을 가다가 향기로운 어묵 냄새를 맡고 그것을 먹고 싶다는 욕망이 생겼을 때, 그때 바로 어묵을 먹으면 체험하게 되는 감정이 쾌감인 것이다. 쾌감과는 달리 만족감은 기본적으로 목적을 실현했을 때 체험하는 감정이다.

목적 달성은 즉각적인 욕망 충족과는 다르다. 무엇보다 목적 달성에는 의지가 담긴 노력이 포함된다. 인터넷에서 어떤 맛집을 소개하는 글을 읽고 그곳에 가서 음식을 먹어야겠다는 목적을 세우는 경우를 예로 들어보자. 맛집에 가서 음식을 사 먹는 것은 길을 걸어가다가 어묵을 사 먹는 것과는 차원이 다른 일이다. 미리 날짜와 시간을 정해야 하고, 돈을 준비해야 하고, 맛집까지 어떤 이동 수단으로 어떻게 갈지를 정해야 한다. 맛집에 미리 전화해서 예약을 해야 할 수도 있다. 이렇게 맛집 탐방이라는 단순한 목적을 달성하려고 해도 의지가 담긴 노력이 필요하다.

맛집에 가서 음식을 먹었는데 기대했던 대로 맛이 아주 좋다면 사람들은 만족감을 체험한다. 즉 이때 체험하는 긍정적인 감정은 단순한 쾌감이 아닌 만족감—물론 여기에는 쾌감도 하위감정으로 포함되어 있다—인 것이다. 인간을 동물과 별 차이가 없다고 주장하는 주류 심리학은 동물에게도 있는 쾌-불쾌에만 주목하고 사람에게 고유한 만족-불만족은 보지 못한다. 사람에게 더 중요한 감정은 쾌가 아니라 만족이며 행복과 더 큰 관련이 있는 감정 역시 쾌가 아니라 만족이다. 즉 행복은 기본적으로 쾌감이 아닌 만족감과 관련이 있다. 결론적으로 행복이 목적 실현과 관련이 있는 것은 행복이 사람들에게 만족감을 느끼게 해주기 때문이다.

가장 수준 높고 중요한 목적

목적 실현이 행복과 관련이 있다는 것은 분명하다. 하지만 맛집에 가서 맛난 음식을 먹는 것과 같이 사소한 목적들을 실현하면서 살아가는 것이 행복은 아니다. 행복은 단순하고 사소한 목적이 아니라 삶 전체와 연관된 목적 실현과 관련이 있다. 유엔의 행복 보고서에 따르면 "삶의 조건들이나 긍정적 정서들이 행하는 역할과는 별개로, '삶의 목적'을 갖는 것이 삶에 대한 평가를 높이는 데 긍정적인 역할을 수행한다."[2] 또한 행복 연구들에 따르면 자신의 삶에 대한 평가가 행복에 큰 영향을 미친다. 삶의 목적을 갖는 것은 삶에 대한 평가에 긍정적인 영향을 미치기 때문에 자연스레 행복 수준을 높여준다. 간단히 말해 삶의 목적을 가지고 있는 사람이 그렇지 않은 사람보다 자신의 삶을 더 긍정적으로 평가하며 그 결과 더 행복하다는 것이다. 그렇다면 삶의 목적을 갖는 것이 왜 삶에 대한 평가, 나아가 행복에 긍정적인 영향을 미치는 것일까?

첫째, 삶의 목적이 목표지향적인 삶을 가능하게 해주기 때문이다. 맛집에 가서 맛있는 음식을 먹겠다는 목적은 단지 맛집으로 가는 길을 알려줄 뿐 참다운 인생의 길을 알려주지는 않는다. 사람들은 어떤 인생을 살아야 하는지, 어떤 인생을 살아야 행복할 수 있는지 알고 싶어 한다. 삶의 목적이 있다는 것은 이런 의문에 대해 자기 나름대로 해답을 찾았다는 의미다.

삶의 목적이 없는 생활이나 인생이란 망망대해를 표류하는 것과 같다. 삶의 목적이 뚜렷하면 어두운 밤바다일지라도 등대의 불빛이 있으므로 목적을 향해 확신을 갖고 나아갈 수 있다. 목표지향적인 생활이나 인생은 사람들을 행복하게 해주지만 목표 없이 이리저리 흔들리는 생활이나 인생은 사람들을 행복에서 멀어지게 한다.

둘째, 삶의 목적이 삶의 의미를 가능하게 해주기 때문이다. 앞에서 삶의 의미는 삶의 사회적 의의에 의해 결정된다는 점을 살펴봤다. 삶의 목적 역시 삶의 의미에 영향을 미치는데, 이는 삶의 사회적 의의와 삶의 목적이 밀접하게 관련되어 있기 때문이다.

삶이 사회적 의의를 가지려면 사회적 의의를 가능하게 해줄 수 있는 삶의 목적을 세우고 이것을 실현하기 위해 살아야 한다. 사회적 의의가 있는 삶의 목적이 있으면 그것을 실현하기 위한 모든 활동, 생활 나아가 삶이 의미를 갖게 된다. 예를 들면 의술로 사회에 봉사하겠다는 삶의 목적을 가지고 있는 의사에게는 의료활동, 의사로서의 생활, 의사로서의 삶이 의미를 가진다. 반대로 목적이 없으면 그 어떤 것도 의미를 가질 수 없다. 삶의 목적 없이 하루하루를 그저 흘려보내는 사람은 수많은 활동, 사회생활과 개인생활, 나아가 삶에서도 의미를 가질 수 없다는 것이다. 삶의 목적이 가지는 중요성에 대해 상담심리학자 정동섭은 다음과 같이 말했다.

목적의 부재는 불행과 불만족스러운 삶의 원인이다. 명확한 삶의 목
적을 찾는 것은 우리의 인생에서 행복과 만족을 성취하는 데 필수적이
다. (…) 목표의 추구는 우리의 일상생활에서 틀과 의미를 더해준다.[3]

셋째, 삶의 목적이 만족의 원천이기 때문이다. 일반적으로 행
복은 만족을 불러일으키며 만족감은 행복의 감정이자 정서 표현이
다. 행복이 만족감을 동반한다면 불행은 불만감을 동반한다.

만족은 목적을 실현했을 때 체험하는 감정이므로 만족의 질과
양은 목적의 내용이나 수준에 의해 좌우된다. 사람들은 단순하고
사소한 목적을 실현했을 때는 단순하고 낮은 만족감을, 중요한 목
적을 실현했을 때는 높은 차원의 만족감을 체험한다.

삶의 목적은 목적 가운데 가장 수준이 높고 중요한 목적이다.
따라서 삶의 목적을 실현하는 것과 관련된 만족감은 그야말로 최
고 수준의 만족감이라고 할 수 있다. 평생의 꿈을 실현했을 때 체
험하는 만족감은 단순히 시험에 합격했을 때 느끼는 만족감과는
비교할 수 없다.

지금까지의 논의를 요약해보면, 행복은 삶의 목적 실현과 목적
실현에 이바지하는 행위 그리고 그에 따르는 만족감과 관련이 있
다. 즉 무엇보다 행복은 삶의 목적이 실현된 상태를 의미한다.

사람답게
살아간다는 것

행복은 목적 실현과 관련이 있다. 그러므로 행복은 욕망의 충족과
도 관련이 있다. 왜냐하면 목적은 사람들의 욕망에 기초해서 세워
지기 때문이다. 목적과 욕망이 불가분의 관계에 있기 때문에 상당
수의 행복 연구자는 욕망의 충족을 행복으로 보기도 한다.

　사람들은 사회적으로 높은 존경을 받게 되면 행복감을 느끼며
유족한 물질생활을 누릴 때에도 행복감을 느낀다. 청년들은 대학
입시에 합격했을 때 행복감을 느끼며, 과학자나 예술가들은 고심
어린 연구에 성공했을 때나 자신의 작품이 사회적으로 높은 평가
를 받게 되었을 때 행복감을 느낀다. 인간의 생활상이 다양한 만큼
사람들이 행복감을 느끼게 되는 경우도 다양하다. 그런데 이 모든
것에는 공통점이 있다. 사람들이 행복감을 느끼게 되는 경우는 모
두 욕망이 충족됐을 때라는 것이다.

　욕망이 충족됐을 때 사람들이 행복감을 느낀다는 것은 분명하
지만 그렇다고 해서 모든 욕망의 충족이 곧 행복이라고 말할 수는

없다. 왜냐하면 욕망 중에는 건전한 욕망도 있지만 불건전한 욕망이나 병적인 욕망도 있기 때문이다. 행복은 모든 욕망의 충족이 아닌 건전한 욕망의 충족과만 관련이 있다. 이것은 동시에 모든 삶의 목적이 아니라 건전한 삶의 목적을 실현하는 것만이 행복과 관련이 있다는 것을 의미한다. 정리하자면 건전한 욕망과 그것에 기초하는 건전한 삶의 목적 실현만이 행복과 관련이 있다. 따라서 사람은 무엇이 건전한 욕망이고 목적인가를 정확히 알아야만 행복으로 나아갈 수 있다.

|

인간본성이란 무엇인가

건전한 욕망 혹은 건전한 목적이란 인간본성에 맞는 욕망이나 목적을 말한다. 즉 인간본성이 건전한 욕망과 목적을 판별하는 기준이다. 왜 그런지를 알려면 인간본성이 무엇인지부터 살펴볼 필요가 있다.[4] 본성本性이란 말 그대로 근본적인 성질 혹은 성품을 의미한다. 그렇다면 근본적인 성질이란 도대체 무엇인가. 근본적인 성질이란 존재를 규정하는 성질, 어떤 존재를 바로 그것이게끔 해주는 성질이라고 할 수 있다.

예를 들어보자. 자동차는 여러 성질을 가지고 있다. 쇠로 만들어진 성질, 유선형으로 생겼다는 성질, 바퀴가 네 개라는 성질, 자체의 동력으로 움직인다는 성질 등을 들 수 있다. 그런데 이런 여러 성질 가운데 쇠로 만들어진 성질을 상실하더라도 자동차가 아니라고 말할 수는 없다. 플라스틱이나 나무로 만들어져도 자동차는 자동차인 것이다. 따라서 쇠로 만들어졌다는 성질은 자동차의 근본적인 성질이 아니라 부차적인 성질이다. 그런데 만일 자체의 동력으로 움직이는 성질을 상실하면 자동차는 더 이상 자동차가 아니게 된다. 제아무리 자동차와 똑같이 생겼어도 엔진이 없어서 차체를 말이 끌고 가야 한다면 그것은 자동차가 아니다. 이처럼 본성은 어떤 존재를 바로 그 존재이게끔 해주는 성질이다. 반대로 말하면 그 성질을 상실하면 어떤 존재가 더 이상 그 존재가 아니게끔 되는 성질이 본성이다.

사람은 수많은 성질을 가지고 있다. 직립보행하는 성질, 언어를 사용하는 성질, 손가락을 자유롭게 사용하는 성질, 양심에 따라 행동하는 성질 등을 예로 들 수 있다. 그런데 누군가가 교통사고를 당해 더 이상 직립보행을 하지 못하게 되었다고 해서 그를 사람이 아니라고 할 수는 없다. 마찬가지로 누군가가 병으로 말을 하지 못하게 되었다고 해서 그를 사람이 아니라고 할 수는 없다. 따라서 이 두 가지 성질은 본질적인 성질, 즉 본성이 아닌 부차적인 성질이다. 만일 누군가가 양심에 따라 행동하는 성질을 상실했을 때 그를 더 이상 사람이 아니라고 할 수 있다면, 바로 그것이 인간의 본성이다. 인간본성은 사람을 사람이게끔 해주는 성질 혹은 성품이다. 뒤집어 말하면 인간본성은 사람이 그것을 상실하면 더 이상 사람이 아니게끔 해주는 성질 혹은 성품이다. 한마디로 본성은 존재를 규정하는 성질인 것이다.

이러한 인간본성을 판별하는 두 가지 기준은 보편성과 정신건강(혹은 행복)이다. 인간본성의 보편성이란 쉽게 말해 인간이 존재하는 곳에서는 항상 인간본성이 발견돼야 한다는 것이다. 보편성은 역사적 보편성(시간적 보편성), 사회적 보편성(공간적 보편성)으로 구분할 수 있다. 역사적 보편성이란 어떤 역사적 시기에도 불구하고 항상 관찰 가능해야 한다는 것이고, 사회적 보편성이란 어떤 사회인지와 상관없이 항상 관찰할 수 있어야 한다는 것이다.

돈에 대한 욕망을 예로 들어보자. 돈에 대한 욕망이 역사적 보편성이 있다고 말하려면 그것이 원시시대, 조선시대 그리고 오늘날의 사람들 모두에게서 공통적으로 발견되어야 한다. 그런데 돈에 대한 욕망은 자본주의 시기 이후에만 발견된다. 원시시대는 두말할 것 없고 조선시대까지만 해도 돈에 대한 욕망은 거의 발견되지 않는다. 이것은 서양의 경우에도 마찬가지다. 따라서 돈에 대한 욕망은 역사적 보편성이라는 기준을 충족시키지 못한다.

사회적 보편성도 마찬가지다. 돈에 대한 욕망은 한국과 미국 같은 사회에서는 대단히 강하지만 북유럽 사회나 정통적인 사회주의 사회에서는 별로 강하지 않다. 아마존 원주민 사회에서는 발견조차 하기 어렵다. 따라서 돈에 대한 욕망은 사회적 보편성이라는 기준도 충족시키지 못한다. 보편성이 인간본성을 판별하는 기준이 되는 까닭은 인간이 인간인 한 인간본성은 사라지거나 상실될 수 없기 때문이다. 인간본성은 인간을 인간이게끔 해주는 성질이므로 갑자기 사라졌다가 다시 나타나는 식으로 들쑥날쑥할 수 없으며 인간이 존재하는 시공간에서는 항상 발견되어야 한다.

인간본성은 정신건강 혹은 행복과 정비례 관계에 있다. 더 정확히 말하자면 인간본성이 실현된 결과가 정신건강과 행복이다. 무릇 모든 생명체는 자기의 본성대로 살아야만 정신건강이 좋아지고 행복할 수 있다. 호랑이의 본성을 풀이 아닌 고기를 먹는 것이라고 가정해보자. 만일 호랑이가 풀만 먹고 살게 되면 어떻게 될까? 정신이 이상해지거나 죽게 될 것이다. 당연히 행복할 수도 없을 것이다. 호랑이는 호랑이의 본성대로 살아야 행복할 수 있고 개는 개의 본성대로 살아야 행복할 수 있다. 물론 동물의 경우에는 행불행을 논할 수 없으므로 이것은 그냥 비유일 뿐이다. 하지만 이를 통해서 말하고 싶은 것은 사람은 인간본성에 맞게 살아갈 때 정신이 건강해지고 행복할 수 있다는 것이다.

많은 심리학자가 이기심을 인간의 본성이라고 주장한다. 만일 그들의 주장이 옳다면, 즉 이기심이 인간본성과 관련이 있다면 사람은 이기적으로 살수록 정신이 더 건강해지고 더 행복해져야 한다. 하지만 많은 연구가 보여주듯이 이기적으로 사는 사람일수록 몸과 마음의 건강이 더 나쁘고 더 불행하다. 이것은 이기심이 인간본성과 관련이 있기는커녕 그것에 반하는 심리임을 보여준다. 결론적으로 인간본성의 실현은 정신건강과 정비례하므로 정신건강은 어떤 것이 인간본성인가 아닌가, 인간본성과 관련이 있는가 없는가를 판별하는 기준이 될 수 있다.

인간본성을 판별하는 두 기준을 충족시키는 요구나 욕망, 다시 말해 인간본성에 부합하는 요구나 욕망에는 어떤 것이 있을까? 대표적으로 사랑과 자유를 꼽을 수 있다.

사랑은 보편성이라는 기준을 충족시킨다. 원시시대의 사람이든, 조선시대의 사람이든, 오늘날의 사람이든 간에 사람이라면 모두 사랑을 원한다. 즉 사랑은 역사적 보편성이라는 기준을 충족시킨다. 그가 어떤 사회에서 살고 있든 간에, 즉 그가 한국인이든 미국인이든 아프리카인이든 모두 다 사랑을 원한다. 즉 사랑은 사회적 보편성이라는 기준도 충족시킨다.

사랑은 정신건강이라는 기준도 충족시킨다. 사람은 사랑을 할수록 정신이 건강해지고 행복해진다. 반면에 사랑을 하지 못할수록 정신건강이 나빠지고 불행해진다.

자유도 마찬가지다. 노예제 시대의 노예, 봉건제 시대의 농민, 오늘날의 민중은 모두 자유를 원한다. 한국인이든 미국인이든 아프리카인이든, 사람이라면 모두 자유를 원한다. 즉 자유는 역사적·사회적 보편성이라는 기준을 충족시킨다. 사람은 자유를 누리면 누릴수록 정신이 더 건강해지고 더 행복해진다. 반대로 사람은 자유를 빼앗기면 빼앗길수록 정신건강이 나빠지고 더 불행해진다. 즉 자유는 정신건강이라는 기준도 충족시킨다.

가치 있는 목적에 헌신할 때

한국인들은 옛날부터 사람답게 살고 싶다는 희망을 피력해왔다. 1980년대에 유행했던 〈철의 노동자〉라는 민중가요에도 "내 하루를 살아도 인간답게 살고 싶다"는 가사가 들어 있다. 사람들은 비굴하고 너절하게 사는 사람을 보면 '사람답게 살라'고 질책하기도 한다. '사람답게 산다'는 말을 현재의 논의에 비춰보면 '인간본성에 맞게 산다' 혹은 '인간본성을 실현하면서 산다'라고 해석할 수 있을 것이다. 즉 사람이 사람답게 산다는 것은 인간본성에 맞게 산다는 것이고, 개가 개답게 산다는 것은 개의 본성에 맞게 산다는 것을 의미한다.

사람이 사람답게 사는 것, 사람이 자기의 본성에 맞게 산다는 것은 곧 인간본성에 기초하는 욕망과 목적을 충족시키거나 실현하기 위해 사는 것이다. 이러저러한 삶의 목적이 있고 이것을 실현하기 위해서 살아간다고 해서 사람이 무조건 행복해지는 것은 아니다. 사람은 인간본성에 맞는 삶의 목적을 실현하기 위해 살아갈 때만 행복해질 수 있다. 지금부터는 논의의 편의를 위해 인간본성에 맞는 욕망을 인간적인 욕망, 인간본성에 맞는 삶의 목적을 인간적인 삶의 목적이라고 부를 것이다.

삶의 목적이 없는 삶보다는 목적이 있는 삶이 낫다. 그러나 만일 삶의 목적이 인간본성에 반하는 것이라면 그런 목적을 실현하기 위한 삶에서는 행복을 맛볼 수 없다. 반짝 떼돈을 벌어서 평생 놀고먹겠다는 삶의 목적을 추구하는 사람이 과연 행복할 수 있을까. 물론 도덕적으로 나쁜 짓 하지 않고 성실하게 일해서 집을 사겠다는 등의 개인적인 삶의 목적을 실현하기 위한 삶에서도 어느 정도의 행복은 맛볼 수 있을 것이다. 하지만 그런 행복은 사회와 분리되어 고독하게 살아가는 사람의 개인적 행복일 뿐 진정한 행복, 참다운 행복이 아니다. 참다운 행복은 인간적인 삶의 목적을 실현하기 위해 살아갈 때만 가능해진다.

인간본성은 생물학적 성질이 아니라 사회적 성질(혹은 성품)이다. 사람을 사람이게끔 해주는 성질은 오직 사람만이 가지고 있다. 사람만이 아니라 동물도 가지고 있는 생물학적인 성질은 사람에게는 부차적인 성질이지 근본적인 성질이 아니다. 인간본성이 사회적 성질이라는 것은 인간본성에 기초하는 욕망이 개인적 욕망이 아니라 사회적 욕망임을 의미한다. 쉽게 말해 그것은 어느 한 개인만이 가지고 있는 개인적 욕망이 아니라 원칙적으로 모든 사람이 공유하는 집단적 욕망이라는 것이다. 예를 들면 자유의 욕망은 한 개인만이 가지고 있는 특수한 욕망이 아니라 모든 사람이 가지고 있는 집단적 욕망이고 사회적 욕망이다.

개인적 욕망 중에는 사회적 욕망과 관련이 있거나 사회적 욕망의 충족에 이바지하는 개인적 욕망도 있고 사회적 욕망과는 관련이 없거나 사회적 욕망과 배치되는 개인적 욕망도 있다. 이 중에서 후자, 즉 사회적 욕망과 배치되는 개인적 욕망은 인간본성과 관련이 없으며 그러한 욕망이나 이익을 실현하기 위한 생활은 사람다운 생활이 아니고 행복한 생활도 아니다. 따라서 개인적 욕망과 이익의 충족에서 맛보는 개인 이기주의자의 쾌감이나 만족감은 인간적인 욕망의 실현에서 느끼는 만족감이나 행복감과는 아무 관련이 없다.

일찍이 헬렌 켈러Helen Keller는 "진정한 행복의 조건이 무엇인지 오해하는 사람들이 많다. 진정한 행복은 자기만족을 통해서가 아니라 가치 있는 목적에 헌신할 때 찾아오는 것이다"[5]라고 말한 바 있다. 행복은 모든 개인적 욕망이 충족되거나 개인적 목적을 실현했을 때 체험하는 저급한 자기만족이 아니라 '가치 있는 목적', 즉 인간적인 삶의 목적을 실현했을 때 경험하는 최고 수준의 만족과 관련이 있다. 사람은 인간본성에 기초하는 인간적인 욕망과 인간적인 삶의 목적을 실현하기 위해 살아갈 때만 참다운 행복을 누릴 수 있다.

자유,
가장 강력한 행복의 원천

몰입의 중요성을 강조하는 일부 심리학자는 몰입이 행복을 좌우한다고까지 말한다. 정말 그럴까? 심리학자 칙센트미하이의 저서 《몰입》에는 세라피나 할머니의 사례가 나오는데, 그녀는 다음과 같이 말했다.

> "알프스 마을 생활이 쉬웠던 적은 한 번도 없었어요. 매일매일 생존하기 위해서 밭매기, 씨뿌리기 등 고된 노동부터 바느질, 뜨개질같이 어려운 수공예까지 광범위한 일들을 숙달해야만 했어요. 하지만 나는 지금 자유롭습니다. 내가 하고 싶은 일은 무엇이든 할 수 있으니까요. 내가 내 인생의 주인이죠."[6]

아마 독자들은 세라피나 할머니가 행복한 이유가 '자유'에 있음을 금방 알 수 있을 것이다. 몰입은 자유로운 사람에게 차례지는 부수적인 이점이다. 다시 말해 몰입은 자유로운 사람이 누리는 부수적인 특권이다. 이것은 자유가 행복에 큰 영향을 미친다는 것을 시사한다. 자유는 행복과 어떤 관계에 있을까?

세계와 자기 인생의 주인이 되는 것

인간본성에 기초하는 욕망, 즉 인간적인 욕망의 충족이 행복의 본질이다. 인간적인 욕망에는 많은 것이 포함되는데, 그중에서 가장 중요한 것이 자유의 욕망이다. '정치적 지배나 탄압에서 벗어나는 것'과 같이 과거에는 일반적으로 자유를 어떤 구속이나 예속에서 벗어나는 것을 의미하는 개념으로 사용해왔다. 영어로 말하자면 'freedom from~'을 자유로 봤던 것이다. 이것은 과거의 인류가 숱한 구속과 예속에 얽매여 살아야만 했다는 사정과 관련이 있다. 그렇지만 자유라는 개념에는 단지 어떤 구속이나 예속에서 벗어나는 것만이 아니라 세계와 자기 인생의 주인이 되어 원하는 것을 스스로 실현해나가는 것까지 포함돼야 한다. 영어로 표현하자면 'freedom to~'가 포함돼야 한다는 것이다.

정리하자면 자유의 욕망이란 'freedom from'과 'freedom to'를 모두 포괄하는, 세계와 자기 인생의 주인이 되어 자유롭게 살아가려는 욕망이라고 할 수 있다.

주류 심리학은 자유에 대해서는 거의 다루지 않는다. 그나마 자유와 가장 큰 관련이 있는 심리학 개념은 통제력(혹은 자신에게 통제력이 있다고 믿을 때 체험하게 되는 감정인 통제감)일 것이다. 통제력이 곧 자유라고 말할 수는 없지만, 자유에는 통제력이 포함된다. 정말로 자유로운 사람은 당연히 세계와 자신의 삶을 통제할 수 있는 사람일 것이기 때문이다. 심리학 연구들에 따르면 유아기부터 성인기에 이르기까지 나타나는 인간 행동의 대부분이 통제에 대한 욕망의 표현들이며, 사람들은 통제력을 행사하는 데서 만족감을 느낀다. 즉 사람들의 활동은 대부분 자유의 욕망을 실현하기 위한 것이고 자유의 욕망이 충족됐을 때 사람들은 만족감과 행복감을 느낀다는 것이다. 심리학자 길버트Daniel Gilbert는 통제력의 중요성에 대해 다음과 같이 말했다.

> "인간은 통제에 대한 열정을 지니고 이 세상에 왔고, 그 모습 그대로 이 세상을 떠난다. 연구자들에 따르면 살아가는 동안 그 어느 한 시점에서라도 통제력을 상실하면 인간은 불행하고 무력하며 희망도 없고 우울해진다고 한다. 그리고 이따금 그 이유 때문에 죽기도 한다."[7]

요약하자면 통제에 대한 욕망이 사람에게 결정적으로 중요한 욕망이어서 그것이 충족되지 않으면 심각한 문제들이 발생한다는 것이다. 다수의 심리학 연구에서 통제력이나 주관적 자유감—통제감과 유사한 감정이라고 할 수 있다—이 행복과 정비례 관계에 있음을 확인했다.

사람은 아이든 어른이든 스스로 생각하고, 결정하고, 선택하고, 통제할 수 있을 때 자기 존재감을 느끼고 편안해하며 즐거워하는 법이다. 자기결정권, 즉 주관적 자유감을 가진 사람이 그렇지 않은 사람보다 더 행복하고, 더 건강하고, 더 활동적이다. [8]

자유는 주인의 기본 징표다. 바그너의 오페라 〈발퀴레Die Walkure〉에서 신들의 제왕 보탄은 자신의 명을 어긴 딸에게 화염으로 휩싸인 산에 갇혀 영원히 잠드는 처벌을 내린다. 그는 화염을 뚫고 들어갈 수 있는 위대한 영웅만이 자신의 딸을 차지하게 될 것이라고 선언하며, 그 영웅을 '신보다 더 자유로운 자'라고 말한다. 자유로운 존재란 세계와 자기 인생의 주인이 되어 살아가는 존재다. 그리고 자유가 이러한 존재, 즉 주인의 기본 징표인 것이다.

사람은 자연의 주인, 사회의 주인, 자기 인생의 주인이 되고 싶어 한다. 즉 자유로운 존재가 되기를 열망하는 것이다. 사람이 사람인 한, 사람은 절대로 자유의 욕망을 포기할 수 없다. 만일 사람이 자유의 욕망을 완전히 상실하면 그는 더 이상 사람이 아니다. 자유의 욕망은 인간본성에서 비롯되는 가장 중요한 욕망이므로 행복은 무엇보다 자유의 욕망이 충족되어야만 가능해진다.

일찍이 아리스토텔레스가 노예는 행복할 수가 없다고 말했던 이유는 노예에게 자유가 없기 때문이다. 노예란 예나 지금이나 온갖 불행의 대명사로 통한다. 노예가 되면 인간의 존엄과 가치를 유린당하고 천대와 멸시 속에서 살아가게 된다. 자신이 한 노동의 열

매도 빼앗기고 물질생활에서도 행복을 누릴 수 없다. 더욱이 착취와 억압의 대상이 될 뿐만 아니라 행복한 삶의 밑천이어야 마땅할 귀중하고 아름다운 것들이 오히려 불행을 가져올 수도 있다.

예를 들어 재능은 행복한 삶을 위한 귀중한 밑천이라고 할 수 있다. 그러나 노예가 되면 제아무리 재능이 있어도 이것을 사회와 자신의 행복을 위해서 사용할 수 없다. 그저 남의 돈벌이 수단으로만 이용될 뿐이다.

건강도 행복한 삶의 중요 조건이다. 그러나 건강 역시 남의 노예가 되면 행복이 아니라 불행을 가져올 수 있다. 일제강점기에 전쟁에 끌려나가 총알받이가 되지 않기 위해서 스스로 건강한 몸을 불구로 만든 사람이 적지 않았다. 이를 떠올려본다면 노예에게는 건강이 오히려 불행을 가져올 수도 있다는 점을 이해할 수 있을 것이다.

모두 다 그렇다고는 할 수 없겠지만 일반적으로 젊은이들은 아름다운 외모를 부러워한다. 그러나 노예에게 아름다운 외모는 행복이 아닌 불행의 원천이 될 수 있다. 이처럼 자유를 박탈당한 노예는 절대로 행복할 수 없다.

사람에게 가장 중요한 욕망은 자유의 욕망이다. 그러므로 사람에게 가장 중요한 만족이란 결국 자유의 욕망을 충족하는 것을 의미한다. 사람들은 자유의 욕망이 충족되는 생활, 즉 주인다운 생활과 자유로운 생활에서 만족을 느끼며, 그러한 만족을 느낄 때 행복감을 가지게 된다. 이런 견지에서 보면, 행복이란 본질적으로 사람들이 온갖 구속과 예속에서 벗어나 세계와 자기 인생의 주인으로서 자유로운 생활을 누리는 것이라고 할 수 있다.

| 자유롭기 위한 최소한의 물질적 조건

자유의 욕망은 다양한 조건에서 다양하게 표현된다. 사람은 자연과 사회 그리고 자기 인생의 주인이 되려고 할 뿐만 아니라 물질적으로나 정신적으로 자유롭게 살기를 원한다. 이렇게 자유의 욕망은 그 내용이 매우 다양하기 때문에 행복 또한 다양하고 풍부한 내용을 담고 있다.

사람들은 자연의 구속에서 벗어나 그 주인으로서 물질적으로 자유로운 생활을 누리려고 한다. 예를 들어 사람들은 날씨의 구속에서 벗어나기 위해 따뜻하게 난방이 되는 집에서 살기를 원한다. 물질적으로 자유로운 생활을 누리려는 욕망은 자유의 욕망의 구체적인 표현이다. 이 욕망은 사람들이 자연을 개조해 물질적 부를 창조할 뿐만 아니라 그것의 주인이자 향유자로서 유족한 물질생활을 누리게 될 때 실현된다. 예를 들면 자연을 개조해 난방이 잘 되는 아파트를 지을 뿐만 아니라 그 집의 주인이 되어 따뜻한 방에서 살아갈 수 있어야만 물질적으로 자유로운 생활을 누리려는 욕망이 실현된다는 것이다. 물질적 욕망의 측면에서 볼 때 행복이란 물질적 부의 창조자이자 주인으로서 유족한 물질생활을 누리는 것이다.

행복은 유족한 물질생활을 누리는 데 있다. 헐벗고 굶주리는 사람이 행복을 느끼기는 어렵다. 사람들이 유족한 물질생활을 누리기 위해서는 자연을 개조해 물질적 부를 많이 생산해야 한다. 그러나 물질적 부가 많이 생산된다고 해서 모든 사람이 유족한 물질생활을 누릴 수 있는 것은 아니다. 자본주의 사회에서 노동자나 농민과 같은 민중은 물질적 부의 창조자이지만 그 소유자나 향유자가 되지 못하기 때문에 유족한 물질생활을 하는 것이 아니라 헐벗고 굶주린다.

사람들이 유족한 물질생활을 누리기 위해서는 물질적 부의 창조자만이 아니라 그것의 주인이 돼야 한다. 사람들은 물질적 부의 주인이 될 때 그것을 자유로운 생활을 위한 밑천으로 이용할 수 있으며 물질적으로 행복한 생활을 누릴 수 있다.

행복이 유족한 물질생활에 있다는 것은 결코 개인의 부화방탕한 생활이 행복을 가져다준다는 것을 의미하지 않는다. 유족한 물질생활이란 물질적 구속에서 벗어난 생활, 자유의 욕망을 충족시키는 데 기여하는 물질생활이다. 자본주의 사회에서 극소수 지배층의 부화방탕한 생활은 절대다수의 사람에게 불행을 들씌우는 반사회적인 생활이고, 개인의 이기적 욕망을 충족시키는 데에만 몰두하는 동물적인 생활이다. 이러한 반인간적인 생활에 만족하며 추태를 부리는 사람은 불행한 사람이다.

물질적 욕망은 기본적으로 사람의 육체적 생명을 유지하기 위한 욕망이며, 물질생활은 육체적 생명을 유지하기 위해 필요한 생활이라고 말할 수 있다. 그러나 물질적 욕망이 단순히 생물학적 욕망이기만 한 것은 아니다. 사람의 물질적 욕망은 사회적으로 자유로운 생활을 누리기 위한 욕망이며, 물질생활은 자유로운 생활의 한 분야다. 가난에 시달려 지인들의 경조사도 챙기지 못하고 친구를 만나는 것조차 꺼리는 사람이 사회적으로 자유로운 생활을 할 수 없다는 것은 두말할 필요가 없다.

의식주에 대한 물질적 욕망은 단순한 생물학적 욕망이 아니라 사회생활을 위해 필수적으로 요구되는 것이다. 그렇기 때문에 물질적 욕망의 실현이 행복과 뗄 수 없는 매우 중요한 요소인 것이다. 그러나 '행복한 생활이란 물질적 욕망도 충족된 생활'이라는 말과 '물질적 욕망이 충족된 생활이 곧 행복한 생활'이라는 말은 전혀 다른 말이라는 것을 명심해야 한다. 행복해지려면 물질적 욕망이 충족돼야 한다는 말은 옳지만 물질적 욕망만 충족되면 행복해진다는 말은 틀린 것이다.

|

사회의 주인으로서 살아가기 위하여

사람들은 사회적 예속에서 벗어나 사회의 주인으로서 살기를 원한다. 사회의 주인으로 살려는 사람의 욕망은 사회적 생명을 유지하고 꽃피우기 위한 욕망이다. 사회적 존재인 인간에게는 육체적 생명보다 사회적 생명이 더 귀중한 생명이다. 그러므로 사회의 주인으로서 살려는 욕망이 물질적 욕망보다 더 중요한 욕망이라고 할 수 있다.

사람은 부잣집의 종이 되기보다는 가난할지라도 자유로운 삶을 살기를 원한다. 비유하자면 사람은 매일 고기를 먹지만 목줄에 매인 채 살아가는 부잣집 개보다는 광야를 마음껏 질주하는 배고픈 늑대가 되기를 바란다는 것이다. 사람은 사회의 주인이 돼야만 자연의 주인도 될 수 있으며, 사회적 자유가 실현돼야 물질적으로도 자유로운 생활을 누릴 수 있다.

행복한 생활은 인간에 의한 인간의 착취와 압박에서 벗어나 정권과 생산수단의 주인으로서 살아가는 생활이다. 제국주의자들에게 나라를 빼앗긴 민족이나, 정권과 생산수단의 주인이 되지 못해 착취와 압박을 받는 사람들에게는 행복이 있을 수 없다. 심리학자 프롬은 절대다수의 민중이 정권과 생산수단의 주인이 되지 못하는 자본주의 사회에서 살아가는 사람들은 행복할 수 없다면서 다음과 같이 말했다.

대다수의 사람들은 생계를 이어야 하는 단 하나의 목적 때문에, 자기에게는 어떤 이익의 분배도 돌아오는 것이 아닌, 그리고 어떠한 흥미 없는 물건을 만드는데 자신의 신체능력이나 지적 능력의 일부분을 고용자에게 팔아넘기고, 소비자로서의 탐욕을 만족시키기 위해 일한다. 불만족, 무관심, 권태, 즐거움과 행복의 상실, 삶의 허무감 등은 이런 데서 오는 불가피한 결과다.[9]

사람들이 세계와 자기 인생의 온전한 주인으로 자유롭게 살아가려면 무엇보다 정권과 생산수단의 주인이 돼야만 한다. 그러나 자본주의 사회에서는 극소수의 독점자본가계급이 정권과 생산수단을 장악하고 있다. 자본주의 사회에서 독점자본가계급은 자유의 욕망—정확히 말하자면 이것은 진정한 자유의 욕망이 아니다—을 마음껏 충족시키면서 주인으로서 살아가지만, 나머지 사람들은 사실상 자유의 욕망을 충족시키지 못하는 노예의 생활을 하게 된다.

자본주의 사회에서 노동자를 흔히 '임금 노예'라고 부르는 데에는 다 그럴 만한 이유가 있는 것이다. 오늘날의 자본주의 사회에서 살아가는 사람들이 참다운 행복을 누리기 어려운 것은 무엇보다 이들이 정권과 생산수단의 주인이 아니기 때문이다. 따라서 인류가 참다운 행복을 누리려면 지금의 자본주의 사회를 절대다수의 사람이 정권과 생산수단의 주인이 될 수 있는 사회로 개혁해야만 한다.

행복한 생활은 사람들이 서로를 존중하고 사랑하는 생활이다. 사람들이 서로를 존중하고 사랑할 수 있으려면 무엇보다 모든 사람이 평등한 관계를 맺고 있어야 한다. 불평등한 관계에서는 자유로운 인간관계가 실현될 수 없다. 불평등한 관계는 지배와 간섭, 갑질이나 학대, 차별과 무시, 의존이나 종속 관계를 낳는다. 사람들 간의 관계가 불평등하면 인간에 의한 인간의 지배, 학대, 차별, 무시 등이 사라질 수 없다. 한마디로 사회의 주인은커녕 인간관계에서 최소한의 자유조차 누릴 수 없게 된다는 것이다.

절대다수의 사람이 정권과 생산수단의 주인이 되는 것은 평등한 인간관계를 실현하기 위한 분기점이다. 극소수의 독점자본가계급이 아닌 절대다수의 사람이 정권과 생산수단의 주인이 되면 사람을 차별하지 않고 사회적 부를 평등하고 공정하게 분배할 수 있다. 그러므로 전 사회적으로 인간관계에서의 평등이 실현될 수 있고, 그 결과 사람들이 서로를 더 존중하고 사랑하면서 살아갈 수 있게 된다.

|

사상과 문화의 구속에서 벗어나기

행복한 생활은 사상문화적 구속에서 벗어나 자기 자신의 주인으로서 살아가는 것이다. 의식을 가진 사회적 존재인 인간은 물질적 욕망뿐만 아니라 정신적이고 정서적인 욕망도 가지고 있다. 즉 사람들은 물질적으로 그리고 정신적으로도 자유롭게 살기를 바란다. 사람들이 반인간적이고 병적인 사상문화의 구속에서 벗어나 정신적으로 자유로운 생활을 누리는 것이 바로 행복이다. 극단주의, 혐오주의, 차별주의, 인종주의, 개인 이기주의 등은 반인간적이고 병적인 사상문화다. 이러한 것들의 구속에서 벗어날 수 없다면 행복은 불가능하다.

오늘날의 병적인 자본주의 사회는 반인간적이고 병적인 사상문화가 무럭무럭 자라나게끔 그것에 물과 비료를 제공해주는 온상이다. 자본주의 사회에서 교육, 언론, 문화 등을 장악하고 있는 독점 자본가계급은 그들의 이익을 대변하는 사상과 문화를 적극 계발해 사회에 널리 유포하고 대중의 심리와 여론을 통제하고 조작함으로써 사람들의 건전한 의식을 마비시킨다. 이에 더해 한국은 냉전 시대의 유물인 국가보안법을 통해 사상의 자유까지 원천적으로 억압하고 있다. 어떤 이들은 국가보안법이 이제는 한국 사회에 거의 영향을 미치지 못한다고 말하기도 하는데, 국가보안법으로 인한 자기검열은 한국인의 심리적 속성으로 굳어져 현재에도 지대한 영향을 미치고 있다.[10]

한국 사회에서 살아가는 사람들은 건전한 사상문화를 거의 접해보지 못한 채 반인간적이고 병적인 사상문화의 융단폭격을 받으며 살아간다. 예를 들면 한국인은 그것이 노골적인 것이든 은근한 것이든 간에 자본주의 제도를 미화하고 찬양하는 영화나 드라마를 지겨울 정도로 본다. 반면 자본주의 제도를 비판하는 영화나 드라마는 거의 보지 못한다.

반인간적이고 병적인 사상문화의 포로가 되어 살아가는 생활은 참다운 의미에서 행복한 생활이라고 할 수 없다. 반인간적이고 병적인 사상문화의 구속에서 벗어나야 할 뿐만 아니라 건전한 사상을 가지고 건전한 문화생활을 해나가야만 한다. 이러한 생활을 하는 사람만이 참다운 행복을 맛볼 수 있다.

사랑하는 사람들을 위해 무언가를 한다는 것

사람이 진정으로 자유로워지려면 만인의 자유가 실현돼야 한다. 할리우드 영화에 등장하는 슈퍼맨 같은 초인이 아니고서는 한 개인의 힘으로는 사소한 자유조차 실현할 수 없다. 예를 들면 한 개인의 힘만으로는 집 한 채조차 지을 수가 없다. 사람이 자연을 개조하고 사회를 개혁함으로써 진정으로 자유로운 존재가 되려면 반드시 다른 사람들과 단결하고 협력해야만 한다. 단결과 협력이 사람이 살아가는 기본적인 활동 방식이 되는 이유가 바로 여기에 있다.

진정으로 자유로워지기를 바라는 사람들은 반드시 이웃과 연대하고 단결하며 협력하려고 한다. 그래야만 진정한 자유를 실현할 수 있기 때문이다. 주택 문제를 해결해 유족한 물질생활을 누리려는 자유의 욕망을 실현하려면 정부의 부동산 정책을 바꾸거나, 토지와 관련한 세금 제도를 바꾸거나, 아니면 아예 토지 소유 제도나 법을 바꿔야 한다. 이것은 개인의 힘만으로는 절대로 실현할 수 없다. 따라서 진정한 자유를 바라는 사람은 필연적으로 이웃과의 연대와 단결, 협력을 소중하게 여기게 된다.

반면에 진정한 자유를 바라지 않는 사람은 이웃과 연대할 필요가 없다. 쇼핑이나 여행의 자유와 같은 사소한 자유만 있으면 된다고 믿는 사람은 이웃과 연대하려고 하지 않는다. 오히려 이웃들이 자신의 자유를 침해한다고 여겨 싫어한다. 그러나 이웃과 연대하지 않는 개인은 진정한 자유를 누릴 수 없다. 즉 이웃과의 연대와 단결, 협력을 거부하는 사람은 전혀 자유로운 사람이 아니다.

만인의 자유가 곧 개인의 자유이고, 만인의 행복이 곧 개인의 행복과 연결되어 있음을 아는 사람은 개인의 자유와 행복이 아닌 만인의 자유와 행복을 위해 살아간다. 즉 참다운 행복은 나만을 위한 삶이 아닌 모두를 위한 삶 속에 있다는 것이다. 일찍이 철학자 알랭Alain은 《행복론》에서 "우리를 사랑하는 사람들을 위해 무언가를 하는 것이야말로 행복에 이르는 길이라는 사실을, 우리는 충분히 언급하지 않는다"[11]고 개탄했다. 같은 맥락에서 슈바이처Albert Schweitzer 역시 "다른 사람의 행복을 위해 살라. 그러면 당신도 행복해진다"[12]고 말했다.

개인 이기적인 삶이 아닌 만인을 위한 삶 속에 행복이 있다는 것은 단순한 도덕적 당위가 아닌 객관적 사실이다. 행복한 사람들은 타인과 사회에 기여하는 삶을 살아가며 그 과정에서 행복감을 느낀다. 열정적으로 협동조합 운동을 하는 덴마크의 한 변호사에게 '변호사라면 사회적 지위나 수입이 꽤 만족스러울 텐데 왜 협동조합에 열정을 쏟을까?'라는 의문을 품은 사람이 그 변호사에게 협동조합 운동을 하는 이유에 대해 물었다. 그러자 그는 이렇게 대답했다. "세상을 좀 더 나은 곳으로 만들고 싶으니까요."[13] 그의 대답을 자유와 행복의 견지에서 해석하면, 사람은 만인의 자유를 위해 살아가고 사회에 기여하면서 살아갈 때 진정으로 행복해진다고 말할 수 있을 것이다.

앞에서 언급했듯이, 북유럽 사람들은 세금을 많이 내지만 이것을 억울해하기는커녕 더 행복해한다. 이들은 "자신이 낸 세금으로 가난한 사람들이 생활고에서 벗어나고 사회가 전체적으로 안정된 것을 보면 행복하다"[14]고 말한다. 만인이 자유로워야 자신이 자유롭다는 것을 알기에 목적의식적으로 이웃과 연대하고 단결해 만인의 자유를 실현하기 위해 살아가는 것이다. 이러한 삶은 강력한 행복의 원천이다. 마찬가지로 자신이 집단과 사회와 연결되어 있음을 알고 이에 기여하는 삶을 살아가는 것 또한 가장 강력한 행복의 원천이다. 이처럼 사람들이 자유의 욕망을 충족시키는 자유로운 생활을 누릴 때 행복하다고 말한다.

인간적인 욕망에는 자유의 욕망 외에도 사랑의 욕망, 존중 욕망 등 여러 가지가 포함된다. 여기에서는 가장 중요한 자유의 욕망만을 다뤘지만, 여러 인간적인 욕망이 모두 다 원만하게 충족돼야만 사람들은 참다운 행복을 누릴 수 있다.

창조적인 활동이
가져다주는 것

행복은 인간적인 목적 실현과 인간적인 욕망의 충족만이 아니라 창조적인 활동과도 관련이 있다. 사람들이 가진 자유의 욕망은 이들의 창조적인 활동에 의해서만 실현될 수 있다.

예를 들면 추위에서 벗어나겠다는 자유의 욕망은 옷을 만들거나 집을 짓는 창조적 활동에 의해 실현되고, 악법에 구속당하지 않겠다는 자유의 욕망은 악법을 철폐하고 새로운 법을 제정하려는 창조적 활동에 의해 실현된다. 자유의 욕망이 실현됐다는 것은 그 자체에 벌써 창조적인 활동이 포함되어 있다는 것을 의미한다.

가장 중요한 인간적 욕망인 자유의 욕망을 충족하는 데 이바지하는 창조적인 생활은 행복한 생활이다. 창조적인 생활은 자유로운 생활과 함께 행복한 생활의 중요한 부분을 이룬다.

|

무위도식하면 행복할 수 없다

창조적인 생활이란 자연을 정복하고 사회를 개조하는 사람들의 활동이다. 행복은 창조적인 생활, 즉 자연과 사회를 개조하는 창조적인 활동 속에 있다. 사람들은 창조적인 활동을 통해서만 온갖 구속과 불행을 극복하고 자유로운 생활을 누릴 수 있다. 자연을 개조하는 사람들의 창조적 활동인 노동 속에서 행복한 생활을 위한 물질적 부가 창조되고, 사회를 개조하는 창조 활동 속에서 행복의 사회적 조건이 마련된다. 그렇기 때문에 참다운 행복을 추구하는 사람들은 노동에서 행복을 찾고 사회개혁의 길에서 행복을 느낀다. 사람들이 창조적 활동에서 행복을 느끼는 이유는 크게 두 가지다.

첫째, 창조 활동이 행복한 삶을 마련하기 위한 보람찬 활동이기 때문이다. 사람의 모든 활동은 본질적으로 가장 중요한 인간적 욕망인 자유를 실현하기 위한 활동이다. 이것은 사람의 활동이 다름아닌 자유로운 생활, 즉 참다운 행복을 마련하기 위한 활동이라는 것을 의미한다. 이 때문에 사람들은 자신의 창조적 활동에서 행복한 미래를 내다보게 되며 행복을 창조하는 자신의 활동 자체에서 행복을 느끼게 된다.

둘째, 창조 활동 자체가 사람의 본성에 맞는 것이기 때문이다. 창조적 존재인 사람은 무엇인가를 창조해낼 때 자신의 가치를 인식하게 되고 행복감을 느낀다. 자신의 땀으로 이뤄진 노동의 열매, 심혈을 기울여 만든 창작품에서 사람들이 느끼는 기쁨은 무엇보다도 창조자로서의 기쁨이다. 그렇기에 자기가 키운 사과가 비록 시중에서 파는 것보다 부족하다 하더라도 사람들은 자신의 사과를 더 귀중하게 생각하고 거기에서 더 큰 기쁨을 느끼는 것이다. 무위도식하는 생활은 호화 주택에서 진수성찬을 먹으면서 산다고 해도 행복한 생활이라 할 수 없다. 창조 활동은 사람의 본성적인 생존 방식이다. 그 어떤 창조 활동도 하지 않는 사람은 사실상 죽은 사람과 같다. 죽은 사람을 두고 행복에 대해서 말할 수 있겠는가. 자본주의 사회에서는 노동이 사회에 기여하기 위해서가 아니라 돈을 벌기 위해서 어쩔 수 없이 하게 되는 고역이자 남의 배만 불려주는 헛짓거리로 전락하다 보니 대부분의 사람이 노동을 통해서는 창조 활동의 기쁨을 느끼지 못한다. 그러나 원래 노동은 생활수단을 만들어내기 위해 필요할 뿐만 아니라 그 자체가 행복한 삶을 위해서 필요한 것이다.

사람들이 창조적인 활동을 하지 못할 때 체험하는 전형적인 감정은 권태감이다. 권태감이 극심해지면 자살을 하는 경우도 있듯이 권태감은 정말로 견디기 어려운 부정적인 감정이다. 심리학자 프롬은 '만일 지옥이라는 것이 있다면 그곳은 분명 권태로운 곳일 것이다'라고까지 말했다. 한마디로 권태감이 사람에게 아주 고통스러운 감정이라는 것이다. 창조적인 활동을 하지 못하는 사람은 권태감으로 고통 받는다. 사람은 말초적인 쾌락이나 자극 등으로는 권태감에서 벗어날 수 없다. 권태감에서 벗어나려면 인간적인 목적을 실현하기 위한 창조적인 활동을 해야만 한다. 창조적인 활동 없이는 사람이 행복할 수 없다는 것은 창조적인 활동을 하지 않는 사람들이 필연적으로 권태감, 침체감, 무가치감, 삶의 의미 상실 등으로 인해 삶이 침식당한다는 것만 보더라도 잘 알 수 있다.

|

행복해지기 위해 필요한 능력

자유는 마음먹는다고 해서 누구나 누릴 수 있는 것이 아니다. 자유의 욕망을 실현할 수 있는 능력이 있는 사람만이 자유를 누릴 수 있다. 이것은 행복이 창조적인 능력의 발전을 전제로 한다는 것을 의미한다. 창조적 활동은 창조 능력이 발현된 것이다. 그러므로 창조 활동을 할 수 있으려면 창조 능력을 갈고닦아야 한다.

예를 들면 건전한 사상문화, 풍부하고 깊은 지식, 기술과 기능, 체력 등이 뒷받침돼야만 사람들은 창조 활동을 할 수 있다. 창조적 능력을 발전시키려면 건전한 사상문화와 풍부한 지식을 소유하고 그 수준을 계속 높여야 한다. 사상문화적으로 낙후된 사람은 모처럼 여가가 생겨도 이것을 활용하지 못하고 무의미하게 시간을 때우게 되고, 지식이 짧은 사람은 의욕이 넘치더라도 생산성이 낮은 활동을 하게 된다. 건강한 몸과 마음은 창조 능력의 필수적인 전제 조건이다. 몸이 아프거나 마음이 아프면 창조 능력을 발전시키지 못할 뿐만 아니라 이미 가지고 있는 능력조차 제대로 활용하지 못하게 된다. 이 밖에도 창조 능력에는 기술과 기능을 비롯한 여러 가지가 포함된다.

철학자 반 덴 보슈는 《행복에 관한 10가지 철학적 성찰》에서 사람이 행복해지려면 "정신을 계발하면서 살아야 한다"[15]는 결론에 도달했다면서 "즉각적인 만족에만 몰두하지 말고 지금의 상태를 뛰어넘어 자신을 고양시키고 스스로 커지도록 하며 자신을 인류의 이상에 접근시키도록 노력해야 한다"[16]고 강조했다. 행복해지려면 반드시 창조 능력을 키워야 한다는 것이다.

사람들이 창조 능력을 발전시키는 정도는 사회가 어떠한가에 따라 달라진다. 반인간적이고 병적인 사상문화가 지배하는 사회에서 살아가는 사람들은 창조 능력을 발전시키기 어렵고 그 결과 행복을 누리기 힘들어진다.

이와 관련해 반 덴 보슈는 "문화와 교양이 꽃피우려면, 평화와 번영, 질서와 교육 등 정치경제적 제반 조건을 갖춰야 하므로, 개인적 행복의 가능성은 정치적인 조건과 떼어서 생각할 수 없는 것처럼 보인다"[17]고 말하기도 했다.

사회가 건강해야 사람들은 건전한 사상문화를 필수적으로 포함하는 창조 능력을 원만하게 발전시킬 수 있고 그것에 기초해 창조 활동을 함으로써 행복한 삶을 살 수 있다. 창조 능력이 부족한 사람은 사회와 자신의 행복을 위한 창조 활동을 통해 성과를 얻을 수 없으므로 마음 편히 행복감을 누릴 수 없다.

기생충의 생활에 행복은 없다

사람들은 창조적인 생활과 활동 속에서 삶의 보람을 느낀다. 《국어사전》은 보람을 '어떤 일을 한 뒤에 얻어지는 좋은 결과나 만족감' 또는 '자랑스러움이나 자부심을 갖게 해주는 일의 가치'로 정의하고 있다. 보람이라는 개념은 부끄럽지 않고 떳떳하게 행동하고 있다는 것 혹은 가치 있는 활동을 하고 있다는 것과 관련이 있다. 사람들은 자신의 창조 활동이 자유로운 생활, 즉 인간다운 삶을 마련하는 데 이바지했을 때 보람을 느낀다. 예를 들면 국정 농단을 일삼은 박근혜 정부를 타도하기 위해 촛불을 들어 대통령을 탄핵했을 때 사람들은 보람을 느낀다. 이렇게 삶의 보람은 인간적인 목적 실현에 이바지하는 생활과정에서 체험되는 것이다. 자유로운 생활이 삶의 기본 목적이라면 창조적인 활동은 그 목적의 실현에 이바지하는 수단이다. 따라서 삶의 보람이란 '인간적인 목적 실현에 이바지한 수단의 가치와 관련된 긍지감'이라고 말할 수 있다.

삶의 보람은 행복의 중요한 요소로서 행복에 포함되지만 그렇다고 해서 삶의 보람이 곧 행복은 아니다. 행복이 기본적으로 이러저러한 인간적인 욕망의 충족을 표현하는 개념이라면 보람은 삶의 사회적 의의를 표현하는 개념이다. 덴마크의 한 식당 종업원은 자신의 아들이 열쇠수리공이라면서 "한 번도 아들이 판검사나 교수가 되길 바라지 않았어요. 열쇠수리공이 사회적으로 얼마나 필요하고 의미 있는 직업입니까?"[18]라고 말했다. 그가 자기 아들의 직업을 부끄러워하지 않고 자랑스러워한 것은 그것이 사회적 의의가 있는 직업이라고 생각했기 때문이다. 쉽게 말해 열쇠수리공으로서의 삶이 사회에 기여하는 삶이라고 판단했기에 자랑스러워할 수 있었다는 것이다. 이 종업원은 자신은 물론 자신의 아들도 행복하다고 말했는데, 이는 두 사람이 열쇠수리공으로서의 삶에 보람을 느낀다는 것과 관련이 있다. 이 사례에서 알 수 있듯이 보람 있는 삶이란 사회와 집단에 기여하는 삶, 그것으로 인해 사회적 진보와 역사 발전에 이바지하는 삶이다. 창조 활동은 무엇보다 사람들로 하여금 삶의 보람을 느낄 수 있게 해줌으로써 행복에 기여한다.

한국 사회에는 놀고먹는 걸 동경하고 이것을 행복이라고 착각하는 사람들이 있다. '젊을 때 화끈하게 벌어서 평생 놀고먹으면 정말 행복할 텐데' 하고 바라는 사람들을 적지 않게 만날 수 있다. 그런데 놀고먹는 것을 좋아하는 심리는 원래 착취계급의 것이다. 남을 착취하면서 살아가는 착취계급은 그 계급 본성으로 인해 놀고먹는 것을 자랑으로 여기고, 이것을 행복이라고 생각한다. 과거의 노예주나 지주, 오늘날의 자본가들은 돈 놓고 돈 먹는 불로소득을 자랑스럽게 생각하고 일하는 것을 수치스럽게 여긴다. 반면에 먼 옛날부터 민중은 노동을 중요하게 생각했고 나아가 노동을 행복과 연관시키기도 했다. 한국에는 '일이 사랑이다'라는 속담이 있으며 독일에는 '노동은 행복의 아버지다'라는 속담이 있고, 영국에는 '노동은 인생의 맛을 내는 소금이다'라는 속담이 있다. 이와 유사한 속담이 여러 나라에 있는데, 이런 속담들은 노동을 귀중한 것으로 여기며 노동 속에서 기쁨과 행복을 찾는 민중의 건강한 심리를 반영하고 있다.

그런데 왜 단지 착취자들뿐만이 아니라 노동자들 가운데서도 놀고먹는 것을 행복으로 여기는 사람들이 있는 것일까? 물론 착취사회에서 노동자들은 놀고먹을 수가 없다. 그러나 잘살고 못사는 것이 물질적 부를 생산하는 데 바친 땀에 의해서 결정되지 않는 사회, 즉 물질적 부를 만드는 고귀한 노동이 천시받는 사회에서는 노동자들도 놀고먹는 것을 행복으로 여기는 착취계급의 심리에 오염되고, 나아가 그것을 동경할 수 있다. 사실 옛날은 물론이고 오늘날에도 점쟁이가 손금이나 관상을 보고 놀고먹을 팔자를 타고났다고 말하면 그것을 완전히 믿지는 않아도 좋아하는 사람들이 적지 않다.

착취사회에서는 노동자들이 놀고먹을 수 없지만 설사 그럴 수 있다고 해도 그러한 생활은 자유롭고 건전한 물질생활이 아니므로 행복해질 수 없다. 놀고먹는다는 것은 사실상 남의 덕에 살아간다는 것이고, 이는 기생충의 생활일 뿐이다. 손발이 멀쩡한데도 남의 등에 업혀서 남을 등쳐먹으며 사는 생활은 행복한 생활일 수 없다. 남의 등에 업혀 살면 물질생활에서 행복할 수 없을 뿐만 아니라 사회적 인간으로서의 존엄도 지킬 수 없다. 한 국가가 경제적으로 예속되면 노예의 신세를 면할 수 없는 것처럼 각각의 개인도 자신의 힘으로 살지 못하면 물질생활뿐만 아니라 다른 분야에서도 자유롭게 살아갈 수 없기 때문이다.

다시 한번 강조하지만, 사람은 본성에 따라 창조하면서 사는 존재이고 그 속에서 기쁨과 보람을 느끼는 존재다. 다시 말해 창조적 활동을 하는 것이 인간본성에 기초하고 있다는 것이다. 사람은 본성적으로 창조적 활동을 해야만 하는 존재이기 때문에 놀고먹는 생활 속에서는 행복감을 느끼지 못한다. 놀고먹는 생활, 창조 활동이 없는 비생산적이고 권태로운 생활은 인간본성에 어긋나는 생활이며 이러한 생활에는 행복이 있을 수 없다.

마음챙김은 사회로부터의 자발적 격리다

사람은 사람답게 살아야 행복할 수 있다. 행복한 생활이란 자유롭고 창조적인 생활이며 만족스럽고 보람찬 생활이다. 사람들은 의지가 담긴 노력을 통해 인간적인 목적을 실현해나가는 생활을 하면서 만족감을 느끼고, 사회에 기여하는 창조적인 생활을 하면서 보람을 느낀다. 행복에서 만족과 보람은 뗄 수 없이 연관되어 있다.

행복은 단순히 개인적 만족을 만끽하는 삶을 통해서는 맛볼 수 없다. 사회나 타인을 신경 쓰지 않고 개인의 안정과 평온을 누리거나 아무런 걱정 없이 사는 것을 행복이라고 생각하는 것은 매우 잘못된 견해다. 산업재해로 하루에 약 여섯 명의 노동자가 죽고 자살로 하루에 수십 명의 이웃이 죽고 있는데, 나 홀로 아무 걱정 없이 살아가거나 명상이나 마음챙김을 통해 마음의 평화를 누리며 살아가는 것은 사회로부터의 자발적 격리일 뿐 행복이 아니다. 사회를 위한 창조 활동이나 사회적 부정의를 반대하는 투쟁을 외면하고 개인의 안식과 평온을 추구하는 것은 반사회적인 행위다.

사회와 집단 그리고 다른 사람들의 운명에 대해 아무런 근심이나 걱정을 하지 않는 것이 행복이라는 말은 개인의 평온이 곧 행복이라는 황당한 궤변일 뿐이다. 만일 아무런 근심이나 걱정이 없는 것이 행복이라면 의식이 없는 돌멩이에게도 행복이 있을 것이고, 죽은 사람이야말로 제일 행복하다고 말해야 할 것이다. 행복은 나 혼자만의 행복이 아니라 모두의 행복을 위해, 가짜 행복이 아니라 참다운 행복을 위해 살아가는 데 있으며, 현실을 떠난 주관적 심리가 아닌 현실 속 사람의 생활과 삶에 있다.

|

참다운 행복을 위한 제안

행복은 인간적인 삶의 목적을 실현하기 위한 생활에서 느끼는 보람과 만족이다. 인간적인 삶의 목적이란 인간본성에 부합되는 욕망에 기초하고 있는 목적이다. 인간적인 삶의 목적을 실현하기 위한 생활은 사람다운 생활이고 이런 생활과정에서 사람들은 보람과 만족감을 느낀다. 이것이 바로 행복의 본질이다.

행복에 가장 큰 영향을 미치는 것은 사회다. 사람들이 참다운 행복을 누리려면 무엇보다 사회가 행복의 객관적 조건을 마련해줘야 한다. 따라서 행복해지려면 모두가 행복해질 수 있는 사회를 건설해야 한다.

행복에는 주관적이고 개인적인 조건도 영향을 미친다. 사람들이 행복을 누리려면 건전한 사상문화와 창조 능력을 발전시키면서 즐거운 개인생활을 해야 한다. 따라서 행복해지려면 행복의 개인적·주관적 조건을 갖추기 위해서도 부단히 노력해야 한다.

만일 참다운 행복이 아니라 소소한 행복이면 충분하다고 생각하거나, 단지 남들보다 상대적으로 더 행복하기만 하면 된다고 생각하는 사람들은 주류 심리학의 행복 처방전을 따르면 된다. 매달 430만 원 정도의 돈을 벌고, 가족이나 친구들과 최대한 잘 지내고, 건강한 소규모 공동체를 찾아 그곳에 소속되고, 즐겁게 일할 수 있는 직업과 직장을 선택하고, 정기적으로 기부금을 내거나 자원봉사 활동을 하고, 정신건강을 유지하기 위해 마음챙김이나 심리상담을 활용하고, 상황이나 사건을 긍정적으로 해석하고…… 그리고 아이를 낳으면 안 된다. 행복 연구들에 따르면 자녀를 갖는 것이 대체로 행복 수준을 높여주지 못할 뿐만 아니라 오히려 떨어뜨린다.[1]

심리학의 행복 처방전을 충실히 따를 수 있다면 일부 운이 좋은 사람은 행복 수준이 조금 올라갈 것이다. 그러나 설사 이 처방전을 100퍼센트 따른다고 하더라도 진짜 행복, 즉 참다운 행복은 누릴 수 없다. 참다운 행복을 바란다면 다음의 제안을 외면하지 말아야 할 것이다.

|

인간적인 삶의 목적을 세우고 그것을 실현하기 위해 살아야 한다

어떤 이들은 행복이 아주 가까운 곳에 있다거나 누구나 쉽게 누릴 수 있는 것이라고 주장한다. 그러나 이들이 말하는 것은 단순한 쾌감이나 만족감일 뿐 진짜 행복이 아니다. 참다운 행복은 누구나 쉽게 누릴 수 있는 것이 아니다. 참다운 행복을 누리려면 확고한 결심과 치열한 노력이 필요하다.

인간적인 삶의 목적을 세우는 것은 그리 쉬운 일이 아니다. 삶의 목적은 세계관과 인생관에 기초해서 세워진다. 올바른 세계관과 인생관을 세우려면 세상에 대해 잘 알아야 하고 사람에 대해서도 정확하게 알아야 한다. 세계관과 인생관이 확립되고 이것을 신념으로 간직하게 되면 인간적인 삶의 목적을 세우고 이것을 실현하기 위해 살아갈 수 있다. 이럴 때 사람은 삶의 목적과 의미, 삶의 가치 등을 발견함으로써 행복을 향해 나아갈 수 있다.

인간적인 삶의 목적을 세우기 위해서 올바른 세계관과 인생관이 필요하기는 하지만 그렇다고 해서 지식이 짧은 사람은 인간적인 삶의 목적을 세울 수 없다고 말할 수는 없다. 인류 역사를 돌아보면 전태일 열사처럼 가방끈이 짧음에도 불구하고 인간적인 삶의 목적을 세우고 이것을 실현하기 위해서 살아간 이들이 대단히 많다. 이들에게는 중요한 공통점이 있는데, 이들은 모두 사람을 짐승과는 다른 존재로 봤으며 개인의 이익 실현이 아니라 사회에 기여하는 것을 더 중시했다.

비록 체계적인 공부나 지식은 부족할지라도 삶의 경험을 통한 뛰어난 직관이나 통찰에 따라 위의 두 가지 진리를 체득한 사람은 인간적인 삶의 목적을 세울 수 있고 참다운 행복을 향해 나아갈 수 있다. 이런 맥락에서 나는 행복해지기 위해서는 최소한 다음과 같은 질문들에 대한 올바른 대답을 손에 쥐고 있어야 한다고 말하고 싶다.

'사람은 단지 동물일 뿐인가, 아니면 사회적 존재인가?'

'개인의 이익과 사회의 이익 중에서 무엇이 더 귀중한가?'

'어떤 사회가 사람들을 행복하게 해줄 수 있는가?'

이런 질문들에 대한 올바른 답을 찾을 수 있다면 인간적인 삶의 목적을 세울 수 있을 것이다. 물론 가장 좋은 것은 신념화된 세계관과 인생관을 갖는 것이므로 건전한 철학과 지식 등을 꾸준히 공부할 필요가 있다.

창조적인 활동을 해야 한다

인간적인 삶의 목적은 저절로 실현되지 않는다. 인간적인 삶의 목적은 이것을 실현하기 위한 창조적인 활동을 통해서 실현된다.

자본주의 사회에서는 노동이나 직업 활동이 인간적인 삶의 목적을 실현하기 위한 창조 활동이 되기 어렵다. 즉 노동이나 직업에서는 행복감을 느끼기 어렵다는 것이다. 물론 자본주의 사회에서도 사회에 기여하는 것을 목적으로 하는 사회단체나 기업 등이 있을 수 있고 사회에 기여하는 직업에 종사하는 것이 가능하기는 하다. 하지만 자본주의 사회에서 살아가는 대부분의 사람은 돈을 벌기 위해 일하기 때문에 노동이나 직업을 통해서 창조 활동과 관련된 행복을 맛보지 못한다. 따라서 자본주의 사회에서 살아가는 사람들은 사회를 개혁하는 활동을 해야 한다. 자본주의 사회에서 가장 수준 높은 창조 활동은 사회를 개혁하는 활동이기 때문이다. 노동조합 활동이나 정치 활동이 사람들의 행복 수준을 높여주는 것은 그것이 사회에 기여하는 창조 활동이기 때문이다.

사회를 개혁하는 창조 활동을 하려면 이것을 가능하게 해주는 창조적 능력이 필요하다. 즉 사회를 개혁하려면 진보적인 사상과 이론, 지식 등을 알아야 하고 이것을 사람들에게 널리 확산시키거나 교육할 수 있는 능력이 있어야 한다. 또한 사람들과 연대하고 단결하며 조직할 수 있는 능력이 있어야 하며, 사람들과 힘을 합쳐 장단기적 목표를 세우고 이것을 달성하기 위해 완강하게 싸워나갈 수 있는 능력이 있어야 한다. 노무현 전 대통령이 당부했던 '깨어 있는 시민의 조직된 힘'을 만들고 이것을 강화해 세상을 바꿀 수 있는 능력이 있어야 한다는 것이다.

|

사회변혁을 위해 싸워야 한다

행복이란 본질적으로 인간본성에 기초하는 욕망들이 충족되는 것인데, 어떤 사회제도에서나 이것이 가능한 것은 아니다. 만약 행복이 사회제도와는 상관 없이 전적으로 개인의 마음이나 행동에 달려 있다면, 어떤 사회제도가 좋다거나 나쁘다고 말할 수 없을 것이다. 사회제도가 좋다거나 나쁘다고 말하는 것은 사회제도가 어떠한가에 따라서 행복한 삶을 누릴 수도 있고 누리지 못할 수도 있기 때문이다. 그럼에도 오늘날의 행복론과 주류 심리학은 행복이 기본적으로 개인에게 달려 있는 것처럼 진실을 호도함으로써 사회 변혁을 방해하고 있다.

물론 행복에는 개인적 혹은 주관적 측면이 있고 개인적 행복이 있는 만큼 자본주의 사회에서 살아가는 사람들도 행복감을 느낄 수 있다. 경제학자 애덤 스미스^{Adam Smith}는 자신에게는 어머니와 벗과 독서라는 세 가지 행복이 있다고 말했다. 그는 홀어머니 슬하에서 자라 평생을 독신으로 살면서 학문을 연구했다. 고아라는 말이 온갖 불행의 대명사처럼 된 냉혹한 자본주의 사회에서 살아가던 스미스에게 다정다감한 어머니가 있다는 것은 하나의 행복이라고 할 수 있다. 좋은 부모뿐만이 아니라 남자든 여자든 한평생 고락을 함께할 좋은 반려자를 만나는 것도 하나의 행복이다.

이렇게 개인의 경우에는 훌륭한 부모를 모실 수도 있고 진실한 친구를 가질 수도 있다. 약육강식의 법칙이 지배하는 험악한 자본주의 사회에서 이런 것 역시 하나의 행복이라고 해야 할 것이다. 그러나 자본주의 사회에서는 이러한 행복들이 명확한 한계점을 가지고 있다. 쉽게 말해 자본주의 사회에서는 소소한 행복은 가능할지 몰라도 참다운 행복은 가능하지 않으며, 소수는 행복할 수 있을지 몰라도 다수가 행복할 수는 없다는 것이다. 따라서 참다운 행복을 누리려면 반드시 사회를 변혁해야 한다.

자본주의 사회에서도 원칙적으로 인간적인 삶의 목적이란 개인의 행복이 아니라 집단의 행복이나 사회의 행복을 추구하는 것이어야 한다. 그러나 자본주의 사회에서 살아가는 대부분의 사람은 집단의 행복은 안중에 없고 개인의 행복만을 추구하며 살아가는데, 이것은 기본적으로 사회제도와 관련이 있다. 사회제도가 어떠한가에 따라 집단의 행복과 개인의 행복은 일치할 수도 있고, 일치하지 않을 수도 있다.

정권과 생산수단을 소수의 자본가가 장악하고, 생산수단을 사적으로 소유하는 자본주의 사회에서는 전 사회적 행복과 개인의 행복이 일치할 수 없다. 자본주의 사회에서는 사회적 이익과 개인의 이익이 충돌하고, 사람들 사이의 이해관계도 서로 충돌하기 때문이다. 자본가와 노동자의 이해관계가 충돌하는 것은 두말할 것도 없고 자본가들 간의 이해관계, 심지어는 평범한 사람들 간의 이해관계까지 충돌한다. 이처럼 사람들 사이의 이해관계가 서로 충돌하는 조건에서는 한 사람의 행복이 다른 사람의 불행을 낳기 마련이다.

이 때문에 자본주의 사회에서는 사람들이 남이야 어떻게 되든 각자 개인의 행복만을 추구하게 되며 약육강식의 치열한 생존경쟁이 벌어지게 된다. 그러나 이 치열한 생존경쟁에서 희생자가 되는 것은 언제나 가난하고 무권리한 사람들이다. 자본주의 사회에서는 권력과 돈에 의해 모든 것이 결정되기 때문이다. 결론적으로 자본주의 사회에서 살아가는 사람들은 전 사회적 행복 혹은 집단의 행복을 위해서 살아가는 것이 대단히 힘들다.

비록 자본주의 사회가 사람들에게 사회의 행복이 아닌 개인의 행복만을 좇도록 강요하지만 그렇다고 해서 자본주의 사회에서는 개인의 행복만을 위해서 사는 것이 옳다거나 당연하다고 말할 수는 없다. 개인의 행복만을 좇는 것은 참다운 행복이 아니고, 그래서는 행복은커녕 더 불행해질 가능성이 높기 때문이다.

자본주의 사회에서도 전 사회적 행복을 위한 일을 할 수 있다. 그것은 사회의 이익과 개인의 이익 간의 대립과 충돌을 낳는 자본주의 제도를 새로운 사회제도로 바꾸기 위해 투쟁하는 것이다. 바꿔 말하면 모두가 행복할 수 있는 더 나은 세상을 위해 투쟁하는 것이다. 물론 오늘날의 자본주의 사회에서 살아가면서 사회제도를 바꾸기 위해 투쟁하는 것은 위험하고 고단한 일일 수 있다.

하지만 사람들을 불행하게 만드는 병든 사회를 그대로 두고 그것에 순응하면서 사는 것이 더 위험하고 고단한 일이다. 갑질이 난무하는 불의한 직장을 바꾸기 위해 싸우지 않고, 묵묵히 갑질을 감내하면서 살아가다 보면 정신이 황폐해지고 망가질 수 있다. 그럼에도 직장에서 잘리지 않는 것에 안도하고 안락한 물질생활을 누리는 것에 만족하면서 살아가는 것이 과연 사람다운 삶이고 행복해질 수 있는 길일까? 자본주의 사회에서는 사회를 바꾸기 위해서 살아가는 사람만이 자유롭고 창조적인 생활을 할 수 있고 삶에서 보람과 만족을 느낄 수 있다. 즉 그런 사람만이 진짜 행복을 맛볼 수 있다.

2015년에 실시된 전국의 성인 남녀 1000명을 대상으로 한 설문

────── 가짜 행복 권하는 사회

조사에 따르면, '자녀가 자신보다 더 행복한 사회에서 살게 될 것이라고 생각하는가?'라는 질문에 응답자의 절반 이상(53퍼센트)이 '그렇지 않다'고 답했다.[2] 어쩌면 지금은 이 비율이 더 높아졌을지도 모른다. 오늘날 상당수의 한국인은 미래의 한국이 지금보다 더 불행한 사회가 될 것이라 예측한다. 한마디로 사회변혁에 대한 희망, 행복에 대한 희망을 잃어가고 있는 것이다.

한국인의 마음속에 있는 희망의 불꽃이 약해질수록 사회변혁은 더 요원해질 것이다. 한국 사회를 시급하게 변혁해야 하는 이유가 바로 여기에 있다.

행복에 관한 논의를 마치면서 두 가지만 더 언급하고 싶다. 첫째는 이미 주어진 행복을 누리기보다는 행복을 위한 삶의 과정을 더 귀중히 여겨야 한다는 것이다. 행복은 어느 순간에 손에 쥐게 되는 것이라기보다는 행복을 위해 투쟁하는 삶의 과정에 있다. 이렇게 행복을 어떤 종착지가 아니라 과정으로 이해할 때 행복에 더 가까워질 수 있다.

둘째는 참다운 행복으로 나아가려면 주류 심리학과 온갖 행복학이 유포하고 있는 가짜 행복론과 과감히 결별해야 한다는 것이다. 이제 인류는 그동안 불행한 현실을 전혀 바꾸지 못했던 엉터리 행복론, 사람들을 행복하게 해주지 못했던 가짜 행복론과 과감히 결별하고 진짜 행복, 참다운 행복을 향해 나아가야 한다.

미주

1부 가짜 행복 권하는 사회

1) 마이크 비킹, 이종인 옮김, 《그들은 왜 더 행복할까》, 마일스톤, 2018, 34쪽.

2) 정동섭, 《행복의 심리학》, 학지사, 2016, 19쪽.

3) 윌리엄 데이비스, 황성원 옮김, 《행복산업》, 동녘, 2015, 9쪽.

4) 대니얼 네틀, 김상우 옮김, 《행복의 심리학》, 와이즈북, 2006, 63쪽.

5) 이정전, 《우리는 행복한가》, 한길사, 2008, 37쪽.

6) 정동섭, 앞의 책, 146쪽.

7) 게오르크 쉴트함머, 최성욱 옮김, 《행복 Gluck》, 이론과실천, 2014, 134쪽.

8) 정동섭, 앞의 책, 59쪽.

9) 서울대학교 행복연구센터, 《대한민국 행복지도 2020》, 21세기북스, 2020, 183쪽.

10) 정동섭, 앞의 책, 60쪽.

11) 같은 책, 88쪽.

12) 존 헬리웰 외 2명, 우성대 외 3명 옮김, 《UN 세계 행복보고서 2019》, 간디서원, 2019, 8쪽.

13) 데일리메디, "우울증 진료비 1조6888억…코로나 블루도 급증", 2020, https://www.dailymedi.com/detail.php?number=861643&thread=22r02.

14) 이정전, 앞의 책, 281쪽.

15) 이 주제에 대해서는 《풍요중독사회》(김태형, 한겨레출판, 2020)를 참고하라.

16) 윌리엄 데이비스, 황성원 옮김, 앞의 책, 124쪽.

17) 같은 책, 123쪽.

18) 이 주제에 관심이 있는 독자들은 《풍요중독사회》(김태형, 앞의 책, 2020)를 참고

하라.

19) James B. Allen, 김정호 외 5명 옮김, 《행복심리학》, 시그마프레스, 2019, 187쪽.

20) 서은국, 《행복의 기원》, 21세기북스, 2014, 170쪽.

21) 정동섭, 앞의 책, 61쪽.

22) 같은 책, 92쪽.

23) 전병주, 《행복한 나라에서 살면 나도 행복할까?》, 앤의서재, 2020, 206쪽.

24) 같은 책, 204~205쪽.

25) 오연호, 《우리도 행복할 수 있을까》, 오마이북, 2014, 93쪽.

26) 미셸 포쉐, 조재룡 옮김, 《행복의 역사》, 이숲, 2020, 82쪽.

27) 같은 책, 127쪽.

28) 게오르크 쉴트함머, 최성욱 옮김, 앞의 책, 98쪽.

29) 미셸 포쉐, 조재룡 옮김, 앞의 책, 131쪽.

30) 같은 책, 162쪽.

31) 대니얼 네틀, 김상우 옮김, 앞의 책, 255쪽.

32) 게오르크 쉴트함머, 최성욱 옮김, 앞의 책, 114쪽.

33) 미셸 포쉐, 조재룡 옮김, 앞의 책, 219쪽.

34) 같은 책, 199쪽.

35) 같은 책, 259쪽.

36) 이정전, 앞의 책, 24쪽.

37) 같은 책, 24쪽.

38) 같은 책, 54쪽.

39) 같은 책, 25쪽.

40) 같은 책, 43쪽.

41) 양곤성, 《십 대를 위한 행복 찾기 심리 실험실》, 팜파스, 2019, 23쪽.

42) 같은 책, 24쪽.

43) 정동섭, 앞의 책, 210쪽.

44) 마이크 비킹, 이종인 옮김, 앞의 책, 187쪽.

45) 톰 래스·짐 하터, 유영만 옮김, 《무엇이 우리를 행복하게 하는가》, 위너스북, 2014, 105쪽.

46) James B. Allen, 김정호 외 5명 옮김, 앞의 책, 207쪽.

47) 같은 책, 212쪽.

48) 같은 책, 190쪽.

49) 톰 래스·짐 하터, 유영만 옮김, 앞의 책, 15쪽.

50) 오연호, 앞의 책, 36쪽.

51) 대니얼 네틀, 김상우 옮김, 앞의 책, 114쪽.

52) 같은 책, 113쪽.

53) 같은 책, 111쪽.

54) 톰 래스·짐 하터, 유영만 옮김, 앞의 책, 105쪽.

55) 이정전, 앞의 책, 160쪽.

56) 톰 래스·짐 하터, 유영만 옮김, 앞의 책, 128쪽.

57) James B. Allen, 김정호 외 5명 옮김, 앞의 책, 238쪽.

58) 같은 책, 239쪽.

59) 같은 책, 248쪽.

60) 같은 책, 247쪽.

61) 같은 책, 247쪽.

2부 심리학은 어떻게 행복을 왜곡하는가

1) 에리히 프롬, 호연심리센터 엮음, 《정신분석과 듣기 예술》, 범우사, 2000, 95쪽.

2) 정동섭, 《행복의 심리학》, 학지사, 2016, 19쪽.

3) 존 헬리웰 외 2명, 우성대 외 3명 옮김, 《UN 세계 행복보고서 2019》, 간디서원, 2019, 38쪽.

4) 필립 반 덴 보슈, 김동윤 옮김, 《행복에 관한 10가지 철학적 성찰》, 자작나무, 1999, 180쪽.

5) 이정전, 《우리는 행복한가》, 한길사, 2008, 98쪽.

6) 서은국, 《행복의 기원》, 21세기북스, 2014, 42쪽.

7) 같은 책, 76쪽.

8) 마이크 비킹, 이종인 옮김, 《그들은 왜 더 행복할까》, 마일스톤, 2018, 58쪽.

9) 서은국, 앞의 책, 192쪽.

10) 탁석산, 《행복 스트레스》, 창비, 2013, 52쪽.

11) 필립 반 덴 보슈, 김동윤 옮김, 앞의 책, 56쪽.

12) 같은 책, 21쪽.

13) 정동섭, 앞의 책, 30쪽.

14) 김선욱, 《행복의 철학》, 길, 2011, 33쪽.

15) 정동섭, 앞의 책, 77쪽.

16) 같은 책, 269쪽.

17) 에리히 프롬, 고영복·이철범 옮김, 《소유냐 삶이냐 / 사랑한다는 것》, 동서문화
동판(동서문화사), 2008, 118쪽.

18) 임정환, 《행복으로 보는 서양철학》, 씨아이알, 2017, 99쪽.

19) 서울대학교 행복연구센터, 《대한민국 행복지도 2020》, 21세기북스, 2020, 16쪽.

20) James B. Allen, 김정호 외 5명 옮김, 《행복심리학》, 시그마프레스, 2019, 395쪽.

21) 같은 책, 397쪽.

22) 같은 책, 397쪽.

23) 에리히 프롬, 고영복·이철범 옮김, 앞의 책, 17쪽.

24) 에리히 프롬, 김병익 옮김, 《건전한 사회》, 범우사, 2001, 32쪽.

25) 이 주제에 관심이 있는 독자들은 《싸우는 심리학》(김태형, 서해문집, 2013)을 참
고하라.

26) 마이크 비킹, 이종인 옮김, 앞의 책, 56쪽.

27) James B. Allen, 김정호 외 5명 옮김, 앞의 책, 90쪽.

28) 같은 책, 44쪽.

29) 김아리 엮음, 《올 어바웃 해피니스》, 김영사, 2019, 58~59쪽.

30) 서은국, 앞의 책, 134쪽.

31) 같은 책, 98쪽.

32) 정동섭, 앞의 책, 56쪽.

33) 같은 책, 109쪽.

34) 존 헬리웰 외 2명, 우성대 외 3명 옮김, 앞의 책, 49쪽.

35) 같은 책, 63쪽.

36) 오연호, 《우리도 행복할 수 있을까》, 오마이북, 2014, 94쪽.

37) James B. Allen, 김정호 외 5명 옮김, 앞의 책, 70쪽.

38) 같은 책, 76쪽.

39) 같은 책, 224쪽.

40) 같은 책, 226쪽.

41) 이정전, 앞의 책, 94쪽.

42) James B. Allen, 김정호 외 5명 옮김, 앞의 책, 82쪽.

43) 서울대학교 행복연구센터, 앞의 책, 16쪽.

44) 김아리 엮음, 앞의 책, 51쪽.

45) James B. Allen, 김정호 외 5명 옮김, 앞의 책, 15쪽.

46) 대니얼 네틀, 김상우 옮김, 《행복의 심리학》, 와이즈북, 2006, 72쪽.

47) 같은 책, 73쪽.

48) 김선욱, 앞의 책, 7쪽.

49) James B. Allen, 김정호 외 5명 옮김, 앞의 책, 5쪽.

50) 미셸 포쉐, 조재룡 옮김, 《행복의 역사》, 이숲, 2020, 9쪽.

51) 윌리엄 데이비스, 황성원 옮김, 《행복산업》, 동녘, 2015, 133쪽.

52) 대니얼 네틀, 김상우 옮김, 앞의 책, 133쪽.

53) James B. Allen, 김정호 외 5명 옮김, 앞의 책, 7쪽.

54) 윌리엄 데이비스, 황성원 옮김, 앞의 책, 133쪽.

55) 같은 책, 164쪽.

56) 탁석산, 앞의 책, 78쪽.

57) 이민규, 《행복도 선택이다》, 더난출판, 2012, 7쪽.

58) 필립 반 덴 보슈, 김동윤 옮김, 앞의 책, 194쪽.

59) 김선욱, 앞의 책, 25~26쪽.

60) 이민규, 앞의 책, 9쪽.

61) 같은 책, 111쪽.

62) 정동섭, 앞의 책, 111쪽.

63) 같은 책, 314쪽.

64) 서은국, 앞의 책, 171쪽.

65) 김아리 엮음, 앞의 책, 66쪽.

66) 윌리엄 데이비스, 황성원 옮김, 앞의 책, 46쪽.

67) 로널드 W. 드워킨, 박한선·이수인 옮김, 《행복의 역습》, 아로파, 2014, 16쪽.

68) 같은 책, 17쪽.

69) 탁석산, 앞의 책, 22쪽.

70) 정동섭, 앞의 책, 219쪽.

71) 이민규, 앞의 책, 9쪽.

72) 같은 책, 114쪽.

73) 대니얼 네틀, 김상우 옮김, 앞의 책, 163쪽.

74) 로널드 W. 드워킨, 박한선·이수인 옮김, 앞의 책, 326쪽.

75) 전병주, 《행복한 나라에서 살면 나도 행복할까?》, 앤의서재, 2020, 7쪽.

76) 미셸 포쉐, 조재룡 옮김, 앞의 책, 155쪽.

77) 같은 책, 156쪽.

78) 오연호, 앞의 책, 39쪽.

79) 톰 래스·짐 하터, 유영만 옮김, 《무엇이 우리를 행복하게 하는가》, 위너스북, 2014, 9쪽.

80) 같은 책, 27쪽.

81) 전병주, 앞의 책, 43쪽.

82) 톰 래스·짐 하터, 유영만 옮김, 앞의 책, 185쪽.

83) 윌리엄 데이비스, 황성원 옮김, 앞의 책, 11쪽.

84) 이 주제에 대해서는 《풍요중독사회》(김태형, 2020, 한겨레출판)를 참고하라.

85) 이정전, 앞의 책, 214쪽.

86) 윌리엄 데이비스, 황성원 옮김, 앞의 책, 310쪽.

87) 탁석산, 앞의 책, 8쪽.

88) James B. Allen, 김정호 외 5명 옮김, 앞의 책, 9쪽.

89) 같은 책, 6쪽.

90) 같은 책, 60쪽.

91) 같은 책, 90쪽.

92) 같은 책, 6쪽.

93) 윌리엄 데이비스, 황성원 옮김, 앞의 책, 286쪽.

94) 오연호, 앞의 책, 303쪽.

95) 탁석산, 앞의 책, 29쪽.

96) James B. Allen, 김정호 외 5명 옮김, 앞의 책, 250쪽.

97) 같은 책, 249쪽.

98) 같은 책, 255쪽.

99) 같은 책, 255쪽.

100) 같은 책, 255쪽.

3부 진짜 행복 만드는 사회

1) 오연호, 《우리도 행복할 수 있을까》, 오마이북, 2014, 15쪽.

2) 같은 책, 204쪽.

3) 마이크 비킹, 이종인 옮김, 《그들은 왜 더 행복할까》, 마일스톤, 2018, 173쪽.

4) 정동섭, 《행복의 심리학》, 학지사, 2016, 76쪽.

5) 톰 래스·짐 하터, 유영만 옮김, 《무엇이 우리를 행복하게 하는가》, 위너스북, 2014, 41쪽.

6) James B. Allen, 김정호 외 5명 옮김, 《행복심리학》, 시그마프레스, 2019, 295쪽.

7) 같은 책, 133쪽.

8) 톰 래스·짐 하터, 유영만 옮김, 앞의 책, 87쪽.

9) 오연호, 앞의 책, 72쪽.

10) 같은 책, 91쪽.

11) 톰 래스·짐 하터, 유영만 옮김, 앞의 책, 59쪽.

12) James B. Allen, 김정호 외 5명 옮김, 앞의 책, 393쪽.

13) 존 헬리웰 외 2명, 우성대 외 3명 옮김, 《UN 세계 행복보고서 2019》, 간디서원, 2019, 183쪽.

14) 톰 래스·짐 하터, 유영만 옮김, 앞의 책, 150쪽.

15) 김아리 엮음, 《올 어바웃 해피니스》, 김영사, 2019, 252쪽.

16) 같은 책, 251쪽.

17) 조지 베일런트, 이덕남 옮김, 《행복의 조건》, 프런티어, 2010, 18쪽.

18) 김아리 엮음, 앞의 책, 250쪽.

19) 정동섭, 앞의 책, 258쪽.

20) 이정전, 《우리는 행복한가》, 한길사, 2008, 200쪽.

21) 같은 책, 206쪽.

22) 조지 베일런트, 이덕남 옮김, 앞의 책, 152쪽.

23) 김아리 엮음, 앞의 책, 136쪽.

24) James B. Allen, 김정호 외 5명 옮김, 앞의 책, 208쪽.

25) 같은 책, 300쪽.

26) 같은 책, 167쪽.

27) 탁석산, 《행복 스트레스》, 창비, 2013, 239쪽.

28) 니컬러스 크리스태키스·제임스 파울러, 이충호 옮김, 《행복은 전염된다》, 김영
사, 2010, 88쪽.

29) 톰 래스·짐 하터, 유영만 옮김, 앞의 책, 79쪽.

30) 니컬러스 크리스태키스·제임스 파울러, 이충호 옮김, 앞의 책, 89쪽.

31) 같은 책, 91쪽.

32) 존 헬리웰 외 2명, 우성대 외 3명 옮김, 앞의 책, 17쪽.

33) 이정전, 앞의 책, 213쪽.

34) 오연호, 앞의 책, 106~107쪽.

35) 존 헬리웰 외 2명, 우성대 외 3명 옮김, 앞의 책, 121쪽.

36) 오연호, 앞의 책, 64쪽.

37) 윌리엄 데이비스, 황성원 옮김, 《행복산업》, 동녘, 2015, 242쪽.

38) 서울대학교 행복연구센터, 《대한민국 행복지도 2020》, 21세기북스, 2020, 162쪽.

39) 마이크 비킹, 이종인 옮김, 앞의 책, 178쪽.

40) 같은 책, 181쪽.

41) James B. Allen, 김정호 외 5명 옮김, 앞의 책, 154쪽.

42) 같은 책, 153쪽.

43) 오연호, 앞의 책, 96쪽.

44) 같은 책, 99쪽.

45) 김아리 엮음, 앞의 책, 26쪽.

46) 존 헬리웰 외 2명, 우성대 외 3명 옮김, 앞의 책, 123쪽.

47) 같은 책, 128쪽.

48) 같은 책, 120쪽.

49) 같은 책, 124~125쪽.

50) 같은 책, 126쪽.

51) 조지 베일런트, 이덕남 옮김, 앞의 책, 438쪽.

52) James B. Allen, 김정호 외 5명 옮김, 앞의 책, 352쪽.

53) 같은 책, 358쪽.

54) 같은 책, 348쪽.

55) 같은 책, 322쪽.

56) 조지 베일런트, 이덕남 옮김, 앞의 책, 429쪽.

57) 필립 반 덴 보슈, 김동윤 옮김, 《행복에 관한 10가지 철학적 성찰》, 자작나무, 1999, 224쪽.

58) 임정환, 《행복으로 보는 서양철학》, 씨아이알, 2017, 139쪽.

59) James B. Allen, 김정호 외 5명 옮김, 앞의 책, 126쪽.

60) 같은 책, 7쪽.

61) 같은 책, 6쪽.

62) 서울대학교 행복연구센터, 앞의 책, 71쪽.

63) 존 헬리웰 외 2명, 우성대 외 3명 옮김, 앞의 책, 71쪽.

64) 같은 책, 63쪽.

65) 오연호, 앞의 책, 74쪽.

66) 이 주제에 관심이 있는 독자들은 《싸우는 심리학》(김태형, 서해문집, 2013)을 참고하라.

67) 이정전, 앞의 책, 136쪽.

68) 사랑과 존중을 기준으로 말하자면, 평등 수준이 높은 자본주의 사회는 서로를 존중하는 사회일 수는 있지만 서로를 사랑하는 사회가 되기는 어렵다는 것이다.

69) James B. Allen, 김정호 외 5명 옮김, 앞의 책, 216/223쪽.

70) 같은 책, 217쪽.

4부 참다운 행복을 찾아서

1) 정동섭, 《행복의 심리학》, 학지사, 2016, 30쪽.

2) 존 헬리웰 외 2명, 우성대 외 3명 옮김, 《UN 세계 행복보고서 2019》, 간디서원, 2019, 38쪽.

3) 정동섭, 앞의 책, 277~278쪽.

4) 이 주제에 관심이 있는 독자들은 《싸우는 심리학》(김태형, 서해문집, 2013)을 참

고하라.

5) 정동섭, 앞의 책, 277쪽.

6) 양곤성, 《십 대를 위한 행복 찾기 심리 실험실》, 팜파스, 2019, 253쪽.

7) 대니얼 길버트, 최인철 외 2명 옮김, 《행복에 걸려 비틀거리다》, 김영사, 2006, 52쪽.

8) 정동섭, 앞의 책, 105쪽.

9) 에리히 프롬, 김병익 옮김, 《건전한 사회》, 범우사, 1999, 293쪽.

10) 이에 대한 자세한 논의는 저자의 저서인 《트라우마 한국사회》(김태형, 서해문집, 2013), 《대통령 선택의 심리학》(김태형, 원더박스, 2017) 등을 참고하라.

11) 미셸 포쉐, 조재룡 옮김, 《행복의 역사》, 이숲, 2020, 206쪽.

12) 정동섭, 앞의 책, 286쪽.

13) 오연호, 《우리도 행복할 수 있을까》, 오마이북, 2014, 110쪽.

14) 같은 책, 106~107쪽.

15) 필립 반 덴 보슈, 김동윤 옮김, 《행복에 관한 10가지 철학적 성찰》, 자작나무, 1999, 129쪽.

16) 같은 책, 276쪽.

17) 같은 책, 262쪽.

18) 오연호, 앞의 책, 29쪽.

에필로그 - 참다운 행복을 위한 제안

1) James B. Allen, 김정호 외 5명 옮김, 《행복심리학》, 시그마프레스, 2019, 175쪽.

2) 《세계일보》, 2015년 1월 29일 자.

참고문헌

- 길버트, 대니얼, 최인철 외 2명 옮김, 《행복에 걸려 비틀거리다》, 김영사, 2006.
- 김선욱, 《행복의 철학》, 길, 2011.
- 김아리 엮음, 《올 어바웃 해피니스》, 김영사, 2019.
- 네틀, 대니얼, 김상우 옮김, 《행복의 심리학》, 와이즈북, 2006.
- 데이비스, 윌리엄, 황성원 옮김, 《행복산업》, 동녘, 2015.
- 드워킨, 로널드 W., 박한선·이수인 옮김, 《행복의 역습》, 아로파, 2014.
- 래스, 톰·하터, 짐, 유영만 옮김, 《무엇이 우리를 행복하게 하는가》, 위너스북, 2014.
- 반 덴 보슈, 필립, 김동윤 옮김, 《행복에 관한 10가지 철학적 성찰》, 자작나무, 1999.
- 베일런트, 조지, 이덕남 옮김, 《행복의 조건》, 프런티어, 2010.
- 비킹, 마이크, 이종인 옮김, 《그들은 왜 더 행복할까》, 마일스톤, 2018.
- 서울대학교 행복연구센터, 《대한민국 행복지도 2020》, 21세기북스, 2020.
- 서은국, 《행복의 기원》, 21세기북스, 2014.
- 쉴트함머, 게오르크, 최성욱 옮김, 《행복 Gluck》, 이론과실천, 2014.
- Allen, James B., 김정호 외 5명 옮김, 《행복심리학》, 시그마프레스, 2019.
- 양곤성, 《십 대를 위한 행복 찾기 심리 실험실》, 팜파스, 2019.
- 오연호, 《우리도 행복할 수 있을까》, 오마이북, 2014.
- 이민규, 《행복도 선택이다》, 더난출판, 2012.
- 이정전, 《우리는 행복한가》, 한길사, 2008.
- 임정환, 《행복으로 보는 서양철학》, CIR(씨아이알), 2017.
- 전병주, 《행복한 나라에서 살면 나도 행복할까?》, 앤의서재, 2020.

- 정동섭, 《행복의 심리학》, 학지사, 2016.
- 크리스태키스, 니컬러스·파울러, 제임스, 이충호 옮김, 《행복은 전염된다》, 김영사, 2010.
- 탁석산, 《행복 스트레스》, 창비, 2013.
- 포쉐, 미셸, 조재룡 옮김, 《행복의 역사》, 이숲, 2020.
- 프롬, 에리히, 고영복·이철범 옮김, 《소유냐 삶이냐 / 사랑한다는 것》, 동서문화 동판(동서문화사), 2008.
- _____, 김병익 옮김, 《건전한 사회》, 범우사, 1999.
- _____, 호연심리센터 옮김, 《정신분석과 듣기 예술》, 범우사, 2000.
- 헬리웰, 존 외 2명, 우성대 외 3명 옮김, 《UN 세계 행복보고서 2019》, 간디서원, 2019.

가짜 행복 권하는 사회

초판 1쇄 발행 2021년 3월 30일
초판 6쇄 발행 2024년 8월 26일

지은이 • 김태형

펴낸이 • 박선경
기획/편집 • 이유나, 지혜빈, 김선우
마케팅 • 박언경, 황예린, 서민서
표지 디자인 • this-cover
제작 • 디자인원(031-941-0991)

펴낸곳 • 도서출판 갈매나무
출판등록 • 2006년 7월 27일 제395-2006-000092호
주소 • 경기도 고양시 일산동구 호수로 358-39, 808호 (백석동, 동문타워1)
        (우편번호 10449)
전화 • (031)967-5596
팩스 • (031)967-5597
블로그 • blog.naver.com/kevinmanse
이메일 • kevinmanse@naver.com
페이스북 • www.facebook.com/galmaenamu

ISBN 979-11-90123-96-9/03300
값 16,000원

공저

『인상주의 연구』,
『철학의 물음과 사색』
『문학과 철학의 만남』
『오늘의 철학적 인간학』
『양심』

역서

『예술과 인간가치』
『미학과 예술교육』
『자유의 철학』
『서양철학사』
『칸트의 숭고미에 대하여』
『프라그마티스트 미학』
『프로이트와 현대철학』
『칸트평전』
『플라톤에서 푸코까지』

논문

『인간성의 실현으로서의 미적 교육』
『매체예술의 문제와 전망』
『헤겔미학에서의 가상과 현실의 변증법』
『한국현대미술의 미학적 의의와 전망』
『예술에서의 교유성과 보편성』
『21세기 한국과 프랑스의 대표 구상작가 총람전』
『광주미술의 역사성과 미적 문화에 대한 전망』

"The Prospect and Problem of Aesthetic Anthropology"

"The aesthetic Turn in Everyday life in Korea"

"Problem and Prospect in Geoaesthetics"

"The Problem of Expressiveness in Geoaesthetics" 외 다수